数智化背景下
澄海玩具企业的转型升级
——创新之道

周军杰 主　编

王洵洵 黄垭琦 副主编

中国财经出版传媒集团

经济科学出版社
Economic Science Press

·北京·

图书在版编目（CIP）数据

数智化背景下澄海玩具企业的转型升级：创新之道 /
周军杰主编；王洵洵，黄垭琦副主编. -- 北京：经济
科学出版社，2024. 8.

ISBN 978-7-5218-6153-2

Ⅰ. F426.89

中国国家版本馆CIP数据核字第20242VD897号

责任编辑：朱明静
责任校对：蒋子明　孙　晨
责任印制：邱　天

**数智化背景下澄海玩具企业的转型升级：
创新之道**
周军杰　主编
王洵洵　黄垭琦　副主编

经济科学出版社出版、发行　新华书店经销
社址：北京市海淀区阜成路甲28号　邮编：100142
编辑部电话：010-88190489　发行部电话：010-88191522
网址：www.esp.com.cn
电子邮箱：esp@esp.com.cn
天猫网店：经济科学出版社旗舰店
网址：http://jjkxcbs.tmall.com
固安华明印业有限公司印装
710×1000　16开　16印张　250000字
2024年8月第1版　2024年8月第1次印刷
ISBN 978-7-5218-6153-2　定价：88.00元
（图书出现印装问题，本社负责调换。电话：010-88191545）
（版权所有　侵权必究　打击盗版　举报热线：010-88191661
QQ：2242791300　营销中心电话：010-88191537
电子邮箱：dbts@esp.com.cn）

本书顾问委员会

序 一

潮商创造生产力与价值的能力闻名遐迩。目前，新一代潮商正在崛起。他们沿着老一辈的道路，走出了自己的路子，推动了地方经济，走向了国际。他们的所作所为引起了人们的思考，即如何改变供给侧，拉动国内外市场的需求，为理论研究与实践提供新的线索。

《数智化背景下澄海玩具企业的转型升级：创新之道》一书正是力图在数字经济背景下回答上述问题。澄海区隶属于广东省汕头市，常自嘲为"省尾国角"，面积仅有345平方千米，人口约87万人，资源相对缺乏。在这片土地上，为了生存发展，老一辈多选择背井离乡，下南洋或到经济发达地区去创业生活。改革开放以后，澄海人选择"请进来，走出去"的模式，利用血缘和宗族的社会网络，就地开辟了不同的行业，以新的模式生存发展。玩具行业就是其中一例。现在，澄海区生产玩具成品的企业约有11000家，加上30000多家零部件配套工厂，共有46000家玩具及相关工厂，形成了完善的玩具产业链，承包了全世界33%的玩具产能，产品销往国内外市场。

玩具行业的发展带动了地方经济。作为国民经济的基本单元，县域经济在国民经济体系中占据重要地位。县域经济能否实现高质量发展，直接关系到我国经济高质量发展的成效。不过，在当前全球化和技术革命的浪潮中，一些县域经济在产业结构、资本吸引力、人才储备及技术创新等方面通常处于劣势地位。此外，很多地方企业普遍存在"有产品，无品牌"等问题，在转型过程中面临着全面衰退，甚至萎缩消失，给地方就业及经济发展都带来了极大挑战。因此，探索县域经济可持续发展与创新之道，对于我国县域经济转型升级及区域均衡发展至关重要。

澄海玩具人筚路蓝缕、开拓创新，孕育出了众多优秀的企业、品牌和产品，在推动地方经济发展的同时，也走出了属于自己的"澄海模式"，为县域经济发展及特色产业发展提供了宝贵经验。

该书在分析世界范围内玩具产业发展现状与典型发展模式的基础上，解构了奥飞娱乐、高德斯、广东群宇等典型企业，从企业品牌与IP运营、精密制造和智慧教玩产品等角度，阐述了澄海玩具企业如何创新并保持持续发展的创新之道。让我们思考新潮商的成功之道，探索县域经济的发展之路。

全书既有翔实的行业资料，也有大量的模式与路径总结，以及作者团队自己的思考，是一本不可多得的了解玩具行业、认识澄海玩具企业发展的优秀著作。

最后，感谢澄海玩具的创业者们，并祝愿澄海玩具产业蓬勃发展，再创辉煌！

徐二明 博士

泰国正大管理学院副校长

中国人民大学荣休二级教授

中国人民大学商学院、汕头大学商学院原院长

2024 年劳动节于泰国曼谷

序 二

世界玩具看中国，中国玩具看广东，广东玩具看澄海。汕头澄海是中外闻名的玩具礼品生产出口基地，先后获得了"中国玩具礼品之都""国家级出口玩具质量安全示范区"和"全国产业集群区域品牌建设玩具产业试点地区"等荣誉称号。纵观澄海玩具产业的发展历程，是一个对外部机遇及挑战不断作出回应的过程，是一条集品牌建设、技术创新及产业升级于一体的发展之路，也是一部关于梦想、勇气、智慧和坚持的史诗。

自改革开放之初，澄海区积极利用侨乡、侨资优势，通过"三来一补"等贸易方式，积极引入和发展玩具产业，实现了从传统农业县到现代工业县的转变。在发展过程中，一代代澄海玩具人不满足于仅仅成为全球玩具制造业的"世界工厂"，而是通过不断的品牌建设和IP运营，向产业链的高端环节迈进，打破了县域经济普遍存在的"有产品，无品牌"困境。通过引进和消化吸收国内外先进技术，将全流程生产与新兴数字技术深度融合，澄海玩具产业正朝着智能化、绿色化、服务化的方向发展。通过诸多贸易公司的参与，澄海玩具实现了"从设计到销售"的全产业链配套及国际化运营，促进了澄海玩具产业的全面提升。

澄海玩具产业是汕头市"三新两特一大"产业格局的重要组成部分，是汕头市坚持"工业立市、产业强市"发展思路的重要体现。澄海玩具产业覆盖了从设计到外贸的全产业链，是"以贸促工、以工兴贸"深度融合的重要体现，也是释放汕头经济发展新动能的抓手产业之一。

在新时代的征程中，澄海玩具产业正加速向"玩具+"全产业链和高附加值的模式转变，抢占玩具创意产业价值链高端环节，加快培育"玩具+大文创""玩具+大配套""玩具+大智能"，重点实施创意创新赋能、集群竞争力提升、打造产业平台、数字驱动转型和招商强链延链五大任务，推动整个产业链向高科技、高效能、高质量方向深度转型升级，响应国家发展新质生产力的号召与要求。

我们非常荣幸地开展了澄海玩具产业转型升级等相关的学术研究工作。除了对县域经济、玩具产业价值链、中外典型玩具企业发展模式进行分析外，本书重点通过奥飞娱乐、高德斯精密科技和广东群宇互动等案例，回应了文创融合提升玩具竞争力、数字智能制造赋能玩具品牌、"人工智能+玩具"促进产品升级转型等澄海玩具产业转型升级的创新性举措。这三个案例是数智化背景下，澄海玩具产业在政策引领、新质生产力驱动下走高质量发展之路的真实写照。我们期待通过分析澄海玩具产业的成功经验，为其他县域经济体的发展与转型升级提供启示，探索中国县域经济的高质量发展之路。

本书基本基于公开资料完成，按照出版社要求提供了数据及资料的出处。囿于作者团队对行业理解的程度、自身的专业能力及写作时间，书中难免存在偏误。我们衷心期待您能够提供宝贵建议，帮助我们改进写作思路、提升写作质量，共同为澄海玩具产业、地方县域经济的发展贡献一份力量！

周军杰　王洵洵　黄垭琦

2024 年 6 月

目　录

——基础篇——

——创新篇——

—— 启示篇 ——

第1章

中国县域经济概述与发展现状

本章以中国县域经济为对象，首先介绍了县域经济概况，包含概念界定与特征分析；其次比较了县域经济总量，包含国内生产总值（GDP）指标、产业结构指标和人口特征等指标；再次讨论了县域经济对区域均衡发展的重要性，包含区域经济发展差异、城乡经济一体化和区域协同创新等主题；然后介绍了四个典型的县域经济发展模式，包含昆山模式、晋江模式、寿光模式和澄海模式；最后讨论了澄海玩具产业如何影响新质生产力发展。

1.1 中国县域经济概况

1.1.1 县域经济的界定

县域经济，是指以县城为中心、乡镇为纽带、农村为腹地的一种行政区划型经济，是"以工补农、以城带乡"接口桥梁，是典型的区域经济、特色经济、个性经济、差异经济，[1]总体上属于一种门类齐全、行业众多、功能完备的经济单元，具有区域性、自主性、开放性、时代性、生态性、民生性。[2]

---

① 高质量发展语境下县域经济发展：特征、趋势与作用［EB/OL］. 江苏智库网，http://www.jsthinktank.com/zhikuyanjiu/202202/t20220215_7420378.shtml，2022-02-15.

② 栾晓曦，罗培. 浅析新时代我国县域经济高质量发展内涵［EB/OL］. https://www.iii.tsinghua.edu.cn/info/1121/3133.htm#，2022-07-13.

1.1.2　县域经济的特征

县域经济具有以下几个典型特征。

县域经济运行相对完整和完备。县域经济是一种典型的区域经济，是国民经济的基本组成单元，是具有地域特色和功能较为完备的各种经济活动的总和。这种经济形态囊括了地域特色鲜明的各类经济活动，形成了一个结构完整、功能齐全的经济体系。县级政府具有独立的资源配置权限，县域经济活动涉及生产、交换、分配、流通等各个环节，涵盖了国民经济的第一、第二、第三产业，这些活动基本是在当地行政区域内完成的，是国民经济相对独立又相互交叉的基本运行单元功能，是国民经济循环的坚强支撑载体，是区域经济之间共同协作发展的助推器。

区域界限划分明晰。县域经济具有一定的行政区划和地理空间，区域界线明晰，具有本地化特色的人文历史、特色资源和历史演进。但是县域在经济发展中，不能仅仅封闭在固定的行政区划上，经济发展规律要求县域在发展过程中突破行政区划约束，在区域内外更多地进行资源配置和要素统筹规划。县域不仅要城乡融合，还要与城市群、都市圈相融合，找准定位，锚定分工，以市场经济为导向，发展基于地方要素禀赋的开放型特色经济，从而有效融合区域发展大格局，获得更多的经济发展优势，提升区域整体竞争力。[①]

市场管理调控集独立性和能动性于一体。县域经济作为一个相对完整的经济运行体系，在经济社会发展中起着承上启下的基本作用。县域经济有一个县级政权作为市场调控主体，有县级财政作为经济发展的保障，具有一定的相对独立性。县域经济要实现高质量发展，不能追求"大而全"，而是要积极发挥能动性，发展"专而精"的特色产业。"专而精"要求聚焦当地优势的特色产业，更加关注科技进步和产品创新，更加

---

① 高质量发展语境下县域经济发展：特征、趋势与作用［EB/OL］．江苏智库网，http://www.jsthinktank.com/zhikuyanjiu/202202/t20220215_7420378.shtml，2022-02-15.

关注特色产业的前沿和发展趋势，增强抗风险能力，保持可持续发展能力。回乡经济、资本下乡成为拉动县域经济升级发展的新生力量。

县域发展整体呈现差异化与非均衡性。中国东中西部的县域发展具有差异性，地理区位上，有东部沿海县和中西部山区县，有中心城市近郊县、沿江沿线县和边远偏僻县；在资源禀赋上，有矿藏资源丰富县和无矿无水无树"三无县"；在人口规模上，有超过 100 万人口大县和不足 1 万人口小县，总体来看县域经济的差异是由资源禀赋、制度差异和人才资源形成的。这些区域间的差异，造成了中国县域经济发展的不平衡性，县域间的 GDP 差距较为显著。其中，在"2023 县域经济创新发展论坛"上，赛迪顾问股份有限公司发布的《2023 中国县域经济百强研究》报告指出，"千亿县"东部地区占 41 席，中部地区占 9 席，西部地区占 3 席，东北地区占 1 席。由此可见，县域经济的发展水平和当地的资金投入、人才储备、发展观念都有非常紧密的联系。

1.2　中国县域经济总量分析

1.2.1　县域经济总量与特征

1.2.1.1　县域经济规模持续扩大，"千亿县"数量快速增长

县域经济作为国民经济的基础性环节和重要组成部分，其发展对国民经济的稳定运行具有重大意义。在过去的十年间，中国县域地区生产总值呈现出稳健增长的态势，充分展示了县域经济在国民经济中的稳固地位。根据国家统计局的统计数据，自 2011 年至 2020 年，中国县域地区的生产总值由 24.1 万亿元稳步提升至 39.2 万亿元（见图 1-1），年均增速维持在 6.5% 的水平。在此期间，县域经济在全国经济总量中的占比稳定在 38.5 至 54.0% 的区间内，2021 年，这一占比约为 40%，凸显了县域经济对国民经济的重要支撑作用（见图 1-2）。

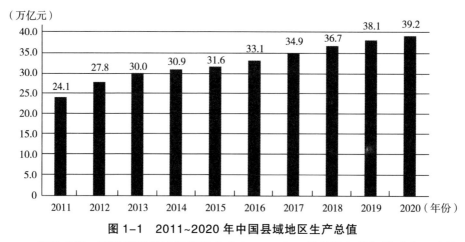

图 1-1　2011~2020 年中国县域地区生产总值

资料来源：赛迪顾问县域经济研究中心 2022 年 9 月根据相关年份《中国县域统计年鉴》整理。

从地域分布来看，东部、中部和西部地区的县域经济均展现出积极的增长趋势。如图 1-2 所示，与 2011 年相比，2020 年东部、中部和西

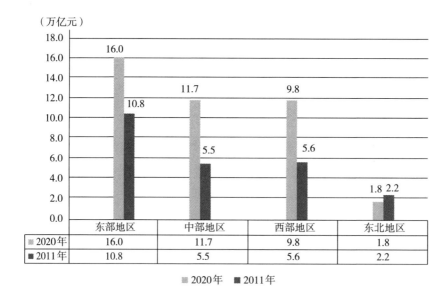

	东部地区	中部地区	西部地区	东北地区
2020年	16.0	11.7	9.8	1.8
2011年	10.8	5.5	5.6	2.2

■ 2020年　■ 2011年

图 1-2　2011 年和 2020 年中国不同区域县域地区生产总值

资料来源：赛迪顾问县域经济研究中心 2022 年 9 月根据相关年份《中国县域统计年鉴》整理。

部地区的县域经济生产总值分别实现了 5.2 万亿元、6.2 万亿元和 4.2 万亿元的增长。然而,东北地区县域经济在这一时期出现了轻微的下滑,下滑幅度为 0.4 万亿元(见图 1-3)。同时,"千亿县"数量的快速增长也成为县域经济发展的一大亮点。自 2007 年中国首次出现 3 个"千亿县"以来,至 2021 年总数突破了 43 个(见图 1-4)。越来越多的县市跨越了 GDP 千亿元的门槛,这不仅是县域经济活力的体现,也预示着县域经济未来的广阔发展前景。

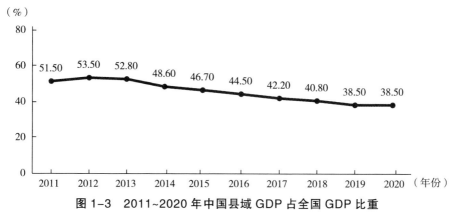

图 1-3　2011~2020 年中国县域 GDP 占全国 GDP 比重

资料来源:赛迪顾问县域经济研究中心 2022 年 9 月根据相关年份《中国县域统计年鉴》整理。

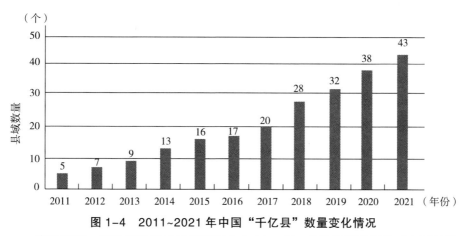

图 1-4　2011~2021 年中国"千亿县"数量变化情况

资料来源:赛迪顾问县域经济研究中心 2022 年 9 月根据相关年份《中国县域统计年鉴》整理。

综上所述，中国县域经济在过去十年间取得了显著成就，展现出强大的发展潜力和活力。然而，面对未来的挑战和机遇，政府仍需保持严谨的态度，深化改革，优化发展环境，推动县域经济实现更加均衡、可持续的发展。

1.2.1.2　县域经济体量两极分化，差距亟待关注

地区发展不平衡是中国县域经济面临的主要挑战之一。首先，如图 1-5 所示，从 GDP 规模分布来看，2020 年 GDP 千亿元以上的县域仅有 38 个，而超过 400 亿元的县域达到 216 个，200 亿元以上的县域为 625 个，100 亿元以上的县域则多达 1139 个。这一数据表明，尽管有部分县域经济实现了较大规模的发展，但大部分县域的 GDP 规模仍然相对较小，呈现出明显的不平衡态势。其次，从地区分布来看，西部地区的县域数量占比高达 44.3%，但其 GDP 占比仅为 24.9%，远低于东部地区的 40.7%。这表明西部地区虽然县域众多，但经济发展水平相对较低，与东部地区存在较大的差距。同时，GDP 低于 200 亿元的县域中，约 57.0% 位于西部地区，近 20.0% 位于中部地区，进一步凸显了这些地区县域经济的薄弱环节。最后，各省（市、区）的县域 GDP 均值也存在明显的差异。江苏省县域 GDP 均值遥遥领先，是浙江省县域 GDP 均值的两倍，显示出江苏省在县域经济发展方面的显著优势。而山西省、黑龙江省、甘肃省、青海省及西藏自治区的县域 GDP 均值则低于 100 亿元，这些地区的县域经济发展相对滞后，需要加大发展力度。

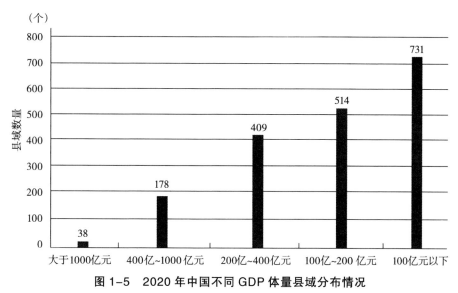

图 1-5　2020 年中国不同 GDP 体量县域分布情况

资料来源：赛迪顾问县域经济研究中心 2022 年 9 月根据相关年份《中国县域统计年鉴》整理。

综上所述，地区发展不平衡是中国县域经济面临的主要问题之一。为了推动县域经济的均衡发展，需要针对不同地区的实际情况，制定差异化的发展策略，加强政策扶持和资金投入，促进资源的合理配置和产业的协同发展。同时，加强区域间的合作与交流，推动形成优势互补、共同发展的良好格局，实现县域经济的全面振兴。

1.2.1.3　东部地区抢占鳌头，中西部地区上涨势头强劲

百强县作为县域经济的排头兵，是县域经济高质量发展的"领航员"。近五年百强县区域分布格局变化较小，但是区域分布不平衡问题仍然突出。东部地区占据领先地位，中西部地区潜力巨大，且强省强县的特征明显。如图 1-6 至图 1-10 所示，2022 年，东部地区占据百强县 65 席，中部地区占据 22 席，西部地区占据 10 席，东北地区占据 3 席。值得注意的是，中部地区和西部地区的百强县数量分别比 2018 年增加了 6 席和 2 席。江苏省、浙江省和山东省在百强县数量上表现突出，分

别占 25 席、18 席和 13 席（见图 1-10）。在百强县前 10 名中，江苏省独占 6 席，并包揽前 4 位。同时，湖北省、河南省、四川省等省份也在大力发展县域经济方面取得了新突破。

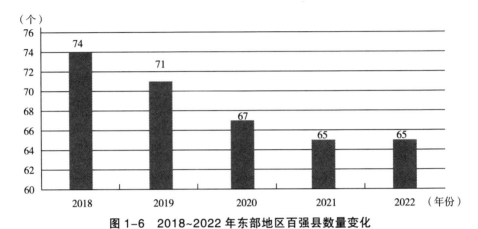

图 1-6　2018~2022 年东部地区百强县数量变化

资料来源：赛迪顾问县域经济研究中心 2022 年 9 月根据相关年份《中国县域统计年鉴》整理。

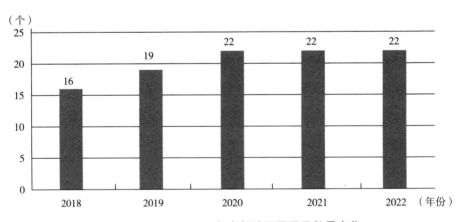

图 1-7　2018~2022 年中部地区百强县数量变化

资料来源：赛迪顾问县域经济研究中心 2022 年 9 月根据相关年份《中国县域统计年鉴》整理。

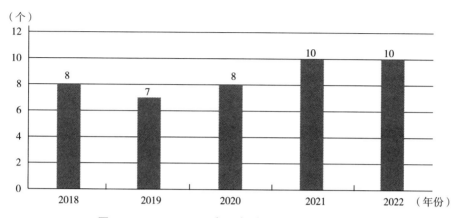

图 1-8　2018~2022 年西部地区百强县数量变化

资料来源：赛迪顾问县域经济研究中心 2022 年 9 月根据相关年份《中国县域统计年鉴》整理。

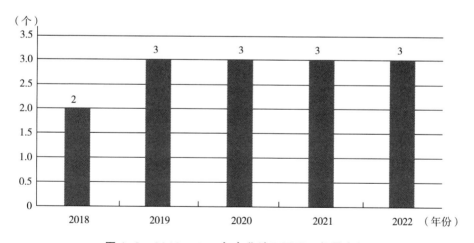

图 1-9　2018~2022 年东北地区百强县数量变化

资料来源：赛迪顾问县域经济研究中心 2022 年 9 月根据相关年份《中国县域统计年鉴》整理。

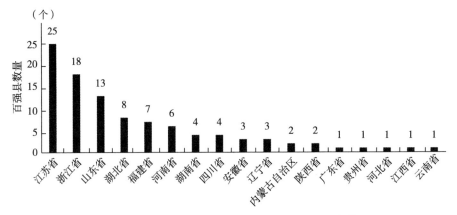

图 1-10　2022 年百强县所在省（区）数量分布情况

资料来源：赛迪顾问县域经济研究中心 2022 年 9 月根据相关年份《中国县域统计年鉴》整理。

1.2.2　县域经济产业结构研究

1.2.2.1　第二产业主导渐退，第三产业崛起引领新趋势

产业结构与县域经济紧密相连，是县域经济发展的重要基石。如图 1-11 中 2020 年数据所示，全国县域经济总收入规模庞大，其中第一产业、第二产业和第三产业各自扮演着不同的角色。第一产业，以农业为主，虽然其收入占全国县域经济 GDP 的比例约为 15%，增速相对缓慢，但它依然是县域经济的稳定器。农业对于农村地区的稳定和粮食安全的保障具有不可替代的作用，是县域经济发展的重要基础。第二产业主要涉及工业和制造业，占比达到 40.2%，且增长势头强劲。工业与制造业的发展为县域经济提供了强大的动力，推动了县域经济的快速增长。然而，与 2011 年相比，第二产业在县域经济中的地位逐渐减弱，反映出产业结构调整的趋势。第三产业，包括服务业和信息产业等，在县域经济中占据了 44.8% 的份额，且增长速度最快。这一趋势显示出县域经济正朝着更加多元化、服务型的方向发展。随着科技的进步和消费者需求的升级，服务业和信息产业在县域经济中的地位将进一步提升。

整体来看，县域经济正处于产业结构调整的关键时期。如图 1-11
所示，从 2011 年至 2020 年，县域的产业结构发生了显著变化，从
15.7∶53.0∶31.3 转变为 15.0∶40.2∶44.8，第三产业占比逐年提升，
第二产业地位逐渐减弱。这一变化不仅反映了县域经济结构的优化升
级，也预示着未来县域经济将朝着更加多元化、服务型和现代化的方向
发展。为了推动县域经济的持续健康发展，需要进一步优化产业结构，
加强农业基础地位，提升工业和制造业的技术水平和竞争力，同时大力
发展服务业和信息产业等新兴产业。通过产业结构的优化升级，县域经
济将迎来更加广阔的发展空间和更加美好的未来。

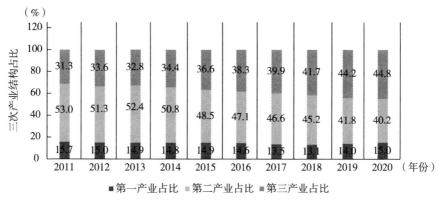

图 1-11　2011~2020 年中国县域三次产业结构

资料来源：赛迪顾问县域经济研究中心 2022 年 9 月根据相关年份《中国县域
统计年鉴》整理。

1.2.2.2　第二产业附加值增长，促进工业经济转型

县域作为产业梯度转移的终端，承载了中国制造业的基础环节和原
料供应的集聚功能。作为产业基础环节的空间主体，县域面临产业基础
能力不足的痛点，这成为其产业发展的核心挑战。从县域的发展趋势来
看，其经济发展主体正逐渐从产业配套的辅助角色转变为工业经济的主
力军。近年来，县域第二产业增加值在全国的比重超过四成，且县域内

规模以上工业企业数量占全国的一半左右，充分显示出县域已成为中国工业经济发展的重要战场。同时，近三成的"专精特新""小巨人"企业分布在全国近 600 个县（市）中，这些企业主要集中在工业基础雄厚的县域，展现出县域在培育创新型企业方面的强大潜力。因此，发展壮大县域经济对于夯实中国工业基础、提升产业链水平具有举足轻重的意义。

1.2.3 县域人口规模与分布

1.2.3.1 县域人口流失严重，经济发展面临人口负增长挑战

根据近三次人口普查数据，县域人口流动呈现出向都市圈核心城市集中的明显趋势。特别是在距离大城市或中心城市 100 千米以外的地区，人口流失问题随距离增加而越发严重。如图 1-12 所示，从 2011 年至 2020 年，中国县域户籍人口数量减少了 6180 万人，占全国人口比例也从 70.6% 下降至 63.1%，表明县域人口总体呈下降趋势。[①]分区域来看，东北、东部、西部和中部地区的县域户籍人口均有所减少，其中东部地区减少最多，达到 2837.4 万人（见图 1-13）。当前中国已进入人口负增长常态化时期，2022 年全年人口减少 85 万人，为 60 多年来首次负增长。在人口总量减少和城镇化发展的双重影响下，未来县域人口将面临更大的下降风险。因此，县域经济发展面临严峻的人口问题。为了应对这一挑战，需要采取有效措施吸引和留住人口，如提升县域产业竞争力、完善基础设施和公共服务等。同时，也应积极探索人口负增长背景下的县域经济发展新模式，以实现可持续发展。

---

① 华夏新供给研究院.县域经济观察｜县域经济发展，难在哪里？〔EB/OL〕.商业新知，http://www.shangyexinzhi.com/article/11599579.html，2023-09-07.

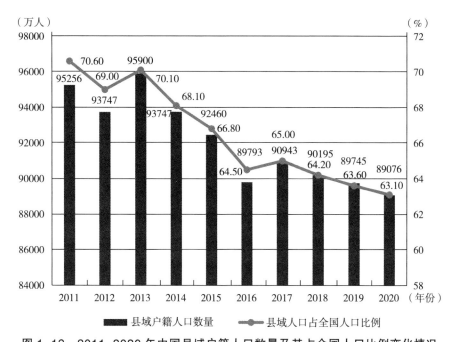

图 1-12 2011~2020 年中国县域户籍人口数量及其占全国人口比例变化情况

资料来源：赛迪顾问县域经济研究中心 2022 年 9 月根据相关年份《中国县域统计年鉴》整理。

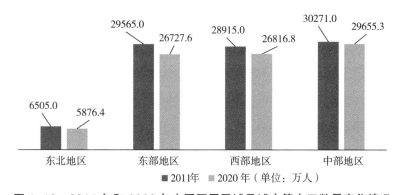

图 1-13 2011 年和 2020 年中国不同区域县域户籍人口数量变化情况

资料来源：赛迪顾问县域经济研究中心 2022 年 9 月根据相关年份《中国县域统计年鉴》整理。

1.2.3.2 县城成为就近城镇化重要载体，农民工回流趋势加快

随着国内外环境的深刻变化以及城市生活压力的加大，农民工回流趋势在逐步加快，县城作为适应这一人口流动新态势的关键载体，正日益凸显其在推进就近城镇化中的重要作用。根据国家统计局数据，2019年40周岁以下的农民工回流比例达到了22%，而40周岁至45周岁的农民工回流比例更是高达67%。这一数据不仅表明农民工回流趋势明显加快，也反映出县城对于农民工的吸引力在不断增强。农民工的回流，推动了部分县城人口的快速增长。这些回流人口为县城带来了劳动力资源，促进了县城的经济发展和社会进步。同时，随着县城人口的增加，县城的基础设施和公共服务也得到了进一步完善，进一步提升了县城的吸引力和竞争力。县城作为连接城乡的纽带，具有独特的地理优势和资源优势。它既能满足农民工对于家乡的情感依恋和家庭团聚的需求，又能提供相对完善的基础设施和公共服务，为农民工提供了良好的生活和发展环境。因此，县城成为农民工回流的首选之地，也成为推进就近城镇化的重要载体。未来，随着农民工回流趋势的进一步加快和中国城镇化进程的深入推进，县城的地位和作用将更加突出。[①]

1.3 中国区域协调与均衡发展

1.3.1 区域经济发展差异

区域协调发展是推动高质量发展的关键支撑，是实现共同富裕的内在要求，是推进中国式现代化的重要内容。中国幅员辽阔、人口众多，各地区基础条件差别之大在世界上少有，统筹区域协调发展任务十分艰

---

① 欧阳慧.7亿人居住的县域下一步如何城镇化？［EB/OL］.新华网，http://www.news.cn/politics/2022-05/24/c_1128678976.htm，2022-05-24.

巨。^①在中国广阔的土地上，区域经济发展呈现巨大的不均衡性，展示了复杂多元的经济格局。这种差异性不仅体现在东西部、南北方向的大尺度上，也显现在城乡差别、区域内部乃至新旧动能转换的细微之处。我们从多个维度解析这些差异的根源、表现，探寻其对中国未来发展的深远影响。

1.3.1.1　东西差异

东西差异是东部沿海地区与西部内陆地区的差异，是中国区域经济发展不平衡的最直观表现。历史上中国经济重心就集中在东南地区。著名的胡焕庸线，即从黑龙江黑河到云南腾冲画线，该线东南方以占全国43.18%的国土面积集聚了全国93.77%的人口，创造了95.7%的国内生产总值（GDP），压倒性地显示高密度的经济、社会功能。^②东部地区，尤其是珠三角、长三角、环渤海经济圈，凭借着地理优势、早期的开放政策及成熟的产业链条，成为中国经济发展的"火车头"。这里汇聚了大量的外资企业和高新技术产业，形成了强大的经济发展动能。

相比之下，西部地区由于地理位置偏远、自然条件恶劣、基础设施建设滞后，经济发展相对缓慢。虽然西部大开发战略的实施为这些地区带来了新的发展机遇，但要缩小与东部地区的经济差距，仍然是一个艰巨的任务。针对这一现象，近年来在西部大开发等政策扶持下，区域板块发展平衡性显著增强，从区域经济运行看，中西部地区主要经济指标增长情况总体好于东部地区，东北地区也呈现好转复苏迹象。但东西部地区发展绝对差距仍然较大。东部地区结构调整步伐快于西部，发展质量和效益优于西部。西部地区经济增长速度快于东部的优势在弱化，经

---

① 赵辰昕 . 国务院关于区域协调发展情况的报告——2023 年 6 月 26 日第十四届全国人民代表大会常务委员会第三次会议上［EB/OL］. 中国人大网，http://www.npc.gov.cn/npc/c2/c30834/202306/t20230628_430333.html，2023-06-28.

② 贺雪峰 . 东西中国：中国区域差异的经济视角［EB/OL］. 观察者网站，https://www.guancha.cn/HeXueFeng/2023_04_08_687508_2.shtml，2023-04-08.

济总量的绝对差距仍在扩大。西部地区研发经费投入强度仅为东部的一半，社会公共服务"软件"差距较为明显。[①]

1.3.1.2 南北差异

在另一个地理方向尺度上，南北方地区背后是一定的经济温差。南北差异则体现在经济结构和产业布局上。南方地区，特别是长江以南的省份，由于气候温暖、水资源丰富，农业生产条件优越，同时工业化、城市化进程较快，经济发展水平普遍较高。北方部分地区经济发展活力不足。东北地区多年来经济增速低于全国平均水平，老龄化程度高于全国水平。西北地区资源环境保护压力突出，经济发展基础较为薄弱，经济转型升级相对滞后。[②]北方地区虽然在能源、重工业基础上有一定优势，但由于受到资源枯竭、环境污染等问题的影响，其经济转型面临着更多挑战。

1.3.1.3 城乡差异

城乡差异一直是区域经济发展关注的重点。比起地理差异，城乡差异更加凸显了中国经济发展的不平衡性。城市地区由于集中了大量的经济资源、教育和医疗等公共服务设施，居民生活水平远高于农村。农村地区由于长期的资源流失，基础设施薄弱，经济发展滞后，这直接导致了人口的大量外流，形成了一种"恶性循环"。缩小城乡差异也成为中国经济发展的重要任务之一。中国通过实施乡村振兴战略、加快农村基础设施建设、提高农业生产效率和农产品附加值，逐步缩小城乡之间的经济和社会服务水平差距，推动城乡融合发展。

---

① 赵辰昕. 国务院关于区域协调发展情况的报告——2023 年 6 月 26 日第十四届全国人民代表大会常务委员会第三次会议上［EB/OL］. 中国人大网，http://www.npc.gov.cn/npc/c2/c30834/202306/t20230628_430333.html，2023-06-28.

② 赵辰昕. 国务院关于区域协调发展情况的报告——2023 年 6 月 26 日第十四届全国人民代表大会常务委员会第三次会议上［EB/OL］. 中国人大网，http://www.npc.gov.cn/npc/c2/c30834/202306/t20230628_430333.html，2023-06-28.

1.3.1.4　区域内部差异

即便在同一地区内部，经济发展的差异也是显而易见的。以长三角地区为例，尽管整体经济实力雄厚，但是江苏的苏南与苏北、浙江的浙东与浙西之间的经济发展水平仍存在明显差距。省级行政区划内不同地区经济发展也是不平衡的，尤其是广东、山东两省，省内经济发展是相当不平衡的。广东省主要人口和经济重心集中在珠三角地区，珠三角地区的总面积为 5.5 万平方千米，占全省面积的不到三分之一，GDP 占全省的比重为 80%，人口占全省的 60%。山东省人口和经济重心也集中在沿海地区，鲁西南、鲁南、鲁西地区经济相对欠发达，面积占全省一半以上。同样，江苏的苏南、苏中经济远比苏北发达，浙江面积最大的丽水、衢州相对不够发达，福建的闽北地区远不如闽南发达。[①] 这种差异不仅体现在经济总量上，更体现在产业结构、人均收入等方面。

同时存在特殊类型地区，振兴发展仍有较大困难。欠发达地区人均可支配收入仍然较低，革命老区基础设施和公共服务水平有待提升，边境地区人口流失、边境村空心化等问题突出，资源型地区产业转型发展面临技术、人才、资金等要素资源制约。近年通过实施优化区域经济布局、促进区域协调发展战略，各地区可以根据自身条件和特色，发展特色经济和产业集群，形成互补的产业结构和经济发展模式，也有效地提升了区域内部的经济发展均衡性。

1.3.1.5　新旧动能转换区域差异

新旧动能转换区域差异也是未来发展的关键。随着中国经济进入新旧动能转换的关键时期，不同区域面临的挑战和机遇也各不相同。东部发达地区在追求高质量发展的同时，亟须通过技术创新和产业升级来创

---

① 贺雪峰. 东西中国：中国区域差异的经济视角［EB/OL］. 观察者网站, https://www.guancha.cn/HeXueFeng/2023_04_08_687508_2.shtml, 2023–04–08.

造新的增长点。而对于中西部以及东北老工业基地来说，转型升级不仅是经济发展的需要，更是摆脱发展滞后困境的必由之路。区域生产力布局调整任务艰巨。部分关键产业、产业链关键环节分布过于集中，一些地区产业布局与资源环境的匹配性不足，差别化的区域产业政策亟待完善。地方保护和区域壁垒在一定程度上仍然存在，地区间产业同质化发展、低水平重复建设等问题仍然突出。

在这一过程中，东部地区依托其雄厚的经济基础和创新资源，积极探索新能源、新材料、生物医药等前沿科技领域，逐步构建起高端制造业和现代服务业并重的新兴产业体系。同时，通过加强与全球创新网络的连接，东部地区在新一轮国际竞争中保持了较强的竞争力。反观中西部及东北地区，虽然面临的挑战更为严峻，但也正因如此，转型升级的潜力和空间同样巨大。政府通过实施一系列政策措施，如加大基础设施建设投入、推动产业迁移升级、鼓励创新创业等，为这些地区的经济发展注入了新的活力。特别是在促进农业现代化、推动新能源和新材料产业发展等方面，中西部和东北地区展现出了巨大的发展潜力。

中国区域发展不平衡的原因，既有客观因素，也有主观因素。从客观因素看，中国国土广阔，不同地区的自然资源禀赋、经济发展基础等存在较大差异，经济发展不可能整齐划一"齐步走"。不同地区在国家发展全局中承担的功能定位不同，东北和华北等是粮食主产区，青藏高原、大小兴安岭、北方防沙带等是生态功能区，山西、内蒙古、陕西、新疆等是能源富集地区，评判一个区域是否协调发展，不能单一以经济指标作为标准，更不能简单以 GDP 论英雄，而是要看其承担的功能是否有效发挥。从主观因素看，一些省份市场化进程相对滞后，制约了经济发展潜力的充分发挥。同时，市场化、多元化的利益补偿机制尚未完全建立，粮食主产区和主销区之间、资源输出地和输入地之间、生态保护地和受益地之间补偿机制不健全，生态产品价值实现缺乏有效途径，产业转移、园区共建等跨区域合作缺乏利益分享机制。①

展望未来，中国区域经济发展的差异性将在政策引导和市场机制的共同作用下逐步缩小。通过深化改革开放，优化发展环境，加大创新驱动力度，中国各区域经济将实现更加协调、可持续的发展，为实现第二个百年奋斗目标、实现中华民族伟大复兴的中国梦奠定更加坚实的基础。

在这一进程中，每个区域的特色和优势将得到更充分的发挥，而区域间的合作也将更加紧密。无论是东西方向、南北方向的大尺度协作，还是城乡、区域内部的细致调节，都将在中国经济的大海中汇聚成推动国家前进的强大力量。通过不懈努力，中国区域经济发展的差异将转化为全面进步的动力，共同书写中国发展的崭新篇章。

1.3.2　城乡经济一体化推进

1.3.2.1　城乡经济一体化推进的意义

中国最大的国情之一是地域广大，不同区域发展不平衡。深刻认识中国区域差异，理解区域发展不平衡的内在规律，尊重规律，才能更好地推进城乡融合和区域协调发展，推进中国式现代化，实现中华民族伟大复兴。② 在探索推动高质量发展的道路上，中国正面临着一项重大战略任务——实现城乡经济一体化，这一任务对于缩小城乡差距、促进区域均衡发展具有重要意义。城乡一体化不仅是一项经济任务，更是一项社会发展大计。

城乡一体化的核心意义在于实现城乡共同发展、共享成果，打破传统城乡二元结构的限制，促进社会全面进步和人民共同富裕。通过推动

---

①　赵辰昕.国务院关于区域协调发展情况的报告——2023 年 6 月 26 日第十四届全国人民代表大会常务委员会第三次会议上［EB/OL］.中国人大网，http://www.npc.gov.cn/npc/c2/c30834/202306/t20230628_430333.html，2023-06-28.

②　贺雪峰.东西中国：中国区域差异的经济视角［EB/OL］.观察者网站，https://www.guancha.cn/HeXueFeng/2023_04_08_687508_2.shtml，2023-04-08.

城市与农村之间的深度融合，实现经济、社会、文化等方面的均衡发展，从而达到城乡一体化的目标，实现资源配置的优化和生产力水平的整体提升，实现城乡居民基本公共服务的均等化，包括教育、医疗、文化等服务，缩小城乡之间的福利差距，推动社会公平正义，达到提高人民生活质量与可持续发展能力的效果，提升农村居民的生活质量和城市居民的生活环境。通过城乡互动促进农村现代化，让农村居民享受到更多城市化带来的便利和服务。同时能够减轻城市的发展压力，促进经济、社会和环境的协调发展，通过合理规划和可持续发展策略，增强区域发展的整体竞争力和可持续发展能力。城乡一体化不仅关系到农民的福祉和城市居民的生活质量，更关系到国民经济的整体竞争力和可持续发展能力。

城乡一体化的战略路径重点分别为产业融合、基础设施、公共服务与人才资源。

第一，优化产业结构，推动产业融合。产业融合是城乡一体化的重要驱动力。通过发展县域经济，优化产业结构，支持农业向现代农业转型，同时鼓励城市产业向农村延伸，形成产业链条上的互补和融合，促进农村经济的多元化发展。

第二，加强基础设施建设，实现硬件连接。基础设施是实现城乡一体化的物质基础。通过加大对农村地区道路、水利、电力等基础设施的投入，加快信息化建设，实现城乡基础设施的互联互通，为城乡一体化提供坚实的硬件支撑。

第三，推进公共服务均等化，缩小服务差距。公共服务的均等化是实现城乡一体化的重要目标。通过优化农村教育、卫生、文化等公共服务设施，提高服务质量，确保城乡居民享有基本公共服务的平等权利，逐步缩小城乡在公共服务方面的差距。

第四，促进人才流动，实现软件互动。人才是推动城乡一体化发展的关键资源。通过建立健全城乡人才流动机制，鼓励城市人才向农村流动，支持农村人才的城市就业和创业，实现城乡人才资源的优化配置。

1.3.2.2　城乡经济一体化推进的战略路径

在城乡一体化的实践中有许多重要的创新举措。首先，发展特色经济，激活县域经济。围绕县域资源和文化特色，发展特色农业、乡村旅游、特色小镇等经济形态，通过品牌化、市场化的方式，提升县域经济的内生动力和竞争力。其次，实施乡村振兴战略，提升农村发展质量。乡村振兴战略是推进城乡一体化的重要举措。通过强化农业基础地位，加强农村基础设施建设，推动农村社会事业发展，提高农村居民的生活质量和幸福感。最后，推动智慧农业和数字乡村建设。利用现代信息技术，如大数据、云计算、物联网等，推动智慧农业和数字乡村建设，提高农业生产效率和管理水平，促进农村经济的数字化转型。

城乡一体化是一项复杂的系统工程，涉及经济、社会、文化等多个方面，需要政府、市场、社会三方面共同努力。通过持续推进产业融合、基础设施建设、公共服务均等化以及人才流动等战略路径，中国的城乡一体化发展将迈上新的台阶，为构建现代化经济体系、实现社会全面进步和人民共同富裕提供强大动力。在此过程中，创新将是引领发展的第一动力，而坚定不移地推进改革开放将为城乡一体化提供不竭的动能。未来，随着城乡一体化战略的深入实施，中国的城乡面貌将发生根本性变化，城乡居民将共享发展成果，共创美好生活。

1.3.3　区域协同创新的重要性

1.3.3.1　区域协同创新的意义

《中华人民共和国国民经济和社会发展第十四个五年规划和 2035 年远景目标纲要》提出，要"以京津冀、长三角、粤港澳大湾区为重点，提升创新策源能力和全球资源配置能力，加快打造引领高质量发展的第一梯队"。当前，以产业集群和协同创新为特征的区域发展的重要性日益凸显。同时，随着技术创新的广度不断加大、复杂性不断提高，单个地区的创新能力无法支撑其在日益激烈的市场竞争中独自完成创新过程，而协同创新则有利于促进创新要素在各地区之间实现优化配置，提高创新效率，规避创新风险。因此，区域协同创新正成为区域间科技合作不断进化的高级形态，也成为区域经济一体化向纵深发展、构建高质量区域经济布局的必然选择。①

在当前全球化和信息化的时代背景下，区域协同创新已成为推动县域经济高质量发展的关键因素。区域协同创新是指在一定的地理区域内，不同的创新主体如政府、企业、研究机构和高等教育机构等，通过合作共享资源、信息和知识，共同参与创新活动的过程。这种创新模式侧重于跨界合作和资源整合，旨在通过协同作用提高创新效率和效果，促进科技成果转化和产业升级。区域协同创新的本质是基于区域优势和特色资源，通过建立有效的合作机制和平台，共享知识和技术，集聚创新能力，构建创新生态系统，最终提升区域整体竞争力和可持续发展能力。

其核心意义体现在多个方面。首先，优化资源配置。通过区域内外部资源的整合，实现资源的优化配置，提高资源利用效率，降低创新成本。区域协同创新通过跨界合作，实现了人力、资金、技术等资源的有效整合和优化配置，避免了资源的重复建设和浪费，提高了资源利用效率。其次，区域协同创新促进了知识与技术的交流与创新。不同主体间的紧密合作促进了知识与技术的交流，有助于新技术、新产品的快速开发和应用，加快了创新成果的市场化进程，增强了区域内外的技术创新能力和市场竞争力。协同创新更是激发了区域内外的创新活力，多元化主体参与创新过程，可以集合各方面的智慧和力量。协同创新的开放性和包容性能够吸引更多的创新主体参与区域经济发展，形成良性的创新

---

① 马立平，张沛祺. 以协同创新促进区域经济高质量发展［EB/OL］. 光明日报网站，https://news.gmw.cn/2021-08-24/content_35103239.htm，2021-08-24.

生态系统，激发整个区域乃至更广泛范围内的创新活力和创新潜能。最后，区域协同创新还可以提升区域经济发展水平。协同创新有助于推动区域内形成特色鲜明的产业集群，从而促进产业结构的优化升级，提升区域经济的整体实力和发展质量，增强区域在全球经济中的竞争力。区域协同创新不仅关注经济效益的提升，还重视社会公益和环境保护，通过科技进步解决社会问题和生态环境问题，促进社会和谐与可持续发展。

但要看到，在区域协同创新加速推进的过程中仍然存在诸多挑战。主要表现在：第一，企业在区域协同创新体系中的主体地位尚没有真正确立。在市场机制不够完善的情况下，政府、科研机构和高校在创新活动的项目选择、组织方式、资金投入等方面各自发挥重要作用，但都受制于自身局限性，不能全面、及时地捕捉市场释放的创新信号，这在一定程度上抑制了区域协同创新体系的创新活力。第二，中国区域经济发展具有明显的多样性特征，各地区资源禀赋存在较大差异，而创新资源空间集聚产生的"马太效应"会进一步加大不同区域创新水平的差距。第三，创新是知识创新和技术创新的有机结合，是从新思想或新发明的产生，到研究、发展、试制、生产制造，再到商业化，最终产生经济作用的完整过程，而现阶段中国开展区域协同创新的重点仍局限于知识创新领域，导致科技与经济"两张皮"，科技成果转化率偏低，制约了区域协同创新作用的发挥。[①]

1.3.3.2　区域协同创新的策略

实现区域协同创新，需要建立有效的机制和采取合理的策略。

首先，建立多元合作平台，政府应搭建企业、高校、研究机构等多方主体参与的创新合作平台，为协同创新提供交流和合作的场所，其中

---

① 马立平，张沛祺. 以协同创新促进区域经济高质量发展［EB/OL］. 光明日报网站，https://news.gmw.cn/2021-08-24/content_35103239.htm，2021-08-24.

重点在于围绕企业构建创新联合体。技术创新的本质是经济活动，在市场经济条件下，企业是市场最直接的参与者，能够敏锐感知市场机会和客户需求，真切把握技术创新命脉，并通过形成原始创新诉求开启和引领技术创新活动。习近平总书记强调，"要发挥企业出题者作用，推进重点项目协同和研发活动一体化，加快构建龙头企业牵头、高校院所支撑、各创新主体相互协同的创新联合体，发展高效强大的共性技术供给体系，提高科技成果转移转化成效"。① 围绕企业建立政府引导、高校院所支撑、各创新主体相互协同的创新联合体，不仅能够通过市场需求引导创新资源有效配置，从观念、体制、机制层面推动中国自上而下的创新组织形式向自下而上的新型协同创新形式转变，还能够为企业进行跨界合作、创新生产模式提供新知识，是提升创新能力、实现关键核心技术突破的必然选择。

其次，加快建设区域一体化联动式创新要素网络，完善创新政策支持。制定和完善促进协同创新的政策措施，提供资金支持、税收优惠等激励，降低创新主体的风险和成本。通过降低行政壁垒和制度成本，促进创新要素在区域间的高效配置，提升区域创新效率。要素网络当中，紧紧围绕产业链关键环节，通过合力共建重点实验室、科技转化交易平台、区域创新服务中心、科技专家资源服务信息共享平台等协同创新平台，促进地区间创新协作，为产业深度融合提供有力支持，达到优化产业结构的目标，形成产业协同发展的良好环境。

最后，加快一体化联动式要素保障体系建设，进一步加强各地区在财政支持、税收优惠、人才引进等创新政策方面的协同性，比如明确专业技术人才在各地区流动过程中在职称晋升、岗位聘用、人才引进、培养选拔、服务保障等方面享有同等待遇。同时加强对创新人才的培养和引进，建立灵活的人才流动机制，为协同创新提供人才保障。

---

① 两院院士大会中国科协第十次全国代表大会在京召开 习近平发表重要讲话［EB/OL］.新华网，http://www.xinhuanet.com/politics/leaders/2021-05/28/c_1127504936.htm，2021-05-28.

区域协同创新作为一种新型的创新模式，其重要性在于能够整合区域内外的创新资源，激发创新活力，提升区域经济的竞争力和可持续发展能力。实现区域协同创新，需要政府、企业、高校和研究机构等各方面的共同努力和紧密合作。通过建立有效的协同创新机制和策略，加强人才支撑，促进科技成果转化，可以为县域经济的高质量发展注入新的活力和动力。未来，随着协同创新理念深入人心和实践的不断丰富，区域协同创新将在推动中国县域经济发展中发挥更加重要的作用。

1.4　中国县域经济发展模式

1.4.1　昆山模式：科技产业聚集

1.4.1.1　模式介绍

地处上海与苏州之间的昆山，是全国最早自主发展外向型经济的地区之一，也是江苏响应"一带一路"倡议的领头羊和领跑者。一个"闯"字，拼杀出昆山改革之路，也是昆山经验输出的原动力——1984年为打开开放之门而创办的全国首个自费开发区。彼时，作为传统农业县，昆山的工业生产是当时苏州六县中的"小六子"。看着周边地区依靠大力发展乡镇企业频频崛起，不甘落后的昆山决定另辟蹊径，以自身得天独厚的区位优势，率先全面开展横向联合，在既无政策红利又无财政支持的情况下，本着自力更生、敢想敢为、不等不靠不要和永远快人一步的精神，自我规划、自筹资金、自费兴建了开发区这一服务于外向型经济的最佳制度舞台。此后，借助一系列首创性的制度突破，昆山以开发区为依托，不断广招外商、广纳外资，从一个落后农业县一跃成为全国县域经济发展"第一标杆"。

1.4.1.2 发展历程

江南的"鱼米之乡"昆山，改革开放初期虽以农业为主，却为国家贡献了大量商品粮，农民生活富裕，对国家贡献显著。然而，满足于现状的心态使昆山在苏南地区的工业发展中落后，甚至被称为"苏南的苏北"。面对这一挑战，昆山深刻反思，于1984年开始了经济转型的征程。当时的县委县政府明确了农、副、工全面发展的方向，并决定实行开放型经济，主攻工业经济。

虽然昆山错过了乡镇企业发展的黄金时期，但其独特的区位优势——靠近上海，为其提供了发展的新机遇。昆山通过横向联合，与上海实现优势互补，成功吸引了大量资金、技术和设备。同时，昆山还积极与"三线"地区①企业合作，实现了优势互补，进一步推动了经济的发展。昆山与上海的横向联合不仅打开了开放的窗口，还为其积淀了"开放气质"，实现了从农业到工业的快速转型。引进台资企业更是昆山开放道路上的重要一步，奠定了其全国"台资第一高地"的地位。

1990年，面对中共中央、国务院开发开放上海浦东的战略决策，昆山积极响应，举全市之力配合浦东开发区。同年，在珠三角台资企业大规模扩张的背景下，昆山凭借其独特的地理位置和优质的投资环境迅速吸引了台商目光。自1992年昆山开发区升格为国家级后，它成为台商投资的热门选择。1990年，顺昌纺织成为江苏首家落户昆山的台资企业，随后沪士电子、六合机械、捷安特、富士康、统一食品、仁宝电脑等知名台资企业纷纷跟进。台商间的人脉和群聚特性促成了"以台引台"的效应，使昆山迅速崛起为台资企业的聚集地。

至2019年，台资已成为昆山开放型经济的核心特色，对全市经济贡献显著，占比达到地区生产总值的40%，工业总产值的50%，利用

---

① "三线"地区包括四川、贵州、云南、陕西、甘肃、宁夏、青海等西部省区，以及山西、河南、湖南、湖北、广东、广西等省区的后方地区，共涉及13个省区。

外资的 60%，进出口总额的 70%。至今，昆山已累计批准 5113 个台资项目，总投资额达 608 亿美元，吸引了 10 万台商台胞在此生活和工作。此外，台湾前 100 名制造业企业中有 70 多家在昆山设立了近百家企业，构建了光电显示、智能终端、装备制造等完整产业链。①

历经多年发展，昆山的"外向型经济"持续繁荣，经济态势向好。据昆山市政府数据，截至 2023 年 8 月，昆山吸引了来自 79 个国家和地区的 9700 多个外资项目，总投资额超 1200 亿美元，注册外资超 500 亿美元，实际利用外资超 300 亿美元，并有 48 家世界 500 强企业在昆投资设立了 108 个项目。

1.4.1.3　发展逻辑：双轮驱动完成经济转型

（1）横向联合：实现"农转工"的蜕变

昆山能有如今辉煌的成就，与其"东依上海、西托'三线'、内联乡镇、面向全国、走向世界"的横向联合发展战略紧密关联。昆山市自 20 世纪 80 年代起就坚定"要发展，靠上海"的发展理念，其紧密依托上海这个国际大都市，积极融入长三角城市群和长江经济带，构建了多层次的区域合作机制和网络。

昆山市与上海在交通、能源、环保、公共服务等方面有着密切的联系和互动，形成了"一小时生活圈"和"半小时通勤圈"。昆山市还与苏州等周边城市建立了良好的协调关系，共同推进区域规划、基础设施、产业升级等领域的合作。昆山市通过区域融合，不仅扩大了自身的发展空间和市场，也为区域的协调发展和共同繁荣作出了贡献。

除此之外，昆山在既无政策支持，又无资金帮扶的背景下，果断投资建设中国首个"自费开发区"，并自担风险在上海投放广告进行招商引资，先后找到了上海金星电视机厂和大批的纺织厂来开分厂。通过承

---

①　高质量发展语境下县域经济发展：特征、趋势与作用［EB/OL］.江苏智库网，http://www.jsthinktank.com/zhikuyanjiu/202202/t20220215_7420378.shtml，2022-02-15.

接加工制造业，昆山迅速融入全球产业分工体系，并持续推进产业转型升级，产业链集聚优势明显，产业链体系不断完善，国际竞争力持续增强。

（2）引进外资：完成"内转外"标志性大动作

昆山精准把握国家开发开放浦东新区的重大战略机遇，并结合20世纪90年代台资企业由珠三角向长三角的大规模转移。凭借其优越的地理位置、前沿的服务理念以及丰富的政策优惠，成功吸引首家台资企业"顺昌纺织"落户投资，由此开启了昆山与台商台胞合作的崭新篇章。顺昌纺织的成功实践迅速传播，吸引了更多台商纷纷涌入。短短几年间，昆山便汇聚了八家以"顺"为字号的台资企业，实现了"一顺成八顺"的快速发展。

鉴于台商间口耳相传、老带新的传统习惯，昆山在发展外向型经济时，创新性地提出并实施"以台引台"策略。通过这一策略，沪士电子、捷安特、六合机械、富士康、统一食品等台资企业纷纷选择昆山作为投资目的地，使昆山迅速崛起为全国台资投资高地，并形成了科技产业集群。这一成就充分体现了昆山在全球化背景下，坚持开放、积极寻求机遇、主动推进对外合作的决心和努力。

昆山作为外资高地，在新冠疫情时期依然展现出了强大的经济韧性。2020年，昆山实际利用外资达到五年来新高，显示出其经济的稳健和多元。以星巴克"咖啡创新产业园"项目的落户为例，这一举措不仅提升了昆山在咖啡产业链中的地位，也表明昆山正努力成为亚太区咖啡生豆分拨、制造、交易、销售的中心。这一成果再次证明了中国市场的巨大潜力和对外商投资的吸引力。

同时，在昆山深耕多年的三资企业，在共同成长的过程中，与昆山形成了紧密的命运共同体。台资企业便是其中的代表，他们在昆山实现了从"游牧式"到"类本土企业"的转变，实现了从代工模仿到自主创新、从要素投入到创新驱动的转型升级。2020年，昆山新批台资项目达

198 个，增资项目 72 个，同比增幅均在 20% 左右，这充分说明台资企业在昆山的深厚根基和坚定信心。

随着昆山外向型经济的蓬勃发展，德国和日本企业也纷纷深度参与，形成了多元化的投资格局。值得注意的是，过去五年，昆山外贸依存度下降了 11.9 个百分点，这反映了昆山经济结构的优化和外贸依存度的合理调整。这一趋势预示着昆山在未来的发展中，将更加稳健和可持续。

显然，在人们还在沉迷惊叹昆山财富之巨的同时，昆山一刻也没有停歇，正在慢慢褪去高度依赖外向型经济的形象，通过转型升级、创新驱动，提升发展的"内生动力"和高质量。一个更具爆发性、更有想象空间的新昆山正蓄势酝酿。[①]

1.4.1.4　成功经验

在中国县域经济的图谱中，昆山无疑是一个耀眼的明星。从一个曾经融不进苏南县域经济圈的落后县城，发展为如今领跑全国县域经济的第一县，昆山模式的崛起与变迁，不仅是一部生动的经济发展史，更是对区域发展战略和主观能动性的深刻诠释。昆山模式的成功经验，与其在利用节点优势，坚定产业为本的路线的基础上，充分发挥干部群众的主观能动性密切相关。

（1）节点优势的最大化利用

昆山的成功，首先得益于其作为上海都市圈周边节点县市的独特位置。昆山与上海的地理邻近性，使其能够充分吸收和利用上海作为国际大都市的辐射效应。通过不断完善交通、信息等基础设施，昆山与上海之间形成了紧密的经济联系和高效的资源流动。这一优势不仅使昆山在承接上海产业转移、吸引高端人才等方面占得先机，也为其打造现代产

---

① 王奕澄. 初心 50 城 | "最强县级市" 昆山的逆袭升级密码：开放，创新［EB/OL］. 澎湃新闻，https://www.thepaper.cn/newsDetail_forward_13339931，2021-06-29.

业体系、实现经济转型升级提供了有力支撑。

（2）产业为本的坚定路线

在充分利用节点优势的基础上，昆山始终坚持"产业为本"的发展路线。从早期引入台资作为突破口，到后来的"以台引台"招商策略，再到延链补链、打造产业集群，昆山始终围绕产业发展这一核心不动摇。这种以工业为核心的发展模式，不仅使昆山形成了具有竞争力的产业链条，也为其在全球化竞争中占据有利地位提供了坚实基础。

（3）主观能动性的发挥

昆山模式的另一个显著特点是其充分发挥了干部群众的主观能动性。面对创业初期的种种困难，昆山人民没有等待和依赖，而是自力更生、大胆创新。在没有政策、资金、项目等条件的情况下，他们通过学习借鉴、勇于创新，逐步走出了一条适合自己的发展道路。这种敢于挑战、勇于创新的精神，是昆山模式能够成功的关键因素之一。

综上所述，昆山模式的成功，对于其他中心城市群周边的节点县市具有重要的启示意义。节点县市的经济要想得到充分发展，首先，可以灵活借鉴昆山的成功经验，充分利用自身的地理和资源优势，具体情况具体分析，主动融入区域发展大局，实现与中心城市的错位发展和优势互补。其次，坚持以产业发展为核心，打造具有竞争力的产业体系，实现经济的高质量发展。最后，要充分发挥主观能动性，不断创新发展模式和路径，努力在区域竞争中占据有利地位。

1.4.2　晋江模式：鞋业专业发展

1.4.2.1　模式介绍

晋江，位于中国福建省东南部，是一个在全球鞋业产业链中占有举足轻重地位的城市。晋江鞋业的发展不仅仅是一个地方产业的兴起，更是中国县域经济发展模式的典范，以其特色产业鞋业的发展取得了令人瞩目的成就，展示了如何通过特色产业推动地方经济发展和全球化进程。

在改革开放之初，晋江还是典型的"高产穷县"，1978 年 GDP 仅 1.45 亿元，人均 GDP 仅 154 元。2017 年，晋江的地区生产总值达到 1981.5 亿元，是 1978 年的 1366 倍，平均三年翻一番；财政总收入 212.23 亿元，是 1978 年的 1158 倍；经济总量连续 24 年位居福建省县域首位。目前，晋江拥有"国家体育产业基地""中国鞋都""世界夹克之都"等 15 个区域品牌，持有中国驰名商标 42 枚，品牌企业专卖店、直营店超过 25 万家；工业产值突破 4000 亿元，已有两个超千亿产业集群（制鞋、纺织服装），7 个超百亿产业集群（制鞋、纺织服装、建材陶瓷、食品饮料、装备制造、纸制品、新材料）；有 46 家公司已经完成上市，数量居全国县域首位，总市值超 1800 亿元；"新三板"、天交所、海交所挂牌企业达 78 家。[①]

1.4.2.2　发展历程

晋江鞋业的发展可追溯至 20 世纪 70 年代末，当时中国正处于改革开放的初期，晋江的一些家庭作坊开始手工制作鞋类产品，村民们把侨胞馈赠等渠道获得的鞋子当样品拆开模仿。由于手工制鞋技术门槛低、资金投入少，很快晋江陈埭镇就聚集了上千家制鞋小作坊。这些小作坊以低成本、低附加值的方式生产鞋子，并通过代工模式为国内外品牌进行生产。

进入 20 世纪 80 年代，随着市场经济的逐步开放，晋江的鞋业开始呈现出集体兴起的趋势。晋江开始引进台湾的鞋类生产技术和管理经验，鞋业开始实现机械化生产，产量和质量均有显著提升。这一时期，晋江鞋业以低成本、灵活的生产模式，迅速占领了国内低端市场，并开始向东南亚等发展中国家出口。

20 世纪 90 年代，晋江鞋业经历了快速发展期，开始向品牌化、多

---

① 陈冰.晋江：中国鞋都［EB/OL］.新民周刊，https://www.xinminweekly.com.cn/fengmian/2018/10/17/11145.html，2018-10-17.

元化发展转型。许多企业开始重视品牌建设和技术研发，如安踏、特步等品牌逐渐走向前台，成为中国鞋业的知名品牌。1992 年，邓小平南方谈话之后，海峡两岸经贸合作全面进入新阶段。控制全球 80% 以上品牌鞋生产和贸易的台湾制鞋业，抓住两岸政策和市场双重约束渐次放开的机遇，加快制鞋产业向大陆转移的步伐。依靠与台湾隔海相望的地理优势，以及充足、廉价的劳动力资源，还有大批早年从晋江移居台湾的台胞，晋江天然地成为承接台湾制鞋产业转移的首选地。一种按外贸订单组织生产的 OEM① 代工厂模式应运而生，晋江运动鞋开始遍布全球。晋江的鞋企与国际品牌合作，进行贴牌代工，不仅使晋江人学到了先进的生产技术，培养了熟练的制鞋工人，还提高了生产管理水平，健全了质量控制体系，并逐渐形成了完整的产业链。一些产业经济研究者形象地将这些代工鞋企称为"耐克学徒"。

20 世纪 90 年代末，席卷亚洲的金融危机爆发。外贸订单急剧缩水、利润水平大幅下降，众多晋江鞋商濒临经营亏损的困境，一些单纯靠外单加工的中小企业，纷纷关门倒闭。品牌效应带来的巨大的价格差异让晋江鞋企开始不甘于再做"耐克学徒"，于是借力耐克的鸿星尔克与安踏、361° 等自主品牌，纷纷开始登场亮相。

在 1999 年，安踏公司拿出 80 万元邀请孔令辉作代言人，并进行大规模的广告宣传。这一举动大胆而成功，使安踏成了领头羊。其他晋江的鞋企也纷纷效仿，邀请明星代言，并进行广告推广。虽然有些企业的代言策略并不成功，但这一尝试表明晋江鞋企开始意识到自主品牌的重要性。②

进入 21 世纪，通过并购与电商赛道的发展，晋江鞋业不断壮大，

---

① OEM（original equipment manufacturer）原始设备制造商：指的是一家公司设计和生产产品，然后由另一家公司购买并贴上自己的品牌标签销售的过程。在这种模式下，设计和规格通常由品牌方（购买方）提供，而制造商负责根据这些规格生产产品。

② 钛媒体 App 官方账号．"沉"多"浮"少，晋江系鞋服品牌三十年兴衰史｜产业观察［EB/OL］．https://new.qq.com/rain/a/20221012A042AR00，2022-10-12.

实现了自主品牌的崛起。随着代工模式的延续，晋江的鞋企开始尝试发展自主品牌。鞋企不仅在技术和设计上进行创新，还积极拓展国际市场。通过参加国际鞋类展览会、建立海外销售渠道等方式，晋江的鞋类产品已经出口到世界各地，晋江也因此被誉为"世界鞋都"。

1.4.2.3　发展逻辑：创新驱动与产业链整合

晋江鞋业的发展历程映射出一个产业从起步到成熟、从简单到复杂的全方位转型。这一转型过程体现了企业从单一的劳动密集型制造到高附加值的品牌建设。在改革开放的大潮中，晋江一直在市场竞争最为激烈、附加值最薄的传统制造业领域摸爬滚打。福建省内，素有"睡不着的晋江人"之说。"攀登进取"的精神几乎镌刻在每一名晋江企业家的基因里，凭着敏感的商业发现力，晋江鞋业通过紧密抓住市场需求的变化、不断提升技术水平和产品质量、建设和推广品牌、拓展国际市场，并在政府的政策支持下，形成了强大的产业链和区域品牌影响力。从OEM 到 ODM[①]，再到自主品牌出口，晋江制造走向了全球。

首先是技术创新与升级。晋江鞋业从最初的手工作坊到现代化机械生产，背后是不断的技术引进和创新。早期是台湾制鞋业的转移带来的技术与资本。晋江地理位置优越，与台湾隔海相望，便于与台湾进行贸易往来。晋江的鞋企利用廉价的劳动力资源和与台湾的合作关系，吸引了台湾制鞋业的转移，进一步推动了晋江鞋业的发展。现在的晋江鞋企依旧以技术为发展核心，设立实验室以不断提升产品质量和生产效率，满足市场需求。

其次是品牌的建设与推广。晋江鞋业敏锐地捕捉市场的发展趋势，开始在代工模式的基础上尝试发展自主品牌。随着市场竞争的加剧，晋

---

① ODM（original design manufacturer）原始设计制造商：指的是制造商不仅生产产品，还负责产品的设计和研发。在这种模式下，品牌方选择制造商已有的设计和产品，然后可能进行一些定制化调整后，以自己的品牌名义销售。

江鞋企开始注重品牌建设和产品质量，试图提升品牌知名度和产品附加值，进一步拓展市场。许多晋江鞋企投入巨资进行品牌推广，通过邀请明星代言和广告推广，参加国内外展会，多渠道营销提高品牌知名度和影响力。这一转变是晋江鞋业持续发展的关键。

再次是市场拓展策略。晋江鞋业不仅深耕国内市场，还积极拓展国际市场。晋江鞋企通过参与国际贸易展览、建立海外营销网络等方式，逐步打开并拓展海外市场。可以说晋江鞋业的发展史也是其国际化进程的发展史。通过出口和参与国际竞争，晋江鞋企不断吸收国际先进技术和管理经验，提升自身竞争力。同时，它们还注重研究不同市场的消费需求，开发适应各地文化和需求的产品，以满足全球消费者的多样化需求。晋江鞋业的发展还得益于产业链的整合和上下游合作。晋江形成了完整的鞋类产业链，包括设计、生产、物流、销售等环节，各环节之间形成了紧密的协作关系。背靠产业集群和一批行业龙头企业，数以千计的中小企业在供应链中找到立足之地，乘势而上，形成"你中有我，我中有你"的依存关系。这种一体化的产业链配置，提高了整体效率，降低了生产成本，增强了市场竞争力，为晋江鞋业的发展提供了坚实的基础。

最后是政策支持与区域品牌。晋江鞋业经过40多年的发展，已经形成了完整的供应链和完备的产业生态，也拥有着强大韧性和生命力。而面对市场变化，当地政府也一直在探索，寻求有效的措施，尽力减少对产业的冲击。政府通过提供政策引导、资金支持、建设产业园区等措施，为鞋业的发展创造了良好的外部环境。晋江政府还在全国率先推出居住证改革制度，在子女就学、参加社保、住房保障等方面享受数十项市民化待遇，可以说晋江政府对鞋业的支持也是推动其发展的重要因素。同时，晋江鞋业的成功也塑造了"晋江制造"的区域品牌形象，进一步增强了其在全球市场的竞争力。

对企业来说，订单毫无疑问就是最基本的生命线；但是对于客户来说，没有更好的品质就没有更多的订单；对于市场来说，没有创新研发力，企业就没有发展前景。从央视记者对于晋江鞋业的焦点访谈可以看到，晋江很多的小企业现在依然处于一种劳动密集型、低附加值的生产过程，但是他们已经越来越明确地意识到过往的经营模式注定会成为历史，只有下决心使狠劲进行技术改革，为产品注入更多科技含金量，同时提高品牌的性价比，才有可能找到新时代的核心竞争力。而越来越多的晋江企业主们的觉醒，也孕育着晋江鞋产业集群的新机遇。[①]

1.4.2.4　成功经验

早在 20 世纪 90 年代，学界专家就总结了著名的"晋江模式"——以市场经济为主、外向型经济为主、股份合作制为主、多种经济成分共同发展。从 1996 年到 2002 年期间，时任福建省委副书记、省长的习近平七下晋江，下企业、进社区、访农村、走基层，在实地调研中总结提出了"晋江经验"——以"六个始终坚持"和"正确处理好五个关系"为核心内涵，坚持以市场为导向，深入把握市场经济的运行规律，大力加强市场体系和机制建设，不断提高拓展国内外市场的能力，才能在新世纪中推动国民经济实现跨越式发展。[②]

这些原则和经验的实施，为晋江创造了一个促进产业升级和转型的良好环境，特别是在推动传统产业向高新技术产业转变方面发挥了关键作用。其中具体的成功经验也可以体现在创新、品牌、产业链、政府等方面。

（1）创新驱动传统产业转型

在晋江，不少纺织鞋服产业建立起自己的创新实验室，配有脚型扫

---

① 焦点访谈：一线调研 晋江鞋业的破局之道［EB/OL］．央视网，https://news.cctv.com/2023/07/04/ARTIAPSWgeTutrruvqSqxLfU230704.shtml，2023-07-04．

② "晋江经验" 20 年：在传承中激发民营经济发展新活力［N］．人民政协报网站，http://www.cppcc.gov.cn/zxww/2022/09/23/ARTI1663901170731268.shtml?from=groupmessage，2022-09-23．

描仪、足底压力测试跑道、三维运动捕捉系统等专业仪器设备。特步集团企业公关副总监邹旭曾表示鞋服不仅仅是劳动密集型产业，更是高新技术密集型产业。以安踏、特步、361° 等为代表的运动鞋服企业敏锐地捕捉到国内消费升级动向，从面料、设计、工艺、流程管理等方面持续创新，"舒适""科技""时尚"等元素成为运动鞋"新国货"标签，契合了国人多元化消费需求，赢得了越来越多消费者认同。

（2）重视品牌建设和国际市场拓展

晋江鞋企通过建立自有品牌，加大品牌推广力度，提升品牌知名度和产品形象。这有助于巩固市场地位，拓展国内外市场，使得晋江鞋业在全球范围内享有盛誉。

（3）产业链的整合优化

产业链的整合与优化是当地的突出优势。在晋江半径 50 千米内，就能够快速找到研发设计、生产制造一双运动鞋的所有材料配件、研发团队、技术工人等，这是晋江数十年积累起来的优势。与国际品牌相比，这些国产龙头企业背靠庞大的产业集群，其供应链绝大多数在本地，上下游配套的企业长期合作，持续协同创新，共同打造竞争优势，实现共赢。

（4）政府与企业的良好互动

晋江市委市政府一直致力于提供良好的营商环境，为企业发展提供便利和支持。党的十八大以来，晋江开始大规模推进民营企业的转型升级，将数字经济建设作为发展的重中之重，瞄准高端集成电路产业，专门成立了由市领导牵头职能部门负责人组成的筹备组，制定专门政策，在用地保障、投融资和人才引进保障等方面全面倾斜，24 小时响应企业诉求，提供一对一的"保姆式"服务。政府与企业之间的良好互动，也是推动晋江鞋业持续健康发展的重要因素。①

晋江鞋业的发展历程和成功经验为县域经济的发展提供了宝贵的借

---

① 从"一根丝"到"一双鞋"的全产业链创新 这里打造搬不走的"中国制造"优势〔EB/OL〕．新华网，http://www.news.cn/fortune/2023-03-29/c_1129473747.htm，2023-03-29.

鉴。从晋江籍华侨漂洋过海"讨生活"到晋江产品走遍全球"找市场"，在全球市场竞争中，晋江企业日益凸显品质优势和品牌力量，逐渐摆脱"草根、低端、低附加值"等既往印象，成为中国制造向全球产业链和价值链高端攀升的生动见证。

1.4.3 寿光模式：蔬菜基地模式

1.4.3.1 模式介绍

位于山东半岛北部的寿光市是全国蔬菜产业的发源地之一，享有"中国蔬菜之乡"的美誉，堪称中国蔬菜产业的璀璨明珠。作为全国最大的蔬菜生产基地、集散地和价格形成中心，寿光市以其丰富的土地资源、优越的气候条件和发达的农业科技，为蔬菜产业提供了得天独厚的条件。这里的蔬菜种植历史悠久，地域特色鲜明，传统优势突出，使得寿光蔬菜在市场上独具竞争力。寿光的蔬菜产业不仅为当地农民带来了丰厚的收入，也为全国乃至全球的消费者提供了丰富多样的蔬菜产品。从种子选育、种植管理到采收销售，每一个环节都体现了寿光人的智慧和努力。正是这样的努力和坚持，让寿光蔬菜产业不断发展壮大，成为全国乃至世界蔬菜市场的重要组成部分。

"南有温州，北有寿光"的美誉，是对寿光蔬菜产业地位的最好诠释。寿光的蔬菜产业不仅带动了当地经济的发展，也为全国农业产业化、现代化提供了宝贵的经验和启示。

1.4.3.2 发展历程

寿光，这片历史悠久的土地，自古以来便与蔬菜种植紧密相连。北魏时期，寿光籍农学家贾思勰在《齐民要术》中对蔬菜栽培进行了详尽而科学的论述，为这片土地上的蔬菜种植奠定了坚实的基础。明清时期，寿光的早春韭菜因其独特的品质成为朝廷贡品，大葱也成为当地的重要农产品，进一步彰显了寿光蔬菜的卓越品质。然而，新中国成立初期，由于体制等多种因素的制约，寿光蔬菜产业的发展一度受限，种植面积和效益都未能达到预期。①然而，自 1983 年起，寿光开始探索蔬菜产业的发展之路，历经四个阶段，实现了从量变到质变的飞跃，形成独具特色的"寿光模式"。

第一阶段：冲破计划经济坚冰，建设蔬菜批发市场（1983~1989 年）。

1983 年，寿光县面临着蔬菜滞销的严峻挑战，高达 5000 万千克的蔬菜因市场不畅而被迫废弃，给当地政府和农民带来了巨大的经济和心理压力。面对这一困境，寿光人敏锐地认识到，要摆脱困境，关键在于突破计划经济的桎梏，引入市场机制，激活蔬菜产业的活力。寿光将培育和扩建蔬菜批发市场作为解决蔬菜滞销问题的突破口，并将其确立为推动经济增长的重要支点。寿光县勇于先行先试，冲破计划经济的束缚，率先进行市场化改革，成功建立了蔬菜批发市场。这一创新举措迅速显现成效，蔬菜销售难题得到有效解决。

随着市场的不断繁荣，从 1986 年起，该市场历经三次扩建，规模从最初的 20 亩迅速扩大至 600 亩，成为全国蔬菜集散的重要中心之一。市场常年供应的蔬菜品种多达 120 余种，年交易量更是高达 15 亿千克，为寿光蔬菜产业的蓬勃发展奠定了坚实基础。②蔬菜批发市场的建立不仅改善了蔬菜的销售渠道，还提升了农产品的附加值，使农民能够从中获得更高的收益。同时，这一举措也推动了地方经济的繁荣发展，为寿光县的经济增长注入了新的动力。

第二阶段：蔬菜反季栽培技术突破，引领蔬菜"绿色革命"（1989~2000 年）。

1989 年，三元朱村率先建成了 17 个冬暖式蔬菜大棚，开启了寿光

---

① 傅正伟.寿光挺住：万字长文揭秘中国蔬菜之乡的崛起过程［J］.雪球网，https://xueqiu.com/S/SZ399319/112811779，2018-08-27.

② 山东寿光成为"中国蔬菜之乡"背后的故事［EB/OL］.中国好故事网，https://www.chinastory.cn/PCzwdbk/detail_v2/20190927/1006000000039761569561604332941099_1.html，2019-09-27.

蔬菜反季节栽培的技术新篇章。这一举措，使寿光蔬菜从传统的季节性露天栽培，转变为四季皆可种植、供应的新模式，实现了蔬菜产业的重大突破。

随着冬暖式大棚技术的广泛应用，寿光蔬菜的品种日益丰富，产量和效益也实现了质的飞跃。这一显著的成效，使冬暖式大棚技术在全县范围内的推广成为可能。在短短几年内，冬暖式大棚数量从 1990 年的 5000 个，迅速增长到 1991 年的 2.5 万个，再到 1992 年的 7.5 万个，呈现出爆发式的增长态势。

1995 年，寿光蔬菜产业迎来了发展的巅峰时刻，荣获了"中国蔬菜之乡"的称号。此时，全市蔬菜种植面积已达 50 万亩，其中冬暖式大棚近 20 万个，总产量高达 20 亿千克，为农民带来了 17 亿元的可观收入。此外，寿光还积极发挥技术引领作用，常年派遣 4000 多名蔬菜种植技术员前往全国各地指导蔬菜种植，将寿光蔬菜的先进技术和经验传播到全国 20 多个省、自治区、直辖市，为当地蔬菜产业的发展提供了有力支持。①

第三阶段：蔬菜产业蓬勃发展，品牌彰显寿光风采（2000~2012 年）。

2000 年 4 月 20 日，第一届中国（寿光）蔬菜博览会在寿光蔬菜批发市场盛大开幕，为寿光揭开了全新的发展篇章。此次展会成果丰硕，共达成 230 个协议合同项目，签约额高达 11.9 亿元；同时签订 8 个贸易合同，贸易额达 10 亿元。经过二十多载的耕耘与积累，寿光的菜博会实现了从单纯蔬菜展示到盆栽、景观等旅游产品的华丽转身，深刻诠释了寿光模式从农业产业化向三产融合的跨越式进步。

在蔬菜产业的道路上，寿光始终保持着稳健而迅猛的发展态势。2007 年，寿光蔬菜批发市场经过国家发展改革委的批复，整体迁址并升

---

① 山东寿光成为"中国蔬菜之乡"背后的故事［EB/OL］.中国好故事网，https://www.chinastory.cn/PCzwdbk/detail_v2/20190927/1006000000397615695561604332941099_1.html，2019-09-27.

级为农产品综合批发市场，后进一步蜕变为农产品物流园。2009 年和 2011 年，物流园的一期和二期工程相继投入使用，迅速崛起为亚洲最大的农产品物流园，年交易量稳定在惊人的 100 亿千克。除了现场交易的繁荣，寿光还积极拥抱数字化浪潮。早在 2002 年，寿光便建立了蔬菜电子拍卖系统，开启了农产品交易的新纪元。2006 年，寿光更是建成了国内首家蔬菜电子拍卖中心和中国首家蔬菜网上交易市场，每年交易量高达 10 亿千克，为蔬菜产业插上了互联网的翅膀。为了进一步引领行业发展，寿光于 2011 年创立了"中国寿光蔬菜指数"，这不仅是国内农业领域的首个国家级指数系统，更是寿光蔬菜产业影响力与话语权的有力体现。

在品牌建设方面，寿光同样不遗余力。自 2000 年以来，寿光持续擦亮"寿光蔬菜"这一金字招牌，先后打造了 6 个"地标级"蔬菜产品品牌，注册了 17 个国家地理标志产品，并成功申请"寿光蔬菜"作为地理集体商标，进一步提升了寿光蔬菜在国内外市场的知名度和美誉度。

第四阶段：全链条、全维度变革转型，打造综合服务基地（2012 年至今）。

种业研发是寿光模式的核心支撑。自 2010 年起，寿光市政府前瞻性地成立了寿光蔬菜种业集团，这一举措开创了县级层面进行蔬菜种子研发的先河。通过系统地收录种质资源、构建先进的研发体系，该集团已成功培育出 70 多个具有自主知识产权的优良蔬菜品种，标志着寿光从依赖"洋种子"的时代，迈向了国产种子占有率大幅提升的新纪元。

标准集成则是寿光模式的坚实保障。2018 年，农业农村部与山东省政府携手共建的全国蔬菜质量标准中心落户寿光，这一重大举措标志着寿光在蔬菜质量管理领域取得了突破性进展。中心完成了 37 种蔬菜的 54 项生产技术规范和操作规程的编制工作，为蔬菜生产提供了明确的标准化指导，确保了产品"有标可依，有源可溯"。

模式输出是寿光模式的重要推动力。寿光模式的成功不仅在本地区得到了验证，更在全国范围内产生了深远影响。寿光每年吸引着超过 200 万人次的蔬菜产业相关人士前来交流学习，同时常年有 8000 多名技术人员奔赴各地指导蔬菜生产。寿光的标准化生产车间模式更是被广泛复制，全国一半以上的新建大棚都融入了"寿光元素"，寿光标准在 26 个省份落地生根，开花结果。

此外，综合服务基地建设也是寿光模式不可或缺的一环。寿光不仅聚焦于种业研发和标准化生产，还致力于打造全国蔬菜产业综合服务基地。从科技创新园区到现代农业产业园，寿光不断拓展产业规模，提升服务水平，吸引了国内外优质资源的汇聚，形成了集种植、加工、销售于一体的强大产业集群。

综上所述，通过种业研发、标准集成、模式输出以及综合服务基地建设等多维度举措，寿光模式正推动中国农业实现全链条、全维度的变革转型。这一模式不仅为构建现代农业体系提供了有力支撑，更为实现乡村振兴注入了新的活力与希望，展现了中国农业发展的无限可能与光明前景。[①]

1.4.3.3　发展逻辑：产业输出的全方位转型

区域经济的蓬勃发展，往往建立在产业链的精心构建与持续优化之上。作为蔬菜基地的杰出代表，寿光模式以产业链思维为引领，走工业化发展之路，致力于提质增效，成功探索出一条"从一颗种子到一桌好菜"的全链条发展路径。其核心思路在于"做强两端，提升中间，数字赋能"，通过这一策略，实现产业输出的全方位转型升级。

---

① 从"技术为王"到"全链领航"——解析山东寿光市推动设施蔬菜产业集群向千亿级进发之路［EB/OL］.澎湃新闻，https://www.thepaper.cn/newsDetail_forward_17671761，2022–04–18.

（1）前端创新：技术集成创新和人才输出

种子，被誉为农业的"芯片"，承载着农业发展的核心力量。寿光，作为农业领域的佼佼者，始终致力于技术创新，专注于发展具有自主知识产权的"中国芯"。通过不懈努力，寿光成功攻克了种子育种技术的难关，稳固了在蔬菜种子领域的话语权。

2021 年，寿光成为国家级蔬菜种业创新基地，这不仅是对其技术实力的认可，更是对其在蔬菜种业领域所取得成就的肯定。这一荣誉的获得，吸引了众多世界头部种子公司和国家级种业研发机构的关注，其中 30 多家国际知名企业和 12 家国字号机构纷纷入驻寿光，共同推动蔬菜种业的创新发展。与此同时，本土育种企业也在寿光这片热土上茁壮成长，自主研发的蔬菜品种数量已达 178 个，为蔬菜产业的繁荣源源不断地注入活力。

在技术创新的同时，寿光还积极承担起技术推广和人才培养的重任。寿光不仅在本地区广泛推广先进的蔬菜种植技术，还通过举办培训班等形式，将技术成果和经验传播到全国各地。这种以本地为中心、辐射全国的人才输出体系，不仅加强了本地产业的人才储备，更为其他地区输送了大量专业的蔬菜种植技术人才，为产业链的发展提供了坚实的支撑。

此外，寿光还不断引领蔬菜产业技术的升级换代。通过研制推广立体栽培、无土栽培、椰糠栽培等 30 多种新模式，以及大棚滴灌、臭氧抑菌、熊蜂授粉等 300 多项国内外新技术，寿光在蔬菜产业技术领域取得了显著成果。这些新技术的应用，不仅提高了蔬菜的产量和品质，也降低了生产成本，为产业的可持续发展奠定了坚实基础。

（2）后端品质：重点培育特色蔬菜品牌、打通高端销售渠道

在后端农业领域，寿光以打造具有卓越品质的蔬菜为核心目标，积极培育特色蔬菜品牌，力求在高端销售渠道上取得突破，从而实现品牌效应的最大化。为确保"寿光蔬菜"的品质与地域特色得以有效传递，

寿光不仅鼓励骨干企业成立蔬菜瓜果产业协会，更实施了"区域、企业、产品"三位一体的农业品牌矩阵建设行动。这一行动不仅提升了寿光蔬菜的整体形象，更确保了每一颗寿光蔬菜都承载着独特的品质与地域魅力。

值得特别关注的是，"寿光蔬菜"已成功注册为地理标志集体商标，这一举措不仅赋予了其独特的法律地位，更让其在国内外市场上享有极高的知名度。同时，寿光还制定了严格的"三品一标"农产品标准，通过这一标准的认证，共有 388 个产品得以凸显其高品质特性，进一步巩固了"寿光蔬菜"在消费者心中的品质印记。

通过这一系列举措，寿光不仅提升了自身蔬菜产业的竞争力，更为国内外消费者提供了更多优质、安全、健康的蔬菜产品。寿光蔬菜，已经成为品质与信誉的代名词，为寿光农业产业的持续发展注入了强劲动力。

（3）中间联合：加快构建以合作社、家庭农场为主体的新型经营体系

寿光创新性地组建了全国首家蔬菜合作社联合会，构建了"联合会＋合作社分会＋示范社"的体系架构。通过加强合作社建设，寿光成功实现了"两个 80%"的显著成果：引领超过 80% 的农户融入产业化经营体系，确保 80% 以上的园区蔬菜以品牌方式进驻北京、上海等大城市市场。以崔岭西村党支部领办的众旺果蔬合作社为例，其年出口蔬菜交易额高达 1 亿元，有效带动了周边 10 余个村庄共计 4 万吨蔬菜的销售，每户农户因此年增收近 3 万元，如今全村百万富翁的比例已超过1/10。

这种组织体系的创新，不仅是对传统农业经营模式的深刻改造，更是寿光从传统生产基地向综合服务基地转型的关键一步。它成功占据了蔬菜全产业链价值链的高端环节，实现了全方位的核心竞争力提升。同时，这种创新也为解决农业产业链中合作与竞争的平衡问题提供了独特

的路径，促进了资源的共享和优势互补，进一步提升了农户的社会经济地位。

如今，寿光不仅在本地区取得了显著成就，更将视野拓展至全国乃至革命老区。在井冈山、瑞金、遵义等地，寿光建设了蔬菜基地，并输出农业问题的集成解决方案，有效带动了全国农民的增收致富，为乡村振兴贡献了寿光智慧和力量。

（4）数字赋能：推动蔬菜产业智能化升级，输出解决方案

数字赋能作为寿光模式中的关键环节，通过深度整合物联网、区块链、5G等前沿技术，有力推动了蔬菜产业向智能化、精准化方向升级演进。这一变革不仅重塑了寿光农业生产的面貌，更以其绿色、高品质和可追溯的特质，通过大数据物联网技术，让寿光蔬菜走进了更多家庭的餐桌。

在蔬菜产业链的各个环节，数字技术的应用都展现出了强大的潜力。在生产环节，智能温控、二氧化碳增施、自动补光等技术的广泛应用，配合物联网技术的深度融入，使得物联网应用率超过80%，农民得以进行远程操控，大大提高了种植规模和工作效率。在销售流通环节，寿光投用了全国规模最大的农村淘宝县级运营服务中心，并成功吸引阿里巴巴首个"数字农业产业带"落户，多种蔬菜、种苗及农特产品实现了网上销售，农产品流通现代化水平显著提升，并因此受到国务院的督查激励。而在监管追溯环节，寿光建立了智慧监管、智慧服务、智慧评价三大体系，将蔬菜大棚、批发市场、农资门店等全面纳入监管范围，实现了本地蔬菜二维码交易全覆盖，确保了蔬菜品质和安全。

寿光的数字赋能实践不仅提升了本地农业产业的竞争力，也为其他地区的数字化转型提供了宝贵的经验和解决方案。其智慧监管、智慧服务、智慧评价三大体系的建立，为其他地区搭建了数字化管理的基础框架，为农业产业链的升级提供了可借鉴的范例。

1.4.3.4　成功经验

在中国县域经济丰富多彩的图景中,寿光市呈现出独特的魅力。曾经,寿光只是一个普通的小县城,面临着农业产业单一、经济增长乏力的困境。然而,如今的寿光已经焕发出新的活力,成为中国县域经济中的一支重要力量,特别是在蔬菜产业方面取得了显著的成就。寿光蔬菜产业的腾飞,是技术创新、全产业链发展、品牌建设以及可复制推广的综合成果,为区域经济注入了强劲动力。

(1)技术创新引领增产

三十载前,寿光勇立潮头,率先引进冬暖式蔬菜大棚技术,破解了北方冬季蔬菜供应难题。如今,寿光大棚蔬菜种植技术已迭代至第七代,结合吊挂式种植、智能温室控制等现代科技,实现规模化、智能化生产,产量大增。技术创新持续驱动,使得寿光蔬菜产量与质量稳步提升,为粮食安全及市场需求提供了坚实支撑。

(2)全产业链协同提质

寿光蔬菜产业的崛起,离不开全产业链的协同发展。从田间地头到餐桌,寿光构建了完整的产业链条,农产品物流园更是为蔬菜流通提供了助力,实现了全国范围内的买卖互动,提升了产业整体效益。全产业链协同不仅优化了蔬菜品质,更增强了市场竞争力。通过全程管控,寿光蔬菜产业保证了产品安全与品质。

(3)品牌建设铸就国际影响力

寿光蔬菜产业不仅在国内市场站稳脚跟,更积极拓展国际市场。品牌建设成为关键,寿光注重提升产品质量,塑造"寿光蔬菜"品牌形象,赢得国内外消费者信赖。如今,寿光蔬菜已成功进军日本、韩国、俄罗斯、欧盟、东南亚等国际市场,提升了产品竞争力,为国际市场的拓展奠定了坚实基础。

（4）可复制推广的典范

寿光市在蔬菜产业发展中，不仅注重本地发展，更致力于经验推广。通过建设200余处农业园区，寿光为全国农民提供了宝贵经验。这些园区不仅提供了现代化种植设施和技术支持，还推动了农业产业高质量发展。同时，全国蔬菜质量标准中心的建立，为蔬菜产业质量提升提供了有力保障，使寿光成为可复制可推广的典范。[①]

综上所述，寿光的成功经验不仅是本地的宝贵财富，更是全国乃至全球农业发展的有益借鉴。寿光模式的成功充分体现了技术创新、全产业链发展、品牌建设以及可复制推广的综合成果，为中国县域经济的发展提供了宝贵经验。未来，寿光将继续以"寿光模式"的标杆地位，为乡村振兴和农业现代化提供中国样本，为构建更加美好的农业未来贡献自己的力量。

1.4.4　澄海模式：玩具产业协同

1.4.4.1　模式介绍

世界玩具看中国，中国玩具看广东，广东玩具看澄海。汕头澄海是中外闻名的玩具礼品生产出口基地，先后荣获"中国玩具礼品之都""全国产业集群区域品牌建设玩具产业试点地区"等荣誉称号。澄海以其独特的县域经济模式和玩具产业而备受关注，凭借玩具产业协同，成功塑造了一种独特的经济发展逻辑。澄海的特色产业之一是玩具制造业。在全球玩具市场竞争激烈的环境下，澄海的玩具企业通过不断提升技术水平、创新设计和质量管理，逐渐建立了良好的口碑和品牌影响力。澄海以其独特的地理、人文和产业资源，成为中国玩具制造业的重要基地之一。

---

① 授人以渔！"寿光模式"走遍大江南北［EB/OL］.澎湃新闻，https://www.thepaper.cn/news Detail_forward_22307870，2023-03-14.

1.4.4.2　发展历程

（1）创业起步时期（1979~1985 年）

这一时期，"玩具热"开始兴起，澄海人"白手能起家"，新产品大量出现。澄海县借改革开放的春风，利用深厚的工艺玩具基础，以"三来一补"为突破口，推动玩具业的起步和发展。先后有 20 多家集体工艺厂通过正常贸易、"三来一补"等方式，生产玩具、礼品和饰品等用于出口。城镇待业青年、农村富余劳力、企业下岗职工等纷纷竞相开办家庭小作坊，制作小玩具。

（2）滚动发展时期（1986~1995 年）

这一时期，产业覆盖面迅速扩大，玩具制造成为创业首选之路，个体玩具经营户大量出现，玩具产品向电动电子化发展。澄海抓住国内外市场玩具需求量扩大的契机，以塑料玩具为重点，通过引进先进设备，应用电子技术创制新产品，逐步实现玩具产品电动电子化。1993 年起，大批个体专业户开始注册为私营工厂或有限公司，逐渐成为玩具业主体。

（3）产业集群形成时期（1996~2004 年）

自 1996 年起，澄海玩具礼品业的产业链条逐步配套，产品质量档次迅速提升，销售市场不断扩大。澄海玩具以星火燎原之势迅猛发展，生产及配套单位达 2000 多家，从业人员 10 万多人，固定资产 20 多亿元。生产厂家之多，品种之多，产量之大，在全国屈指可数，成为国内外闻名的生产和出口基地。这一时期，澄海玩具礼品业逐步形成社会化分工、专业化协作的产业集群。2003 年 4 月，中国轻工业联合会授予澄海区"中国玩具礼品城"的称号。玩具工业产值占澄海工业总产值的34.06%，为澄海最大、最有特色的工业支柱。

（4）产业转型升级时期（2005~2014 年）

自 2005 年开始，澄海玩具业面临一个重要的转型阶段，开始打造区域国际品牌，向文化创意高端产业发展，推动产业资本运营。澄海玩具企业普遍压力增大，国内外对质量安全要求越来越严格，企业面临难题：人力成本高、招工难、原材料价格上涨、人民币升值……澄海玩具企业努力在玩具业的转型升级上下功夫，玩具业继续保持快速发展的势头。2008 年金融海啸席卷全球，很多地区玩具企业订单锐减，甚至停产。但是澄海玩具却一枝独秀，呈现内外销售两旺的局面。在中国乃至世界玩具界引发轰动效应。2013 年澄海区被中国轻工业联合会命名为"中国玩具礼品之都"。

（5）产业开启数字化新纪元（2015~2020 年）

自滚动发展时期至产业开启数字化新纪元（2015 年）以来，历经30 多年的雄厚积淀和不断创新，澄海玩具产业推出全新的战略布局。玩具协会牵头强化产业链和供应链协同，开始发展跨界融合新业态，衍生出"玩具＋文化旅游""玩具＋IP 及衍生品""玩具＋数字创意""玩具＋智能制造"等产业。澄海玩具产业开展智能工厂、数字化车间、大数据营销、智能化产品研发、数字化协同平台开发等全链条数字化运用的培育建设，用数据驱动研发生产、链条整合、商业模式创新，开启数字化新纪元。

（6）产业高质量发展期（2021 年至今）

面对新的发展格局，澄海玩具产业作为特色传统产业，积极应对调整产业布局、实现高端发展的挑战。

随着澄海玩具产业的持续发展，玩具企业家们对玩具 IP 的发展愈加重视。在这一背景下，澄海玩具协会 IP 创意专委会应运而生，专注于为企业提供 IP 服务，解决发展中的难题。专委会以"澄海玩具创意产业高质量发展及相关政策指引"为出发点，努力构建 IP 版权方与本地企业的合作桥梁，提升澄海玩具在 IP 创造方面的服务能力。这不仅有助于吸引更多国内外客商，还能提升澄海玩具品牌的综合竞争力。

为了进一步推动澄海玩具产业的高质量发展，澄海玩具企业家们对 IP 衍生品展馆进行了规划，并策划了 IP 主题展会及论坛。2023 年 4 月

1 日，第 22 届中国汕头（澄海）国际玩具礼品博览会在汕头博览中心成功举办，成为新冠疫情后的一次空前盛会，获得了广泛关注和好评。这一盛会的成功举办，为澄海玩具企业家注入了强大的信心。

随着政府政策的支持和产业发展趋势的向好，澄海玩具产业正迎来 IP 文化产业的大时代。澄海正加速推进玩具产业与游戏、动漫文化的创意融合，走向高端化、品牌化、智能化的发展道路。政府鼓励企业加大产品研发投入，实现全产业链的覆盖与转型升级。这一系列举措将进一步推动澄海玩具产业的创新发展和市场拓展，为其在全球玩具市场中的竞争提供有力支持。

1.4.4.3　发展逻辑：玩具产业协同促进发展

澄海玩具行业充分利用"三来一补"（来料加工、来样加工、来件装配、补偿贸易）的发展机遇，不断通过技术创新和品牌建设提升产品附加值和竞争力，形成了具有竞争优势的产业生态。在这个过程中，澄海玩具行业不断完善产业链，提高产业链的协同发展水平，各个环节的合作与协调促进了整个行业的良性发展。同时，政府的支持和引导也是推动行业发展的重要因素之一，为企业提供政策支持、资金扶持和市场拓展等方面的支持，进一步激发了行业的创新活力和发展潜力。

首先，技术创新是澄海玩具行业不断发展的关键。澄海玩具企业注重创新驱动发展，不断推陈出新，设计出众多颇具创意的玩具产品。行业在制造工艺、材料研发、设计理念等方面进行不断突破和创新，推动了产品的质量和功能不断提升。例如，通过引入智能技术，使玩具具备更多的互动性和教育性，满足了消费者对于多样化、个性化产品的需求。

其次，品牌建设是行业持续发展的重要支撑。澄海玩具企业通过建立品牌形象、提升产品知名度和美誉度，拓展市场份额，提高了市场竞争力。奥飞和星辉等玩具企业，通过"动漫＋玩具"商业模式，打造了成功的动漫形象，并在 IP 内容的基础上开发衍生品。此外，澄海玩具业也积极拓展产业链，涉足数字创意、智能制造等领域，实现了品牌价值的多维度提升和产业的全面升级。

再次，产业链协同是行业健康发展的基础。澄海拥有覆盖从原材料采购到生产加工再到产品配送的产业基础和完善的供应链，澄海玩具企业在供应链、生产制造、销售渠道等方面积极合作，形成了上下游企业之间的良性互动和资源共享机制，提高了整体生产效率和产品质量。自1985 年起澄海聚集塑料玩具业，至 1996 年建立澄海塑料城，进一步于1997 年投资 3400 万元建设了更大规模的市场，促进产业集聚。2000 年后，澄海加强展览中心建设，扩大国际交易，2011 年与宝奥合作建设玩具商贸物流城，投资 21 亿元，提升了物流服务效率。同时，自 20 世纪 90 年代中期澄海玩具企业获得自营进出口权，至 2012 年达 157 家，开拓国际市场。同样重要的是货运的畅通，交通运输服务中心的成立直接促进了澄海玩具在全国的销售。产业链上的企业间的密切合作形成了完整的产业链和本地生产网络，集中了设计研发、原材料供应、生产制造、产品销售等环节，产业集群效应明显。原材料供应商、设计公司、生产厂家、销售渠道形成了一个密切合作的体系，实现了信息共享、资源整合和生产协同。这种协同发展的逻辑不仅促进了技术和经验的交流，提高了整个产业链的效益，也加速了行业的技术创新和进步，推动了澄海经济的可持续增长。

最后，政府的支持也是澄海玩具行业持续发展的重要保障。地方政府通过出台扶持政策、提供财政支持、搭建平台等方式，为企业创新发展提供了良好的政策环境和资源保障。政府还通过加强行业监管、规范市场秩序等措施，保障了市场的公平竞争和消费者权益，促进了行业的健康有序发展，提供了政策支持、金融支持和基础设施建设等方面的支持，为企业提供了良好的发展环境和条件。

总的来说，澄海玩具行业之所以能够成功发展，是因为企业家们不断进取，创新求变，紧跟市场需求，不断提升技术和品质，同时也离不开政府的支持和引导。这一发展逻辑体现了澄海玩具行业的发展历程，也为未来的发展指明了方向。

1.4.4.4　成功经验

澄海玩具产业自 20 世纪七八十年代发展至今，已经成为国内外知名的玩具生产基地之一，产值不断攀升，产品品质逐步提升，市场份额稳步增长。其发展过程不仅为当地经济带来了巨大的财富和就业机会，更为中国县域经济的发展提供了可借鉴的蓝本。澄海玩具行业在政府引导下，以市场为导向，注重技术创新和品质提升，积极拓展国际市场，形成了具有竞争力的产业生态链，为其他县域经济提供了宝贵的经验和启示。

其一，地理优势和产业基础。澄海地处珠江三角洲经济区，交通便利，临近深圳、广州等发达城市，享有便捷的物流和人才资源优势。该地区有着悠久的玩具生产历史和成熟的供应链体系，形成了完善的产业基础。

其二，澄海玩具行业的发展得到了政府政策的大力支持。当地政府积极出台了支持玩具产业发展的政策，例如税收优惠、土地开发政策等，为企业提供了良好的发展环境和政策支持。政府还加大了对企业的扶持力度，通过资金投入、技术培训等方式，帮助企业提升生产技术和管理水平。

其三，技术创新和产品研发。澄海玩具企业注重技术创新，在产品设计、生产工艺、市场推广等方面不断推陈出新，迎合市场需求。在研发设计方面，澄海的玩具企业加大对产品研发的投入，不断推出新颖、具有竞争力的产品，满足市场不断变化的需求，保持市场竞争力。在生产制造方面，玩具企业不断引进先进的生产技术和设备，提升产品质量和生产效率，实现降本增效。

其四，积极拓展国际市场。澄海玩具企业积极拓展国际市场，加强与国外客户的合作，开拓海外销售渠道。通过参加国际展览、开展国际贸易等方式，加深与国外买家的合作，提升产品知名度和市场份额。通过积极参与国际展会、拓展海外市场，澄海的玩具产业逐渐走向国际化，拓展了企业的发展空间。

其五，产业合作与生态链建设。澄海玩具企业之间形成了良好的合作共赢格局，建立了互利共赢的合作关系，共同推动产业的发展。产业链上下游企业密切合作，形成了完整的产业生态链，实现了资源共享、优势互补，提升了整个产业的竞争力和发展水平。

综上所述，澄海玩具产业的成功经验在于地理优势和产业基础的发挥、政府的支持政策、企业的技术创新和产品研发、国际市场的拓展以及产业合作与生态链建设等方面的有机结合。这些因素共同促进了澄海玩具产业的持续健康发展。

1.5　政策引领的澄海玩具产业高质量发展之路

1.5.1　汕头市"三新两特一大"产业格局

党的二十大报告指出，高质量发展是全面建设社会主义现代化国家的首要任务。[①] 习近平总书记强调，发展新质生产力是推动高质量发展的内在要求和重要着力点。[②] 这一创新的生产力理论十分强调创新的主导作用，为各地区推动高质量发展提供了明确的方向和抓手。广东省作为经济大省、制造业大省，拥有丰厚的科技创新资源和雄厚的科技创新

---

① 习近平：高举中国特色社会主义伟大旗帜 为全面建设社会主义现代化国家而团结奋斗——在中国共产党第二十次全国代表大会上的报告 [EB/OL]. 中华人民共和国中央人民政府网，https://www.gov.cn/xinwen/2022-10/25/content_5721685.htm，2022-10-25.

② 《求是》杂志发表习近平总书记重要文章《发展新质生产力是推动高质量发展的内在要求和重要着力点》[EB/OL]. 求是网，http://www.qstheory.cn/dt/2024-05/31/c_1130154999.htm，2024-05-31.

实力，在高质量发展上肩负着重要使命和重大责任。"十四五"开局，广东省紧紧围绕高质量发展这个首要任务和构建新发展格局这个战略任务，作出了一系列重要战略部署。一方面，不断夯实实体经济为本、制造业当家的根基，高水平谋划推进现代化产业体系建设。广东省委省政府提出要利用坚实的产业科技创新基础和创新优势，积极推动科技创新和产业创新互促，以科技创新驱动生产力向新的质态跃升，打造新质生产力的重要阵地，为高质量发展注入强大活力。另一方面，以头号力度实施"百县千镇万村高质量发展工程"（后文简称"百千万工程"），加快补齐高质量发展短板。广东省聚焦于城乡区域发展不平衡不充分问题，部署实施"百千万工程"，并将其作为推动全省高质量发展的"头号工程"。该工程将"县域振兴"摆在重要地位，以推动全省县镇村高质量发展，促进城乡区域协调发展向着更高水平和更高质量迈进。

2024 年 1 月 5 日，广东省委常委会到汕头调研并召开省委常委会会议，专题研究新征程汕头工作，旨在推动汕头现代化建设。汕头市委积极落实省委常委会在汕头调研时的工作要求和省委常委会会议精神，坚持稳中求进工作总基调，坚持"工业立市，产业强市"发展思路，加快推进新型工业化，全面实施"百亿企业、千亿产业"培育计划，构建以新质生产力为支撑的现代化产业体系，积极推动区域协调发展。在建设现代化产业体系方面，汕头市正积极部署"三新两特一大"产业格局（"三新"即新能源、新材料、新一代电子信息，"两特"即纺织服装、玩具创意两个特色优势产业，"一大"即大健康），并将其作为长期发展战略。该战略通过打造不同类型的产业集群，同步推动新兴产业的发展以及传统优势产业的转型升级，能够促进推动"以贸促工，以工兴贸"深度融合，释放汕头经济发展新动能。在实现区域协调发展方面，汕头市委市政府牢牢把握"百千万工程"的发展机遇，健全县域产业培育发展机制，引导各区（县）立足资源禀赋走特色发展和差异化发展道路，全力打造城乡区域协调发展新样板。

1.5.2 澄海玩具创意特色产业

澄海区作为"中国玩具礼品之都"，是汕头"三新两特一大"产业布局中玩具特色产业的聚集地。其产业规模和体量比较优势决定了玩具创意产业未来不仅要承担澄海区产业转型和经济发展的重任，也是最有可能成为引领中国玩具产业创新发展、高端发展的产业集群。然而玩具产业作为一种传统产业，在高质量发展背景下面临着提质升级的迫切要求。新时代新征程中，澄海区玩具创意产业的发展与国家、省、市政策保持高度一致，深入贯彻党的二十大精神，全面贯彻广东省委省政府关于突出制造业当家、高水平谋划推进现代化产业体系建设精神，以头号力度实施"百千万工程"，落实汕头市委市政府关于推进"工业立市，产业强市"的决策部署，围绕"三新两特一大"产业发展导向，充分发挥澄海区"中国玩具礼品之都"及全产业链配套优势，推进澄海区玩具创意产业转型升级和高质量发展，打造县域经济发展范本。

在具体实施层面，澄海区着力转变"质优价廉"的发展模式，加速向"玩具＋"全产业链和高附加值的模式转变，抢占玩具创意产业价值链高端环节，加快培育"玩具＋大文创""玩具＋大配套""玩具＋大智能"，重点实施创意创新赋能、集群竞争力提升、打造产业平台、数字驱动转型和招商强链延链"五大任务"。未来，澄海将以产业数字化转型和推动塑胶精密制造发展为主线，通过强龙头、促赋能、带小微、拓市场、建载体、树形象，多措并举带领玩具企业推动玩具创意产业高质量发展。澄海玩具产业正以高科技、高效能、高质量发展，推动产业链深度转型升级，响应国家发展新质生产力的要求。也正是基于澄海在促进产业升级方面作出的一系列卓有成效的探索，本书才有充分的自由来选择案例企业。所选择的奥飞娱乐、高德斯精密科技和广东群宇互动三个案例，分别回应了文创融合提升玩具竞争力、数字智能制造赋能玩具品牌、"人工智能＋玩具"促进产品升级转型，是澄海玩具产业在政策引领、新质生产力驱动下走高质量发展之路的真实写照。

第 2 章

全球玩具产业布局

本章从玩具产业布局的角度切入，首先对玩具的概念、分类以及"金字塔分布"进行阐述；其次分别介绍了全球玩具行业、中国玩具行业、澄海玩具行业的发展概况；最后以国外知名玩具企业乐高、万代南梦宫、美泰、孩之宝、睿偲和斯平玛斯特等为例，让读者在深入了解全球玩具产业发展概况和相关企业的同时，尝试对中国玩具产业和企业的发展进行定位。

2.1 玩具行业简述

2.1.1 玩具的概念

玩具，这个看似简单的词语，实则蕴含着丰富的文化内涵和社会意义。玩具不仅是一种产品，更是一种情感的象征，承载着孩子们的快乐和梦想，同时也是成年人追求情感满足和生活品质的重要组成部分。从不同的层面上来看待玩具，对玩具的阐释和意义都会有所不同。

从玩具行业的角度来看，玩具是由专业制造商设计和生产的产品，它们供应给零售商，然后由零售商销售给最终的消费者。玩具的设计通常考虑到不同年龄段和兴趣爱好的消费者需求，涵盖了益智玩具、模型、玩偶、积木等多种类型。在玩具企业眼中，玩具是企业的核心产品之一，代表着企业的创新能力和品牌形象。通过不断地研发和生产，企业致力于提升玩具的产品质量和设计水平，以满足市场需求并赢得竞争优势。

从消费者的角度来看，玩具的受众群体可以是全年龄段的。在儿童玩具领域，玩具不仅仅是简单的娱乐工具，更是孩子们成长道路上的重要伙伴。对于孩子们来说，玩具是他们探索世界、培养技能和表达想象力的工具。与玩具的互动可以促进他们的智力发展、社交能力和情感认知。因此，家长们在选择玩具时不仅会考虑价格和质量，更重要的是关注玩具对孩子成长的积极影响。他们希望选择那些既安全可靠又具有教育意义的玩具，以满足孩子的学习和娱乐需求。在成人玩具领域，玩具不仅仅是单纯的消遣工具，更是人们追求生活品质和情感满足的体现。例如，有的人通过玩乐器来陶冶情操，放松身心；有的人通过智能设备来探索科技的魅力，满足自己的好奇心；有的人则通过收藏品来追逐心中的梦想，体验历史与文化的魅力。因此，从消费者的角度来看，玩具不仅仅是孩子们的专属，也是成年人生活的一部分，为人们的精神生活增添了色彩和乐趣。

此外，玩具作为一种产品，不仅在商业领域中具有重要地位，更承载了丰富的文化内涵和社会意义。玩具是由专业制造商设计和生产的产品，从儿童到成年人覆盖全年龄段，是人们情感交流和梦想实现的媒介，在生活中都起着独特而不可替代的作用。对于儿童而言，玩具是探索世界、培养技能和表达想象力的工具；而对于成年人而言，玩具则是追求情感满足和生活品质的一种象征。因此，玩具不仅是商品，更是文化的一部分，反映了人们对生活的态度和追求。在当代社会，玩具以其独特的魅力和意义，为人们的生活增添了乐趣和色彩。

2.1.2　玩具的分类

玩具的种类丰富多彩，主要可以根据使用者年龄、主要材质、动漫关联关系和主要功能进行划分（见表2–1）。

表 2-1　　　　　　　　　　　　　玩具分类

玩具分类	使用者年龄	婴儿玩具
		幼儿玩具
		青少年玩具
		成人玩具
	主要材质	毛绒玩具
		布制玩具
		木、竹制玩具
		纸制玩具
		金属玩具
		塑胶玩具
	动漫关联关系	动漫玩具
		非动漫玩具
	主要功能	益智玩具
		科教玩具
		体育玩具
		电动玩具

资料来源：由作者团队绘制而得。

　　根据年龄划分，玩具的吸引力在不同年龄阶段呈现出多样化特色，分别涵盖婴儿、幼儿、青少年和成人四个主要阶段。婴幼儿玩具专注于促进感觉和感知发展，采用柔软的材料和明亮的颜色，为婴幼儿提供愉悦的触感和丰富的视觉刺激。青少年玩具更为多样和复杂，不仅满足其娱乐需求，还成为知识传递和社交培养的媒介，促进青少年的全面发展。成人玩具则专注于提供娱乐、放松和满足个人兴趣的体验。这种分类为每个年龄段提供了贴合需求和兴趣的丰富选择，使玩具成为不仅仅是娱乐工具，更是陪伴和丰富生活的重要伙伴。

根据主要材质划分，玩具可以划分为毛绒，布制，木、竹制，纸制，金属和塑胶玩具。毛绒玩具以柔软的材料为基础，常以动物或卡通角色为主题，旨在提供温馨的拥抱和陪伴，为人们带来温暖和安慰。布制玩具以柔软、耐用且易清洗为特点，包括娃娃、布艺书和玩偶等，旨在激发儿童的创造力和表达能力。木、竹制玩具注重天然材质和精湛手工工艺，如积木和木质拼图，旨在培养儿童的手工艺技能和想象力。纸制玩具强调多样性和可塑性，包括手工折纸、纸雕和纸贴画等，致力于培养儿童的手工艺技能和逻辑思维。金属玩具以坚固耐用的金属材质制成，常见于模型收藏、拼装玩具等领域，追求精细工艺和持久性。而塑胶玩具则以轻便、丰富的形态和色彩为特点，广泛应用于玩具市场的各个领域，包括遥控车、积木等，为孩子们带来更丰富的娱乐体验。这一多元化的材质分类使得玩具的设计更具创意，并满足了不同年龄阶段人的审美和发展需求。

根据动漫关联关系划分，玩具分为动漫和非动漫两大类。动漫玩具受到动画、漫画或游戏中角色、场景的启发，通过变形金刚模型、卡通角色手办等，追溯至丰富的动漫世界。而非动漫玩具则不受相关内容影响，包括传统的娃娃、积木和车辆模型等，更注重于经典和传统的设计元素。这一分类考虑了玩具与动漫文化的关系，满足了对于不同娱乐体验的追求，为玩具市场增添了更为多样的选择。

根据主要功能划分，玩具划分为益智、科教、体育和电动四大类。益智玩具旨在激发儿童思维、逻辑和问题解决能力，涵盖了智力拼图、数学游戏和字母卡片等，为儿童提供了有趣的学习体验。科教玩具通过实验和互动，帮助儿童了解科学、技术、工程和数学等领域的知识，包括天文望远镜和化学实验盒等，为儿童打开知识的大门。体育玩具则促进儿童体能发展，包括各种球类、跳绳和自行车等，鼓励他们积极参与户外活动，培养协调性和运动技能。电动玩具以电力或电池作为动力源，具有自动运动或互动功能，包括遥控车、电动模型和电子游戏等，强调技术性和娱乐性，为儿童提供了现代科技的互动体验。这一全面而细致的功能分类使得玩具更好地满足不同孩子的学习、运动和娱乐需求，为其全面发展提供了多元选择。

2.1.3　玩具产品的"金字塔"分布

在现代商业环境中，玩具产品呈现出"金字塔"结构。这座"金字塔"由三个关键层级构成，即大众型玩具层、IP 类玩具层和智能型玩具层。每个层级都代表着特定类型的玩具，清晰地展示了不同类型玩具在市场中的竞争特征和地位。

基础层是玩具产品"金字塔"结构的最底层，主要包括价格亲民、适用面广的大众型玩具。这类产品通常是传统玩具、益智玩具等，能够满足大多数消费者的基本需求。例如，传统的积木、拼图玩具以及普及性较高的益智游戏等都属于基础层玩具的范畴。这些玩具的核心竞争壁垒在于性价比，品牌间的竞争主要集中在产品质量、价格和品种丰富度等方面。通过不断地创新和优化，这些大众型玩具不仅保持了市场份额，还能够吸引更多消费者的关注和喜爱。

其次是 IP 类玩具层级，这些玩具产品以受欢迎的动画、漫画、电影等知识产权（IP）为基础。如日本万代的高达系列、美国孩之宝的变形金刚系列是该层级的典型代表。这些玩具不仅在设计上与原作有着密切的联系，还通过丰富的衍生品、动画片等形式延伸了 IP 的影响力，成为收藏者和粉丝追捧的对象。这类 IP 玩具的优势在于与知名 IP 相关联，而且能够深入挖掘 IP 的内涵和故事，为消费者带来更加丰富的体验。在这一玩具层级，竞争主要集中在产品的设计研发能力、IP 授权以及品牌建设方面。各个品牌争相获取知名 IP 的授权，以期打造出更具影响力和吸引力的产品，从而在激烈的市场竞争中占据一席之地。

智能型玩具作为玩具行业金字塔结构的顶层，融合了人工智能等先进技术，呈现出与传统玩具迥然不同的全新玩法。这些产品具有科技含量高、创新性强和一定的教育属性，例如智能机器人、互动教育玩具等。尽管该层级的市场仍处于早期发展阶段，但随着科技的进步和消费者需求的变化，智能型玩具市场拥有着巨大的潜力和机会。企业需要投入大量资源进行研发和创新，以满足消费者不断增长的需求，并在激烈的竞争中保持竞争优势。

从大众型玩具到 IP 类玩具再到智能型玩具，每个层级都展现了不同类型玩具在市场中的独特地位和竞争特征。在这个充满活力和变革的行业中，企业需要不断适应市场变化，把握消费者需求，才能在激烈的竞争中立于不败之地。随着科技的进步和消费者需求的变化，玩具行业将继续为人们带来更多的惊喜和乐趣，为孩子们的成长和家庭的欢乐增添新的色彩。

2.2 全球玩具行业概况

2.2.1 全球玩具市场规模及增速

根据美国市场研究机构 NPD 集团（NPD Group, Inc.）的统计，2021年，全球玩具市场的销售额为 1042 亿美元，比 2020 年增长了 8.5%，比 2019 年增长了 12.7%，成为 10 年来市场表现最好的一年。从 2019年至 2022 年的三年复合年增长率来看，玩具行业的销售收入同比增长了 12%，平均销售价格增长了 8%，而同期销量增长了 4%，这说明近三年来玩具市场的总体趋势向好。同时 IAMRC Group[①] 数据显示，2023年全球玩具市场规模达到 1830 亿美元，预计到 2032 年市场规模将达到 3260 亿美元，2024~2032 年复合年增长率（CAGR）为 6.5%。随着社会生产力与家长认知的提高，玩具市场规模不断扩大，其中，北美占据全

---

① IAMRC Group（International Market Analysis Research and Consulting Group）是一家国际市场分析研究与咨询集团。

球玩具市场的主要份额。作为北美玩具市场的主要领导者，美国到 2030
年玩具市场预计将增长至约 461.9 亿美元。

全球玩具行业分析师弗里德里克·图特（Frederique Tutt）在 NPD 集
团 2022 年的一份声明中表示，由于全球经济放缓和通胀压力的增加，类
似于 2021 年的增长水平将不会持续下去。2022 年，通胀、供求关系变化、
供应链问题等都是影响玩具行业发展的重要因素。在消费者的需求意愿上，
相关调查显示有 1/3 的消费者表示将减少在玩具上的消费，而只有 1/4 的人
可能会花同样的钱，这使 2022 年玩具行业会继续出现小幅下降。[①]

据 Grand View Research 市场研究和咨询公司的研究，虽然消费者们
的消费意图可能有所下降，但对玩具的兴趣仍然很高——因为他们对玩
具可提供认知益处的认识提高，于是也会更仔细地选择玩具。在玩具的
类型上，绿色和可持续玩具、传统玩具和建筑玩具等类别仍然是买家的
核心兴趣，而新兴的授权数字产品和多代授权产品也越来越受欢迎。

然而，消费者们在玩具上支出的意图和兴趣也正被持续存在的供应
链问题所抵消。随着集装箱限制、运输价格上涨、全面通货膨胀和海外
工厂生产率对零售商等待时间的影响上升，玩具行业的供应链将面临更多
的挑战。在行业的诸多问题困扰下，一些知名的玩具 IP 仍然凭借其强大
的影响力吸引了众多消费者的关注。据 NPD 的统计数据，2022 年第三季
度消费者所购买玩具的十大 IP 以及十大增长最快 IP 如表 2-2 所示。

表 2-2　2022 年第三季度消费者所购买玩具的十大 IP 以及十大增长最快 IP

十大玩具 IP		十大增长最快玩具 IP	
排名	IP 名称	排名	IP 名称
1	宝可梦	1	宝可梦
2	星球大战	2	Squishmallows 毛绒系列

---

①　Robert B. The Global Toy Report 2022 ［EB/OL］. License Global, https://www.license-
global.com/licensing-resources/global-toy-report-2022, 2022-12-08.

续表

十大玩具 IP		十大增长最快玩具 IP	
3	芭比娃娃	3	职业橄榄球联盟 NFL
4	漫威宇宙	4	侏罗纪世界
5	Squishmallows 毛绒系列	5	玩具总动员
6	费雪	6	迪士尼魔法满屋
7	风火轮	7	刺猬索尼克
8	职业橄榄球联盟 NFL	8	魔法迷雾锅 Magic Mixies
9	乐高星球大战	9	盖比的娃娃屋
10	侏罗纪世界	10	迪士尼玩具

资料来源：美国玩具业的 2022：年度畅销产品与十大 IP［EB/OL］. 36氪，https://www.36kr.com/p/2079312286453764，2023-01-09.

从表 2-2 中可以看出，在 2022 年第三季度十大玩具 IP 中，流行多年的经典 IP 仍然占据榜单的绝大部分位置，如宝可梦、星球大战、芭比娃娃、漫威宇宙等。而 Squishmallows 则是近年来异军突起的毛绒玩具品牌。Squishmallows 是玩具公司 Kellytoy 于 2017 年推出的品牌，至 2020 年 2 月其全球累计销量已突破 5000 万个。也是在 2020 年，Kellytoy 被玩具公司 Jazwares 并购。后者在 2019 年还并购了拥有"宝可梦"IP 除亚洲区外全球地区玩具总授权的 Wicked Cool Toys 公司，旗下亮眼的玩具 IP 销售额使得 Jazwares 成为"美国成长最快的玩具公司之一"。

在增长最快的玩具 IP 方面，"宝可梦"依然斩获桂冠，这与其广泛丰富的授权产品和持续不断发售的游戏新品所维持的热度有关。侏罗纪世界、玩具总动员、魔法满屋、刺猬索尼克、盖比的娃娃屋等则是影视作品的热度推动 IP 热度与玩具热销的案例。其中《刺猬索尼克》动画曾在 2022TGA 游戏大奖中获得"最佳游戏改编作品"的提名。

排名第八的"魔法迷雾锅 Magic Mixies"玩具的迅速增长得益于 TikTok 上相关短视频的火爆。该系列玩具主打"能从自主配制药水的锅中炼制出玩偶"的玩法，通过短视频中博主试玩的神秘氛围与神奇效果引起观众的好奇，从而推动了产品的爆卖。

另据 License Global 统计，其网站中阅读和搜索热度最高的授权玩具如表 2-3 所示。

表 2-3　　　　License Global 网站热度最高的授权玩具

排名	玩具名称	出品方
1	"阿凡达 2"玩具系列	Disney, Lightstorm Entertainment
2	迪士尼 Mini Brands 微型复制品系列玩具	Zuru, Disney
3	Pop！玩偶系列中的柴郡猫款	Funko
4	暴雪 Upper Deck 游戏卡系列	Blizzard，Upper Deck
5	蝙蝠侠合金车及玩偶	Jada Toys
6	刺猬索尼克毛绒玩具系列	Build-A-Bear
7	"鲨鱼周"节目授权玩具	Hasbro
8	NERF 水枪发射器	Hasbro，Wowwee
9	侏罗纪世界玩具	Jakks Pacific, Mattel
10	糖豆人玩具	Moose Toys, Hasbro, Wow! Stuff
11	哈利波特惊喜胶囊	YuMe Toys

资料来源：2022 全球玩具报告［EB/OL］.License Global，https://www.licenseglobal.com/licen-sing-resources/global-toy-report-2022，2022-12-08.

2022 年，时隔 13 年终于推出的续集"阿凡达 2"吸引了众多电影迷的关注，制片人卡梅隆手下的制作公司光影风暴娱乐与迪士尼合作推出的周边玩具在发布后受到火热追捧，成为 2022 年授权类玩具中 License Global 网站访问量最高的产品。

同样有迪士尼参与出品的 Mini Brands 微型复制品系列则位列第二，

该系列涉及的 IP 内容包括了漫威、迪士尼公主、皮克斯动画角色、米老鼠和朋友们等。与迪士尼联合出品该系列玩具的 Zuru（筑愉）是 2004 年成立于新西兰的玩具公司，现总部设在香港，主导产品涵盖玩具枪、魔法蛋、棉花泥等。

潮玩巨头 Funko 旗下的王牌产品 Pop！玩偶系列的柴郡猫款拿下第三名。北美另两大玩具公司孩之宝与美泰也有热门产品上榜：孩之宝畅销系列产品 NERF 水枪玩具，与探索频道热播节目"鲨鱼周"合作的大富翁玩法玩具以及与 Moose Toys、Wow! Stuff 合作的糖豆人玩具等；美泰方面则有与杰克仕太平洋合作出品的侏罗纪世界玩具上榜。

热度排名第四的暴雪 Upper Deck 游戏卡是为庆祝暴雪娱乐成立 30 周年而推出的特别系列，其内容涵盖了暴雪旗下众多知名的视频游戏。Upper Deck 是一家主要以生产体育卡闻名的公司，于 1988 年成立于美国，现总部位于美国加州。由美国车模制造商 Jada Toys 出品蝙蝠侠合金车及玩偶以及由美国毛绒玩具商 Build-A-Bear 出品的刺猬索尼克毛绒玩具系列的火热，则与第三季度增长迅速的数个 IP 类似，都是由相关影视作品的热映或热播推动的。

除 IP 与玩具产品外，在公司方面，License Global 发布的最新《全球顶级授权商报告》中，排名前五的玩具公司如表 2-4 所示。

表 2-4　　　　　全球顶级授权商玩具公司前五名

排名	公司名称	国家	总榜排名	授权收入
1	宝可梦国际	日本	5	85 亿美元
2	孩之宝	美国	6	84 亿美元
3	美泰	美国	8	74 亿美元
4	万代南梦宫	日本	18	32 亿美元
5	斯平冯斯特	加拿大	33	13 亿美元

资料来源：根据 License Global 发布的《全球顶级授权商报告》整理。

2.2.2　全球玩具行业地区零售额

2.2.2.1　总体零售情况

全球玩具市场呈增长趋势，美国和亚洲同比增幅较大。玩具根据动力不同，分为非动力玩具和电动玩具，其中电动玩具由于具有运动和可控制等功能，深受广大儿童的喜爱。据美国市场研究机构 NPD 的数据（见图 2-1），2021 年全球玩具市场销售额达 1042 亿美元，同比增长 9.7%，销售额创历史新高，2017~2021 年市场年均复合增长率约为 3.1%。分地区看，美国 2021 年销售额同比增长 15%，为增速最快地区，亚洲同比增长 11%，增速位列第二。美国和中国累计销售额占全球近 50% 的份额，全球玩具市场整体呈温和增长态势。

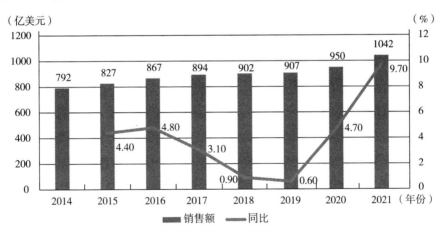

图 2-1　全球玩具市场销售额及同比增速

资料来源：全球玩具市场报告：2021 年年度数据［EB/OL］. https://www.toyas-sociation.org/PressRoom2/News/2022_News/npd-2021-global-toy-market-report-now-available.aspx，东吴证券研究所整理，2022-06-15.

中国为亚洲玩具市场头部，2023 年亚洲有望成为全球玩具市场中心。据中国玩具和婴童用品协会数据，2018 年中国紧追美国成为全球第二大玩具市场。2020 年国内市场玩具零售总额 779.7 亿元，比上年增长 2.6%。国内儿童玩具行业集中度仍然不高，线上 TOP10 品牌的市场规模加起来占比还不足 16%。自有品牌市场占有率方面仍以中低端市场为主，高端市场则由国外品牌主导。2021 年中国玩具市场销售额达 854.6 亿元，同比增长 9.6%，2016~2021 年市场年平均复合增长率约 5.7%，预计 2022 年零售额将达 914 亿元，2023 年亚洲将成为全球玩具市场规模的中心。

到 2022 年，全球玩具销售额达到了 1074 亿美元，比 2021 年增长了 1.5%。自 2017 年以来的五年间，全球玩具市场的复合年增长率为 3.5%（见表 2-5）。

表 2-5　　　　　　　　2017~2022 年全球玩具市场规模

全球玩具市场规模	2017年	2018年	2019年	2020年	2021年	2022年	2022年和2021年的变化	自2017年以来的复合年增长率（CAGR）
总计（十亿美元）	90.3	92.7	92.0	97.3	105.8	107.4	+1.5%	+3.5%

资料来源：Circana. Global Sales Data(2022)[EB/OL]. https://www.toyassociation. org/ta/research/data/global/toys/research-and-data/data/global-sales-data. aspx?hkey=64bda73b-80ee-4f26-bd61-1aca29ff2abf. 该数据经 Circana 许可由 The Toy Association 发布，The Toy Association 是一个扎根美国的商业贸易协会，代表数百家公司，包括制造商、零售商、许可商和其他参与青年娱乐行业的公司，制造成员占美国玩具和游戏销售额的 93%，2022 年约为 400 亿美元。

2.2.2.2　不同地区零售情况

欧洲是世界最大的玩具市场，2019 年，其总零售值为 266 亿美元，而北美（包括美国）紧随其后，总零售值达 167 亿美元。这些地区的全球市场定位均为成熟市场，预期今后的增长率将较发展中市场（如中国或中东）缓慢。中国玩具市场为全球增速最高的市场之一。中国玩具市场的整体零售值由 2014 年的 81 亿美元增长至 2019 年的 113 亿美元。

在 2022 年，全球玩具行业在不同地区的表现各不相同。根据 NPD 集团的数据，包括澳大利亚、比利时、巴西、加拿大、中国、法国、德国、意大利、墨西哥、荷兰、西班牙、英国和美国在内的 13 个主要市场的玩具行业零售销售额与 2021 年相比保持相对平稳（增长 0.5%），但与疫情前的 2019 年相比增长了 22%。①2022 年第四季度与 2021 年同期相比下降了 4%，尽管与疫情前的 2019 年第四季度相比增长了 11%。巴西、墨西哥和加拿大的销售额分别增长了 15%、6% 和 1%，而其余十个市场的销售额则保持平稳或下降。西班牙是这些市场中唯一一个与2019 年相比销售额下降的国家，下降了 1%。

美国玩具协会的数据显示，2022 年全球玩具销售额达到了 1074 亿美元，比 2021 年增长了 1.5%。自 2017 年以来的五年间，全球玩具市场的复合年增长率为 3.5%，这种增长反映了玩具行业在经济波动和增长放缓的情况下，依然保持了稳定的扩展能力。

在美国市场上，根据 NPD 集团美国零售跟踪服务公司的数据，2022年美国玩具零售额为 292 亿美元，而美国玩具零售额下降了 0.2%。尽管 2022 年的销量保持相对平稳，但 2022 年的市场销量比 2019 年增长了 33%。根据 NPD 的数据，2022 年美国玩具行业的市场规模预计为100%，约为 400 亿美元。美国玩具行业的销量和趋势显示，户外和运动玩具仍然是最大的类别，为 52 亿美元（见表 2-6）。

表 2-6　　　　　　　　美国年度销售数据和趋势

传统的玩具类别	2019 年（亿美元）	2020 年（亿美元）	2021 年（亿美元）	2022 年（亿美元）	较上年的变化情况		
					2020 年（%）	2021 年（%）	2022 年（%）
总计	220	257	292	292	16.9	13.7	-0.2
人形玩偶及配件	17	17	21	22	-1.6	24.5	4.4

① Circana. Global Sales Data(2022)［EB/OL］. https://www.toyassociation.org/ta/research/data/global/toys/research-and-data/data/global-sales-data.aspx?hkey=64bda73b-80ee-4f26-bd61-1aca29ff2abf. 该数据经 Circana 许可由 The Toy Association 发布，The Toy Association 是一个扎根美国的商业贸易协会，代表数百家公司，包括制造商、零售商、许可商和其他参与青年娱乐行业的公司，制造成员占美国玩具和游戏销售额的 93%，2022 年约为 400 亿美元。

续表

传统的玩具类别	2019 年（亿美元）	2020 年（亿美元）	2021 年（亿美元）	2022 年（亿美元）	较上年的变化情况		
					2020 年（%）	2021 年（%）	2022 年（%）
艺术与手工艺	11	12	12	12	12.8	3.7	0.0
建筑套装	18	23	27	29	25.6	16.3	8.2
玩偶	33	37	38	34	10.8	3.7	−11.9
探索性玩具与其他玩具	14	16	22	26	14.1	37.3	15.5
游戏 / 益智	22	30	35	35	33.0	16.9	−0.3
婴儿 / 幼儿学前玩具	31	34	38	37	8.8	11.7	−1.8
户外运动玩具	42	54	58	52	29.2	8.5	−11.1
毛绒玩具	12	13	18	23	8.3	31.2	31.1
汽车玩具	14	16	17	17	16.4	8.9	−0.6
青少年电子玩具	5	5	5	5	2.9	7.7	−11.5

资料来源：根据美国市场调查机构 Circana 数据整理。

2.2.3 全球玩具安全监管情况

2.2.3.1 总体监管情况

玩具安全一直是全球各个国家和地区都非常重视的问题。欧盟、美国、加拿大、澳大利亚等国家和地区均建立了专门的预警通报机制，对不合格的儿童玩具产品进行通报。欧盟玩具产品通报数量最多，中国产玩具占比为 82%。相比欧盟，虽然美国和加拿大召回通报的玩具产品数量不多，但召回玩具的原产国几乎都来自中国。如图 2-2 所示，2021年，欧盟 RAPEX[①] 共发布 2124 例召回通报，其中 428 例为玩具产品，占总日常消费品召回比例的 20%。该数据表明欧盟地区对于儿童玩具产品的监管次数频繁，监管力度大，对儿童玩具的安全问题重视程度很高。塑胶玩具是召回通报的重灾区，占比高达 40%，远远领先于其他类型的玩具。毛绒玩具、电玩具、木制玩具和磁体玩具的召回数量相当，均占一成左右。

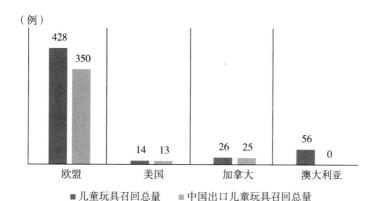

图 2-2　2021 年玩具召回情况

资料来源：EU Rapid Alert System factsheets 2021［EB/OL］.https://ec.europa.eu/safety-gate/#/screen/pages/reports，2022-04-25.

2.2.3.2　欧盟 REACH 指令更新

欧盟 REACH 指令（Registration，Evaluation，Authorisation and Restr-

---

① 欧盟非食品类危险消费品快速通报系统（Rapid Alert System for Non-Food Dangerous Products，RAPEX）是基于 2001/95/EC 欧盟通用产品安全指令（GPSD）Article11 和 12 建立的，其主要目标是确保将在一个成员国发现的、非食品类的危险消费品和专业用品的相关信息迅速传达给所有其他国家的监管机构和欧洲委员会，以便采取后续跟进措施，以防止这些产品流入消费者和专业用户手中。

iction of Chemicals）是一项欧盟化学品管理法规，全称是《关于化学品的注册、评估、许可和限制》。旨在保护人类健康和环境免受化学品的潜在风险威胁，同时促进欧盟化学工业的竞争力。REACH 指令要求企业对生产或进口到欧盟市场的化学品进行注册，并提供有关其安全性的详细信息。REACH 指令对全球化学品生产和贸易产生了深远影响，要求企业提供更多的安全信息，并采取措施减少化学品对人类健康和环境的潜在危害。

2019 年 11 月以来，欧盟 REACH 指令先后进行了两次涉及授权物质或限制物质的更新，共新增 12 种物质。此外，还先后进行了两次高关注物质（SVHC）清单更新，共新增 8 种 SVHC，目前 SVHC 清单已正式更新为 209 项。

2020 年 2 月 7 日，欧盟委员会发布法规（EU）2020/171，批准将 11 种物质加入 REACH 法规①的授权物质清单中。此外，欧洲化学品管理局（ECHA）同时也在持续更新 SVHC 清单。2020 年 1 月 16 日，ECHA 正式公布第 22 批 4 项 SVHC。2020 年 6 月 25 日，ECHA 正式公布第 23 批 4 项 SVHC。

2.2.3.3　美国各州相关法律新规

在过去的几年中，美国各州针对玩具行业推出了一系列法律新规，这些规定不仅影响了玩具制造商和分销商的业务，还体现了社会对儿童安全和健康越来越高的关注。

2017 年，华盛顿州的儿童安全法中扩大并更新了关于儿童产品（包括玩具）中化学物质限量的规定。这一法案扩大了受管制有害化学物质的范围，加强了该州对儿童安全和环境健康的承诺。2018 年，加利福尼亚州实施了新的化学标签要求，这是加州玩具行业法规的转折点。自

---

①　欧盟委员会法规（EC）No.1907/2006 附录ⅩⅣ。

2018 年 8 月 30 日起生效的这项立法要求企业通知加利福尼亚居民关于已知导致癌症、出生缺陷或其他生殖损害的化学物质的重大暴露。这一更新对玩具行业产生了实质性影响，需要在玩具制造过程中提高对化学物质使用的认识，完善相应的化学标签标注和提醒。

2019 年 12 月 16 日，美国纽约州州长签署了 A6041（S4046）法案，对儿童珠宝首饰中的铅含量作出警告声明。标签要求于 2021 年 1 月 1 日生效。2020 年 2 月 7 日，美国纽约州州长签署了 S501B/A6296 号法案，规定儿童产品中所列化学物质的申报规则，并禁止销售含有某些化学物质的儿童产品。法案指出部分高关注物质需要申报。该法案于 2020 年 3 月 1 日正式生效。2020 年 5 月，美国马里兰州关于限制某些产品中阻燃剂含量的 SB447 法案成为法律，已于 2021 年 1 月 1 日生效，根据这项新法律，任何人不得进口、销售或提供含有超过 0.1% 的阻燃剂的某些产品。

这些年来，一个明确的全美国趋势浮现出来，各州越来越注重减少玩具中有害化学成分。这些立法不仅旨在限制化学物质，还包括加强结构安全以防止诸如窒息等事故。对玩具行业而言，这些变化既带来挑战也带来机遇，推动创新和采用环保实践。

2.2.3.4　中国监管情况 [1]

中国是全球最大的玩具制造国和出口国。2020 年，传统玩具出口 334.9 亿美元，比 2019 年增长 7.5%，出口美国和欧盟的玩具产品贸易额约占玩具出口总额的 60%。

欧洲和美国是中国最重要的玩具出口市场，因此在制定国家标准的同时，中国也关注和围绕欧美相关法律法规要求，制定发布了 GB/T

---

[1]　国家技术标准创新基地：以标准化助力高技术创新，促进高水平开放，引领高质量发展［EB/OL］. 国家标准化管理委员会，https://www.sac.gov.cn/jdbnhbz/bzgs/art/2021/art_4f41234b03ff45e581dd4a1397f84eb8.html，2021-06-02.

22048-2022《玩具及儿童用品中特定邻苯二甲酸酯增塑剂的测定》、GB/T 34436-2023《玩具材料中甲酰胺测定气相色谱-质谱联用法》和 GB/T 34435-2017《玩具材料中可迁移六价铬的测定高效液相色谱-电感耦合等离子体质谱法》等一批测试方法标准，为行业出口和应对欧美要求提供技术支持。

在上述测试方法标准中，中国以 GB/T 22048 标准为蓝本，制定了国际标准。该标准处于国际领先水平，不仅填补了国内空白，还被美国联邦公告列为《美国消费品安全改进法案（CPSIA）》官方认可标准，这是美国 CPSC 首次认可中国标准作为美国法规的检测方法。该标准在玩具和儿童用品领域得到广泛实施，绝大多数实验室都采用该方法进行增塑剂的测试。

玩具领域一直将标准化工作与行业发展紧密结合，在采用国际标准的基础上，现实分析中国玩具行业的承受力，科学确定中国玩具标准的技术水平，将标准与技术发展有机结合，从行业特点及需求入手及时制定所需标准，切实保障儿童生命健康安全。

2.3　中国玩具行业概况

2.3.1　中国玩具行业产量和需求量变化情况

目前，中国已经成长为世界最大的玩具生产和出口国、第二大的玩具消费市场。据统计，近年来中国玩具行业产量呈现出波动增长态势，2021 年玩具产量达到 745.85 万吨，同比增长 10.97%；需求量方面保持稳定增长，从 2011 年的 241.87 万吨上升至 2021 年的 353.75 万吨，期间年均复合增长率为 3.88%（见图 2-3）。[①]

---

① 2022 年中国玩具行业产量、需求量、市场零售总额及进出口情况分析［EB/OL］. 华经产业研究院，https://caifuhao.eastmoney.com/news/20221125102032269819430，2022-11-25.

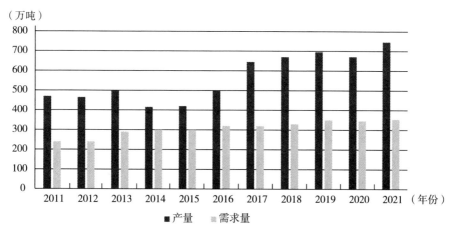

图 2-3　2011~2021 年中国玩具行业产量及需求量变化情况

资料来源：根据华经产业研究院数据整理。

2.3.2　中国玩具各细分品类占比

中国的玩具市场，就如同其广袤的土地一样，品类繁多，源远流长。从古至今，无论是细腻的木制玩具、纸制风筝，还是现代的高科技电子玩具、创意 DIY 玩具，都以其独特的魅力吸引着孩子们的目光。这些玩具，如同一部历史长卷，展示了中华民族的智慧与创造力。

塑料玩具以其耐用、价格适中、易于制造等特点，一直是中国玩具市场的主力军。据 2021 年的全国玩具行业报告显示，塑料玩具的市场占比最大，占据了国内玩具市场的 51%，是中国玩具细分品类中生产数量最多的玩具（见图 2-4）。

紧随其后的是电子玩具，占全国玩具行业市场的比重为 10%。随着科技的进步，电子玩具融入了更多的互动性、教育性和娱乐性，深受家长和孩子们的喜爱。它们不仅提供了孩子们娱乐的方式，还通过各种互动功能，帮助孩子们在游戏中学习新知识，提升思维能力。

毛绒玩具同样占据了 10% 的市场份额。毛绒玩具以其柔软、安全的特性，成为很多家长的首选。它们不仅可以陪伴孩子们度过欢乐的时光，还可以成为孩子们的安抚物，帮助他们入睡。

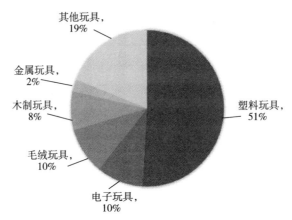

图 2-4　2021 年中国玩具行业各细分品类占比

资料来源：根据智研咨询数据整理。

除此之外，还有木制玩具、金属玩具等各种类型的玩具，它们都在各自的市场领域中占有一定的份额。这些细分品类的玩具共同构成了中国丰富多彩的玩具市场，也见证了中国玩具制造业的繁荣与进步。

2.4　国外知名玩具企业介绍

2.4.1　LEGO 乐高集团

乐高集团（LEGO Group）成立于 1932 年，以其标志性的乐高积木玩具而闻名于世，是一家享誉全球的家族控股公司，总部位于丹麦比隆德。乐高积木这种由互锁塑料砖块组成的玩具系统，因其创造性和教育价值而深受儿童和成人喜爱。乐高这个名字来源于丹麦语"leg godt"，意为"玩得开心"，并且该名字迅速成为乐高公司在比隆地区玩具工厂生产的优质玩具的代名词。乐高以其高质量和精细的工艺而著称，设计精巧，每个小砖块都能与其他砖块紧密结合，为玩家提供了无限的创造可能性。这种独特的设计不仅激发了孩子们的想象力和创新能力，也吸引了众多成人玩家，他们被称为成年乐高爱好者（Adult Fans of LEGO，AFOL）。

乐高的理念是通过游戏和学习激发创造力，帮助儿童发展关键技能，致力于"激发下一代的建造者"，通过玩乐启发和发展儿童的潜能。除了经典的积木玩具，乐高还涉足电子游戏、电影和主题公园等多个领域，以多元化的方式促进品牌和文化的传播。

2.4.1.1　业务板块

乐高以积木玩具缔造商业帝国，将有限的部件创造出无限的搭配组合，另外与全球一流商业品牌合作推出热门系列玩具，实现全年龄段与粉丝经济联动。同时通过儿童教育、电影制作、主题乐园等多元化经营来挖掘消费者需求以此反哺主业。

（1）玩具产品

乐高的玩具产品是其业务的核心，包括各种类型的积木套装和单独的砖块包。这些产品覆盖了从儿童到成人的所有年龄段，主题多样，从城市生活、历险探索到科幻和奇幻世界。乐高不断推出新的主题系列，以满足市场的多样化需求，并保持品牌的新鲜感。

（2）数字游戏

乐高数字游戏板块通过开发一系列基于乐高玩具的电子游戏，为玩家提供了不同于传统积木的玩耍体验。这些游戏在各种平台上都有提供，包括主机游戏、移动游戏和在线游戏。

（3）影视内容

乐高的影视板块包括动画电影、电视系列和短片，这些内容通常与乐高的玩具系列相结合，为品牌故事增加了视觉和情感的深度。《乐高大电影》系列的成功不仅为乐高带来了巨大的商业利益，也为品牌赢得了更多的粉丝。

（4）乐高主题公园

乐高主题公园和探索中心为家庭提供了互动的乐高体验。这些乐园分布在全球多个国家，配有各种基于乐高的游乐设施和活动，是乐高文化的重要展示窗口。

（5）教育产品

乐高教育致力于开发适合学校和教育机构使用的教育套装。乐高教育是乐高集团的一个重要分支，它提供了一系列专为教室环境设计的产品和资源，旨在通过动手操作和探索学习来支持教师和激发学生的兴趣。乐高教育的产品被广泛应用于全球数以万计的学校中，帮助孩子们在科学、技术、工程和数学（STEM）等关键领域建立知识基础。

乐高集团还通过各种合作伙伴关系和特许经营，将品牌扩展到了服装、书籍、文具和家居用品等多个领域。这些产品和体验共同构成了乐高集团多元化的业务板块，使其能够在全球范围内维持持续增长和品牌影响力的扩张。

2.4.1.2　规模现状

乐高的规模现状是其历史悠久的品牌力量的直观体现。随着时间的推移，乐高已经超越了单纯的玩具制造商的身份，成为一个全球性的文化现象和商业巨擘。公司的业务遍及世界各地，拥有庞大的生产、分销和零售网络，以及一支多元化的员工队伍。2018 年，乐高跻身世界 500强。2021 年乐高集团全年营业利润约为 158.24 亿元人民币，较 2020 年增长 32%，净利润约合 123.8 亿元人民币。

在生产方面，乐高拥有多个生产基地，分布在丹麦、匈牙利、捷克共和国和中国等地。这些工厂采用了一系列自动化和机器人技术，以确保生产效率和产品质量。乐高对供应链管理的精细化运作，使其能够快速响应市场变化，同时保持成本效率。这种全球化的生产布局不仅优化了物流成本，还确保了产品能够满足不同地区的法规和消费者需求。

销售网络也是乐高集团规模现状的另一个核心要素。乐高的产品在全球 130 多个国家和地区销售，通过不同的渠道覆盖广泛的消费者群体。乐高拥有自己的旗舰店和专卖店，这些直营店不仅是销售点，也是品牌体验的重要场所。此外，乐高还通过电子商务平台和各大零售商进行销售，这使得乐高产品的可获取性大大提高。

员工队伍是支撑乐高规模的另一大支柱。乐高的员工超过 20000 人，他们的专业知识、创造力和热情是乐高持续创新的基石。乐高致力于为员工提供包容、多元和激励的工作环境，这有助于吸引和保留人才，同时也促进了公司文化的建设。

此外，乐高还拥有强大的粉丝社区，社区的自发性传播使得产品价值得到广泛认可。乐高粉丝圈层遍布全球，拥有各个年龄层的消费者，并已建立了庞大粉丝网络。乐高的成年粉丝被称作 AFOL，在全球拥有数百个粉丝线下交流社区与一百多个线上社区。此外，AFOL 也建立了众多线上网站供二手交易和 MOC，如百科统计平台、线上交易平台以及估价统计平台等。这使得乐高产品价值得到广泛认可，部分商品在不同平台的二手交易价格是商品原价的 1~2 倍。

乐高品牌的价值和影响力在全球范围内得到认可，而其品牌价值不仅体现在其商业成功上，还反映在其对社会的正面贡献上。在中国，自 2020 年以来，乐高集团向受疫情影响的儿童及家庭累计捐赠了价值超过 580 万元的基本生活用品、防疫用品和玩具，包括 21000 多套乐高玩具套装。以困境儿童关爱计划"乐乐箱"项目为例，在中国乐高捐赠超过 57000 套乐乐箱，共触达超过 100 万名困境儿童。[①] 通过这些慈善基金会和社会责任项目，乐高展示了其作为企业的责任感。

总的来说，乐高集团的规模现状是其长期积累的品牌力量、创新精神和全球化战略的结果。随着乐高在全球市场的不断扩张和影响力的增

---

① 【可持续发展与中国】乐高集团：玩乐的未来世界更需要可持续 ［EB/OL］. 腾讯网，https://new.qq.com/rain/a/20230904A037PL00, 2023-09-04.

强，其商业成功的故事仍在继续书写。

2.4.1.3 核心优势

乐高集团自成立以来，已经发展成为全球玩具行业的巨头。作为积木品牌"代言人"，在自锁性积木已经不具备专利壁垒的当下，乐高的成功背后是如何利用其优势形成品牌忠诚度，在积木领域构筑自身的强品牌效应。

产品第一，是乐高成功的关键驱动力之一。积木玩具生产涵盖"开模－注塑－上色－包装"四大环节，自动化的生产流程和高标准模具是乐高的核心竞争力。作为改良版自锁性塑料积木的创始人，乐高在20世纪 60 年代与德国拜耳集团探讨研究出安全、高强度、高柔韧性的ABS 树脂塑料并沿用至今，当前致力于研发环保级可降解材料，在生产材料领域始终采用高标准。因此在积木玩具产业链中，乐高覆盖产品研发和生产环节，上游对接原材料厂商和 IP 提供商，下游对接分销商或消费者，获得一定的上下游议价能力，并将其体现在高毛利率与产品价格上。

创意为王，是乐高成功不可或缺的创新精神。乐高的产品设计往往从消费者需求与经济效益导向出发，兼具兼容性、可玩性、真实性、创新性。无论是主题设计还是 IP 合作，乐高均远远领先行业，率先以系统化的方式推出城市、建筑等多个系列，后续与众多 IP 提供商展开合作。由于基础组件的拼搭模式专利已到期，乐高当前主要针对创新组件的外观设计申请专利。据报道，截至 2023 年，乐高集团拥有超过 1.2 万项注册商标、版权和专利权。[①]

品类丰富，也是乐高被许多消费者选择的关键。乐高的产品品类丰富，产品线大致可分为 11 个大类、87 个小类，高峰时各模块组件高达

---

① 推动知识产权保护宣传，乐高集团"高校知识产权公开课"走进北大［EB/OL］.新京报，https://m.163.com/dy/article/IFIR5DV90512D3VJ.html，2023－09－26.

上万个，从人物到城市、从艺术画作到交通工具，构造出一个完备的乐高世界。并且乐高产品覆盖多个年龄段。推出了多种针对不同年龄段和兴趣爱好的产品线，覆盖 1.5~18 岁以上全年龄段，多以玩具颗粒大小、拼搭难易程度区分。既有专为低龄幼儿设计的防吞咽大颗粒系列，也有为儿童设计的卡通 IP 系列，还有为青少年和成人设计的大型复杂单品（包括 IP 类产品），如面向幼儿的乐高 Duplo 系列和挑战建模极限的乐高 Technic 系列。此外，乐高还积极融入高科技元素，推出了机器人编程套件和增强现实体验，以保持其产品的领先地位。

不仅如此，乐高推新频率高也是保持品牌竞争力的关键。在高效率、高标准的产业链各环节支持下，乐高始终保持高推新频率，以通过不同主题进一步激发消费者的创造力。2011~2020 年乐高每年推出的套装种类数量呈现小幅提升态势，对应主题种类数量稳定在 70~100 款。其中，高阶产品颗粒更小、配件与搭建难度更复杂，考验了乐高极强的设计功底和模具生产精准度。在乐高"系统化创新"的拼搭体系模式下，产业链设计、生产环节具备较高标准，对于高阶产品的生产壁垒更高。因此其他厂商受限于规模和技术因素，仅局限在相对简单的儿童积木领域展开差异化竞争。乐高则借助产业链各环节先发优势持续扩大产品矩阵和受众圈层，助力品牌知名度和市场占有率的提升，持续巩固行业龙头地位。

综上所述，乐高的优势体现在其产品、创意、品类等多方面，具备先发优势的"拼搭体系"模式是乐高构筑品牌效应的基石，而产业链各环节优势助力打造多元化、精品化产品矩阵，进一步强化壁垒并使乐高成功抢占消费者心智，成为积木玩具的"代言人"。

2.4.1.4　未来规划

乐高集团的未来规划展现了其对持续创新和可持续发展的深厚承诺。在一个日益变化的市场环境中，乐高正通过一系列策略来巩固其作为全球领先玩具制造商的地位。

首先在产品创新方面，乐高不断寻求与流行文化和IP的合作机会。在传统乐高积木同质化严重的情况下，IP产品成为乐高竞争的关键。IP产品能够受到保护不被仿造，虽然乐高关于凸起管和标准积木尺寸的产品专利丧失，但是IP类产品的商标与版权仍受保护。其次IP产品能够吸引粉丝消费，粉丝乐于支付品牌溢价。最后，IP产品更是能够跳脱玩具受众年龄桎梏，同时稍长的受众年龄能够带来商业模式的变革，全年龄段覆盖更是无惧人口结构变化，这在当今中国国情下更具意义。

乐高还在积极探索数字化转型。乐高在2022上半年进一步扩大了全球品牌零售网络，新开66家乐高品牌零售店，其中46家位于中国，全球品牌零售店数量达到833家。乐高计划进一步加强自有和合作伙伴的电子商务能力。6月，乐高集团在哥本哈根正式开设了数字化技术中心，同时在2022年上半年将全球数字化团队的规模扩大了近40%。集团计划用三年的时间，将该团队的全球规模扩大两倍，达到1800名员工，同时加强电子商务，升级数字化基础设施并推动企业范围内的数字化转型。

在全球业务的布局中，乐高视中国为最重要的市场之一。乐高的目标是成为"在全球范围内推动在玩乐中学习和发展的重要力量"。因此乐高深耕中国大市场的长期计划从未改变，并持续投资于品牌建设、产品创新、零售业务拓展、扩大产能、数字化转型和可持续发展等不同领域。截至2023年9月底，乐高集团在中国开设的乐高品牌零售店总数已从2018年的50家增加至469家，覆盖的城市数量也从18个拓展至122个。基于启迪和培养未来的建设者这一使命，乐高希望通过更多的关爱计划与合作捐赠，将"在玩乐中学习和发展"的理念带给广大中国农村留守儿童和城市流动儿童。

可持续发展战略已成为乐高的核心战略，乐高准备长期投资于建设可持续的未来。在过去10年中，乐高集团已采取了一系列行动来为下一代创造一个更美好的世界，同时认为优先环保和社会责任的发展已成为当下紧迫和重要的议题。下一步，乐高集团将开始逐步淘汰乐高产品包装盒中的一次性塑料袋，并在 2025 年之前实现所有包装使用可持续材料。乐高将进一步投资于创造更可持续的产品、实现零废弃和碳中和运营、循环利用以及鼓励孩子们通过玩乐来学习可持续发展。除了开发和使用可持续材料之外，乐高的大量投资也将用于一系列关注社会和环境的行动中，以通过在玩乐中学习和发展的方式启迪和培养儿童、使商业模式更具可循环性，并实现碳中和运营。这些都将推动意义深远的长期变化，助力实现两项联合国可持续发展目标 —— 优质教育以及可持续消费和生产。

综上所述，乐高将加速推进在产品创新、数字化、生产能力、零售网络和可持续发展等领域的项目，以保持发展势头并实现长期可持续增长。这些重大投资将使乐高在未来处于有利地位，把通过玩乐进行学习和发展的机会带给全世界更多的儿童。

2.4.2　Bandai 万代南梦宫

Bandai Namco Holdings 万代南梦宫控股（后文简称"万代"），是全日本最大的综合性娱乐公司之一，主要涉及娱乐、网络、动漫产品及其周边等。其生产的各种科幻、动漫、特摄模型的数量之多、品种之全是世界第一的。其中最著名的则非《机动战士高达》系列莫属。公司总部位于日本东京，于全球八个主要地区国家设有 27 家子公司。除玩具及儿童娱乐外，万代遍及全球的商品触角还包含游戏软件、多媒体、音乐、电影长片、自动贩卖机、游戏卡、糖果、授权服装以及模型等。

2.4.2.1　业务板块

（1）玩具产品

首先在卡片上，万代推出的游戏卡片被日本年轻人昵称为"Carddass"，深受消费者喜爱。现在正致力于开发面向中国市场的创新产品。其次在玩具上，以动漫形象衍生玩具等商品为中心，正逐步开展其业务。万代公司以其强大的企划、开发能力推出的各款精品深受孩子们的好评。接着在服装上，万代以直销和代理大受孩子们欢迎的电视动漫造型服装衣料为经营中心开展业务。所开发的商品将各动漫形象鲜活再现，深受广大儿童欢迎。最后，万代被消费者昵称为"GashaPon"的扭蛋玩具在日本畅销已久。其涵盖多个层面的系列商品深受各层次消费者的支持。万代已正式在中国开展此项业务，各大城市的商场或游艺城都有扭蛋贩售机，价格较贵，普通7厘米扭蛋为16元到24元，授权中国制造，但价格比日本国内便宜一些。

（2）游戏企划

万代以其强大的企划、提案能力积极开展 OEM 业务，使"草莓女孩系列""ASIMO 智能机器人""机器猫卡通电报"等有口皆碑的产品应运而出，不断创造出销售新高。

（3）网络平台的内容和服务

为迎合中国急速发展的网络游戏市场，万代正在着手开发全新的网络游戏，欲以其进一步扩展动漫形象相关产品的市场。2012 年 4 月，万代在天猫正式开设在中国的第一家电子商务直销店，万代官方旗舰店，主营高达塑料模型（GUNPLA），并和日本同步开展 Premium Bandai（官方网上商店）网络限定预订。

（4）影音内容

对于唱片，万代旗下 lantis 等公司出版的音乐及动漫数量和质量都极佳，成为日本最具有竞争力的唱片碟片出版公司。动画方面，万代旗下 Sunrise（日昇）等动画公司，制作了许多知名动画，如高达系列、犬夜叉、鲁鲁修、银魂、舞乙 HIME 等。

2.4.2.2　规模现状

万代在 2005 年 9 月 29 日与南梦宫实施合并，共同成立南梦宫万代发展股份有限公司，成为日本电子游戏业界仅次于任天堂以及 SEGA-SAMMY 集团的第三大企业体。由万代公布的 2022~2023 年度财报显示，万代 2022 年的总营收为 9900.89 亿日元（约合 73 亿美元），同比增长 11.3%，营业利润为 1164.72 亿日元（约合 8.6 亿美元），同比减少 4.2%。其中，数字娱乐业务占据了营收的大头，为 3850 亿日元（约合 29 亿美元），同比增长了 2%。同时，主机游戏净销售额达到 1600 亿日元（12 亿美元），同比下降 8%。

2.4.2.3　核心优势

万代拥有大量强势 IP，是其核心优势之一。万代获取 IP 的方式往往是直接参与作品制作，在东映特摄片以及 Sunrise 的高达系列作品当中，万代经常在一开始就以出资者或共同参与角色设计企划等方式介入映像作品的制作，并同时进行角色商品化的工作，以便与映像作品同步推出。

万代丰富的 IP 库也和其合并的发展道路有关，2005 年 5 月，南梦宫和万代正式宣布，2005 年 9 月底进行经营整合。南梦宫前身 Naka Mura Coporation 创办于 1955 年，1971 年起开始使用 NAMCO 为商标，自 1974 年起投入电子游戏业务，并于 1980 年推出了轰动全球的《吃豆人（Pac-Man）》，之后并陆续推出《小蜜蜂（Galaxian）》《打气人（Dig-Dug）》等经典游戏，两家公司的合并完成了游戏、玩具领域的互补。20 世纪 90 年代，日昇被纳入了万代集团，日昇动画是陪伴了一代又一代日漫迷成长的知名公司。日昇公司的代表作品除了《机动战士高达》和一大批的古早机器人动画作品外，还有不少口碑优秀的长篇连载动画，例如《犬夜叉》《银魂》《KERORO 军曹》。万代在 21 世纪初又获得了圆谷 49% 的股份，将奥特曼 IP 收入麾下。

性价比较高也是多数消费者选择万代的关键因素。万代产品往往具有成色好、易组装、免胶水、可动性强、新品速度快等特征。他们推出的玩具产品不仅质量可靠，而且价格适中，让消费者能够以较低的成本享受到高品质的娱乐体验。1955 年，万代屋首次发行了一款带有质量认证的玩具——1956 年型丰田宠儿皇冠（Toyopet Crown），这打破了当时此类玩具过于昂贵而购买人数少的问题，不仅大获成功，并且首次在日本的玩具业界设立了玩具的品质保障（保修）制度。为了提高产品的生产技术与科技储备，1969 年，万代收购了一家名为"今井科学"的模型公司，并利用今井留下的模具与技术，开发了多款军事、汽车相关的塑胶模型，这也为日后万代支柱产业塑胶模型业务打下了坚实的基础，如易挤压水口、隐藏水口、多色一体成型等。

2.4.2.4 未来规划

（1）中期计划（IP 轴战略）

"尊重个性，IP 为轴"是万代的战略思想。因此，万代的中期计划，也被称为 IP 轴战略，即活用 IP 世界观和特性，在最适当的时机提供最适当的商品和服务，以实现 IP 价值的最大化，并强化具有成长可能性的地域和业务，促进万代世界各地的业务一体化并发挥综合能力。而战略的一部分就是打造一个"IP 元宇宙"，万代表示将会投资 150 亿日元（大约 1.3 亿美元）用于建立"数据基础（数据宇宙）"，并为 IP 元宇宙本身开发内容。对于中期计划方向性，万代官方在 2020 年表示会加强向世界宣传和拓展 IP"高达"相关的业务，并继续扩大中国市场业务，以及加大畅销 IP 的创新和新 IP 的产出。

（2）销售目标

在万代生产的模型玩具中，最著名的非《机动战士高达》系列莫属。从高达动画上映至今超过 40 年，相关产业在 2020 年的总销售额已经达到 950 亿日元，万代近期的目标是在 2025 年高达系列动画诞生 45

周年之际实现 1500 亿日元的年销售额。

为了达成这一目标，万代制定了三个具体策略：首先是提高海外销售额所占的比例，目前亚洲和欧美的销售额只占整体的 30% 左右，未来计划将其提升至 50%。其次在具体措施方面，除了自身的动画、玩具产品以外，还会积极寻求跨界合作的机会，例如之前已经公布的《机动战士高达》真人影片，各个平台的游戏产品等。最后是会积极推进电竞赛事的举行和推广。

（3）高达宇宙世纪发展计划"GUDA"

万代南梦宫将自己的可持续发展规划命名为"Gundam Universal Century Development Action(高达宇宙世纪发展计划，简称'GUDA')"。作为初步行动之一，万代南梦宫控股、Bandai Spirits、万代南梦宫娱乐、Bandai Logipal 四家公司联合启动了"GUNPLA 回收计划"，在日本国内设置上百个回收点，提高塑料玩具废料的循环利用率。除此之外还有在线授课等产学研合作项目，和多方力量一起推动环保事业。

（4）在中国市场的表现

万代在 2015 年来到中国成立万代南梦宫（上海）商贸有限公司，又在 2017 年成立万代南梦宫（中国）投资有限公司。他们希望和中国市场共同发展，成为全球娱乐用户爱戴的企业，将"梦想·娱乐·感动"的理念传递给全球用户。目前万代南梦宫（中国）投资有限公司旗下有四家子公司，分别为负责移动游戏等互联网娱乐业务的万代南梦宫（上海）互动娱乐有限公司、负责面向中国市场提供 IP 周边等玩具商品的万代南梦宫（上海）玩具有限公司、负责游乐设施运营的万代南梦宫（上海）游乐有限公司、负责电影作品引进及版权管理等业务的日昇（上海）品牌管理有限公司。每家公司都力求将各自富有魅力的商品及服务渗透并拓展至各种领域和人群。以"IP 轴"为核心，每块业务根据自身不同特点，都制定了详细的发展规划和策略。

2.4.3　Mattel 美泰

美泰公司（Mattel）创立于 1945 年，是一家拥有儿童和家庭娱乐特许经营权的全球领先的公司，在儿童产品的设计、生产、销售方面处于领导地位。美泰致力于创造创新的产品和经验，通过玩耍来激励、娱乐和发展儿童。美泰公司的产品包括电影和电视内容、游戏、音乐和现场活动。他们与全球领先的零售和科技公司合作，在全球有 40 多个运营场所，在 150 多个国家销售产品。[①]

2.4.3.1　业务板块

（1）玩具销售和品牌推广

美泰公司作为全球领先的玩具制造商，其核心业务涵盖了玩具销售和品牌推广。旗下拥有众多知名品牌，如芭比、Hot Wheels、Matchbox 等，这些品牌在全球范围内具有极高的知名度和受欢迎度。为了满足不同年龄段儿童的多样化需求，美泰公司不断推出各种类型的玩具，包括传统的玩具、电子玩具、互动式玩具等。凭借全球范围内的广泛销售渠道和合作伙伴网络，美泰公司的产品能够迅速分销到各个国家和地区，为全球的孩子们带去欢乐。

（2）电影和电视内容制作

美泰公司还积极拓展电影和电视内容制作领域。通过制作与旗下玩具品牌相关的电影和电视节目，进一步扩大品牌影响力。这些电影和电视节目不仅为公司的玩具产品带来了更多的销售机会，还塑造了更加鲜明和有吸引力的品牌形象。

（3）游戏开发

为了给消费者提供更加互动和多样化的娱乐体验，美泰公司还涉足游戏开发领域。与玩具品牌相关的游戏产品不仅包括线上和线下游戏，

---

① 美泰公司简介及公司数据来自美泰官网：https://corporate.mattel.com/about-us。

还结合玩具销售推出了一系列的游戏体验活动。这些游戏产品让孩子们在玩耍中感受到更多的乐趣，进一步增强了与品牌的互动和忠诚度。

（4）音乐发行

音乐发行领域也是美泰公司的业务之一。美泰公司通过与玩具品牌相关的音乐产品，为消费者提供更加丰富的娱乐体验。这些音乐产品包括儿童音乐、儿歌、动画音乐等，与公司的玩具产品相结合，为消费者提供更加全面的娱乐体验。

2.4.3.2 现状规模

美泰公司，作为全球玩具产业的佼佼者，近年来在业界一直备受关注。自 2022 年美泰业绩情况呈现下滑趋势，美泰一直努力改善公司经营策略，促进公司销售回暖，而事实证明，美泰的努力起到了一定的效果。根据中外数据网公开数据（见表 2-7），美泰公司在 2023 年第四季度的净收入为 16.21 美元，业绩相较于 2022 年有所好转。但只能是稍稍挽回前三季度的损失，全年净收入 / 净销售额依然未能实现同比正增长。尽管如此，美泰与孩之宝和斯平玛斯特公司相比，经营状况已是位列首位，利润呈现正数而非亏损，可见美泰公司的经营状况有望在接下来的一年实现稳步提升。①

表 2-7　　　　知名玩具巨头 2023 年第四季度及全年数据

单位：亿美元

项目		2023 年第四季度		2023 年全年	
		总收入	利润	总收入	利润
美泰	整体（玩具）	16.21	1.47（∧）	54.41（－）	2.14（∨）
孩之宝	整体	13	−10.6（∨）	50	−14.89（∨）
	玩具板块	7.54	—	28.86	—

---

① 三大玩具巨头，去年谁最赚钱［EB/OL］. 中外玩具网公众号，https://mp.weixin.qq.com/s/ZFoqH1X7CGShiSe3iP0-wg，2024-02-20.

项目		2023 年第四季度		2023 年全年	
		总收入	利润	总收入	利润
斯平玛斯特	整体	5.03	—	19.05	—
	玩具板块	4.07	—	15.41	—

注：括号中"＾"表示比上年有所上升，"∨"表示比上年有所下降，"–"表示与上年持平。

资料来源：根据中外玩具网数据整理。

除去公司业绩外，美泰公司的规模依然不容小觑。作为全球最大的玩具公司之一，美泰拥有超过 3 万名员工，这一庞大的员工队伍为公司的发展提供了坚实的人才保障。同时，美泰公司的业务遍布全球 150 多个国家和地区，展现了其强大的全球布局和市场覆盖能力。无论是在欧美市场，还是在亚洲、非洲等新兴市场，美泰公司都凭借其卓越的品牌影响力和创新的产品策略，赢得了广大消费者的喜爱和信赖。

面对业绩的压力和挑战，美泰公司依旧积极调整战略，优化产品线，加大市场推广力度，以期在未来的竞争中稳中求进。同时，公司也深知规模的优势并非一劳永逸，只有不断创新、与时俱进，才能在瞬息万变的玩具市场中立于不败之地。因此，美泰公司将继续秉持其核心理念，致力于为全球消费者带来更多优质、有趣的玩具产品。

2.4.3.3　核心优势

美泰公司，作为全球玩具行业的领军者，其成功的秘诀在于多方面的竞争优势。首先，公司拥有众多知名品牌，如芭比、Hot Wheels、Matchbox 等，这些品牌在全球范围内具有极高的知名度和受欢迎度。这些品牌不仅是美泰公司的核心竞争力，也是公司长期稳定发展的基石。通过不断的市场推广和品牌建设，美泰公司的品牌影响力得以持续提升，进一步巩固了其在玩具行业的领先地位。

其次，致力于创新，不断推出新颖、独特的产品，满足消费者的需求是美泰公司的持久目标。公司拥有一支高素质的研发团队，不断研究市场需求和行业趋势，推陈出新，引领潮流。例如，公司开发的可以通过手机 App 控制的玩具车等智能玩具，不仅满足了消费者对于智能化、互动化的需求，也进一步提升了产品的趣味性和吸引力。这种持续的创新能力和市场敏锐度使得美泰公司在竞争激烈的玩具市场中始终保持领先地位。

再次，除了在产品上的创新，美泰公司在全球范围内的分销网络也十分强大。公司在全球范围内拥有广泛的分销网络，可以将其产品分销到各个国家和地区。这种全球化的分销体系使得美泰公司的产品能够迅速覆盖全球市场，进一步提升其市场份额和品牌影响力。与此同时，公司与各大经销商和零售商保持着紧密的合作关系，通过多种销售渠道将产品传递到消费者手中。

最后，美泰公司还与许多全球领先的零售商和科技公司建立了合作伙伴关系。这些合作伙伴不仅为美泰公司提供了一个广阔的销售平台，同时也为其带来了更多的商业机会和资源。通过与合作伙伴的紧密合作，美泰公司能够更好地把握市场动态和消费者需求，从而推出更符合市场需求的产品和服务。这种合作伙伴关系也是美泰公司在竞争激烈的市场中保持竞争优势的重要因素之一。

2.4.3.4　未来规划

美泰公司对未来发展有着明确的规划，旨在进一步扩大其全球影响力，公司将继续深化 IP 驱动战略，不仅掌握大量自有 IP，还与其他知名 IP 展开合作。2022 年，美泰已宣布与尼克儿童的《圣地亚哥的海洋冒险》、梦工厂的《魔发精灵》以及宝可梦等达成合作关系，进一步丰富了产品线并提升了品牌影响力。

IP 战略的成功实施为美泰带来了稳定的业绩增长。公司意识到 IP 的表现对业绩具有至关重要的影响，因此计划通过管理和开发这些强大

IP 资源，稳固现有业绩并寻求新的增长点。2023 年，美泰预计将迎来新的增长点，如迪士尼公主的新系列娃娃、线下乐园的开业以及芭比大电影的上映等。这些项目将进一步推动公司的业务增长和市场份额扩大。

此外，美泰还计划在全球范围内进一步拓展业务，尤其是在亚洲等新兴市场。为了满足不同地区、不同年龄段消费者的需求，美泰不断进行创新并扩大产品线。他们希望通过这些努力，为全球消费者提供更丰富、更优质的娱乐体验。

2.4.4 Hasbro 孩之宝

孩之宝作为一家品牌娱乐公司，旨在为全球儿童和家庭提供全方位沉浸式的娱乐体验。从玩具和游戏，到电视节目、动画片、电子游戏等丰富多彩的授权体验，孩之宝力争让全球消费者从它众多知名而深受喜爱的品牌中获得乐趣，这些品牌包含了国内消费者耳熟能详的变形金刚、小马宝莉、热火、培乐多、万智牌、地产大亨、淘气宝贝和宠物朋友。

2.4.4.1　业务板块

孩之宝公司作为全球领先的玩具和游戏制造商，其业务板块丰富多样，涵盖了从传统玩具到数字娱乐等多个领域。

（1）玩具与游戏

玩具和游戏业务是孩之宝公司的核心业务。公司拥有众多知名品牌，如变形金刚、万智牌、小马宝莉等，这些品牌旗下的玩具和游戏产品种类繁多，包括传统的塑料玩具、电子玩具、桌面游戏等，满足了不同年龄段和兴趣的消费者的需求。美泰公司注重创新和品质，不断推出新的玩具和游戏产品，以满足市场的不断变化和消费者需求的升级。

（2）授权和许可

除了核心业务外，孩之宝公司还积极开展授权和许可业务。通过与其他知名品牌和机构的合作，孩之宝获得了变形金刚、迪士尼公主等 IP

的授权，生产并销售相应的玩具和游戏产品。这些合作使得孩之宝能够利用已有的知名 IP 来快速扩大市场份额，同时也能够借助合作伙伴的力量进一步提升品牌知名度和影响力。

（3）数字娱乐

随着数字技术的发展和消费者对于数字化娱乐的需求增加，数字娱乐业务成为孩之宝公司的重要发展方向。公司的数字娱乐业务包括在线游戏、手机应用、视频等数字内容。这些数字娱乐产品与公司的玩具和游戏业务相互配合，形成了良好的互动效应。通过提供丰富多样的数字娱乐产品，孩之宝公司能够满足消费者对于数字化娱乐的需求，进一步扩大公司的市场份额。

（4）消费品业务

消费品业务也是孩之宝公司重要的业务板块之一。公司的消费品业务涵盖了与玩具和游戏相关的消费产品，如服装、家居用品、饮料等。这些消费品与公司的核心业务密切相关，能够借助公司的品牌影响力和渠道优势迅速占领市场。通过扩展消费品业务，孩之宝公司能够进一步扩大公司的业务范围和市场影响力，提升整体业绩。

2.4.4.2　现状规模

孩之宝公司作为全球玩具和游戏行业的领军者，尽管业绩有所起伏，但依然展现出其品牌实力的雄厚与社会责任感的深厚。自新任 CEO 执掌以来，公司的战略方向发生了显著变化，从泛娱乐化走向了以游戏为主导、品牌轻资产化、全面收缩的新道路。[①] 根据孩之宝近期发布的财报，2023 年，威世智及数字游戏部门成为公司三大板块中唯一实现盈利的部门，其第四季度及全年收入分别达到了 3.63 亿美元（增长 7%）和 14.58 亿美元（增长 10%）。

其中，孩之宝授权 Scopely 开发的《大富翁 GO！》手游表现尤为突

---

① 黄子婧 . 百年孩之宝的变革大计［J］. 中外玩具制造，2023（9）：46–47.

出，其数据表现超越了《宝可梦 GO》和《糖果传奇》等全球热门手游，成为美国历史上最快突破 10 亿美元收入的手机游戏。仅在 2023 年第四季度，这款游戏就为 Scopely 带来了超过 8 亿美元的全球收入。同时，《龙与地下城》卡牌游戏在第四季度和全年的收入也分别实现了 54% 和 76% 的惊人增长，相比之下，《万智牌》全年仅增长 2%。

然而，品牌轻资产化转型的过程中，也伴随着营收的下滑。加之经济大环境的不利影响，公司的业绩承受了较大压力。除了年初和年末的两次大规模裁员外，公司的收入结构也发生了变化。除了对外授权收入有所增加外，其他业务由于涉及业务退出，表现均不尽如人意。

为了优化成本结构并提升效率，孩之宝在 2023 年对供应链进行了深入梳理。据财报透露，至 2023 年末，公司的库存货值从 2022 年末的 6.77 亿美元大幅降至 3.32 亿美元，降幅高达 51%，甚至比 2019 年末还要低 26%。其中，玩具库存减少了 56%，卡牌减少了 30%。这一举措并非简单的清库存行为，而是孩之宝精简产品结构的重要步骤，通过清除冗余和亏损的 SKU（库存单位）来优化产品组合。这些被清除的 SKU 虽然仅占公司收入的 2%，但它们的成本却相当可观。

秉承品牌瘦身、重投核心资产的战略，孩之宝计划在 2024 年将宠物朋友（Furreal Friends）和便捷烤箱（Easy-Bake Oven）等品牌对外授权运营。公司表示，尽管这种模式的转变在短期内可能会对收入产生影响，但长远来看，通过授权可以获得更高的营业利润，并能够将资源更加集中地投入核心品牌的打造，从而实现更大的商业价值。[①]

除了在财务数据上表现出色外，孩之宝在社会责任方面也备受赞誉。根据 3BL Media 的评估，孩之宝荣登百佳企业榜单，这充分证明了公司在可持续发展、企业社会责任和道德规范等方面的卓越表现。此外，公司还荣获了纽约智库机构道德村协会（Ethisphere Institute）颁发

---

① 三大玩具巨头，去年谁最赚钱［EB/OL］.中外玩具网公众号，https://mp.weixin.qq.com/s/ZFoqH1X7CGShiSe3iP0-wg，2024-02-20.

的全球最具商业道德公司奖项，进一步彰显了其在商业道德和合规方面的领先地位。同时，孩之宝还被 Civic 50 评为全球 50 大最具社区意识企业之一，这体现了公司在关注社区发展、积极参与公益事业方面作出的积极贡献。①

2.4.4.3　核心优势

孩之宝公司作为全球领先的玩具和游戏公司，拥有多方面的核心优势，使其在竞争激烈的市场中独占鳌头。强大的品牌影响力是孩之宝的核心优势之一。公司旗下的变形金刚、万智牌、小马宝莉等 IP，不仅在全球范围内拥有广泛的粉丝基础和知名度，而且这些 IP 的影响力已经渗透到了各个年龄段和性别。这些知名 IP 为孩之宝带来了巨大的商业价值和品牌效应，为公司的长期发展奠定了坚实的基础。

与此同时，孩之宝的产品组合极为多元化，涵盖了不同年龄段、不同性别的消费者需求。无论是动作玩具、角色扮演玩具、桌面游戏还是电子游戏，孩之宝都有涉足，并且不断推陈出新。这种多元化的产品策略使得孩之宝能够满足不同消费者的需求，从而进一步巩固了其在市场中的地位。

此外，孩之宝的创新能力强劲。公司拥有一支专业的研发团队，不断探索新的技术和设计理念，致力于为消费者带来更好的产品体验。无论是从产品设计、生产技术还是市场营销方面，孩之宝都展现出了强大的创新能力，确保其在市场中始终保持领先地位。

在全球化的销售网络方面，孩之宝公司在全球范围内与各种零售商、批发商以及电子商务平台建立了紧密的合作关系，能够将产品销售到世界各地。这种全球化的销售网络使得孩之宝能够更好地满足不同国家和地区消费者的需求，进一步提升其市场份额。

---

① 孩之宝公司简介及公司数据来自孩之宝官网：http://www.hasbro.cn/theme。

孩之宝还通过与其他知名品牌和机构的授权与合作，不断扩大其业务范围和影响力。例如，公司与迪士尼、漫威等全球知名品牌和机构合作，推出了众多受欢迎的玩具和游戏产品。这些合作不仅丰富了孩之宝的产品线，还进一步提升了其品牌价值和市场份额。

2.4.4.4　未来规划

孩之宝公司在规划未来发展时，将坚持多元化、全球化和创新化的战略方向，以应对日益复杂多变的市场环境。

全球市场的拓展仍将是公司的重点之一。孩之宝不仅将继续在中国市场精耕细作，更将目光投向其他国际市场。通过与当地合作伙伴的紧密合作，孩之宝将更深入地了解各地消费者的独特需求和消费习惯，从而精准地推出符合他们口味的产品和服务。这种本土化的市场策略将有助于孩之宝在全球范围内进一步拓展其品牌矩阵，为消费者提供更为丰富和全面的产品选择。

在追求市场扩张的同时，孩之宝深知持续创新是保持品牌竞争力的关键。因此，公司将继续在研发和创新上投入大量资源，力求推出更多具有创新性和差异化的产品。这些新产品不仅将在设计和品质上达到行业领先水平，还将紧密贴合消费者的多元化需求，从而有效提升孩之宝在激烈市场竞争中的优势地位。

此外，深化品牌合作也是孩之宝未来规划中的重要一环。公司计划与国际创意工作室 Line Friends 等知名合作伙伴继续深化合作关系，共同开发更多具有市场潜力的 IP 和产品。这种合作模式不仅能够帮助孩之宝拓展品牌的受众群体，还将进一步提升其在全球范围内的知名度和影响力。

在数字化转型方面，面对日益严峻的数字化挑战，公司决定加快数字化转型的步伐，通过引入新技术和创新手段来提升产品的数字化含量。这将使孩之宝能够提供更加智能、个性化的产品和服务，从而更好地满足现代消费者的需求。

在追求商业成功的同时，孩之宝也深知自身肩负的社会责任。因此，公司将把可持续发展作为未来规划的重要组成部分，并致力于减少生产活动对环境的影响。通过采用环保材料和生产方式，孩之宝计划推出更多环保、节能的产品，为消费者提供更加绿色、可持续的消费选择。这不仅有助于提升公司的社会形象，还将为整个玩具行业的可持续发展树立榜样。

2.4.5　Ravensburger 睿偲

创立于 1883 年的 Ravensburger（后文简称"睿偲"），历经三个世纪的洗礼与沉淀，如今已成为全球拼图制造技术的翘楚，其创新的产品线更是赢得了业界的广泛赞誉。作为业界佼佼者，睿偲始终秉持为全球消费者带来多姿多彩的家庭娱乐体验的初心，以"寓教于乐"为核心理念，将教育与娱乐无缝融合，为消费者提供既有教育意义又充满乐趣的产品。在深耕优势品类的同时，睿偲通过收购 BRIO、ThinkFun 等知名品牌，实现了业务范围的迅速扩张。如今，其产品线已不仅仅局限于拼图，更拓展至木制玩具、益智游戏等多个领域，为消费者提供了更为丰富多样的选择。在游戏领域，睿偲同样保持着与时俱进的姿态，不断突破创新，推动自身在快车道上持续前行。

2.4.5.1　业务板块

睿偲在拼图领域稳占领导地位，其产品线不仅涵盖传统的 2D 拼图，更创新推出了 3D 立体拼图，两者均融入多元主题和 IP 合作元素。此外，睿偲还涉足游戏、谜题、儿童玩具等多个领域，凭借丰富的产品线满足不同年龄层和兴趣群体的需求。

（1）拼图产品

针对儿童市场，睿偲采取多 IP 合作策略，拓宽产品玩法。除与影视动漫 IP 如迪士尼、汪汪队立大功等进行合作外，还拓展至体育类 IP 如拜仁慕尼黑俱乐部，以及知名汽车 IP 如兰博基尼、保时捷等，为产品设计注入新的活力。对于 8 岁以上的大龄儿童，睿偲推出 3D 立体拼图，涵盖全球建筑地标、汽车、时尚跑鞋、影视动漫 IP 等多个系列，部分产品还具备收纳功能，旨在锻炼孩子的空间想象力和逻辑思维能力。

成人同样是拼图产品的重要受众。睿偲的成人拼图系列以解压放松为核心，追求科学性与挑战性。通过增加拼块数量和画面难度，打造高难度的"地狱拼图"，满足成人对挑战与趣味的追求。

（2）STEAM 概念玩具系列

睿偲紧跟 STEAM 教育理念的潮流，将德国工程建筑艺术融入玩具设计中，推出 Gravitrax 重力轨道球系列。这款玩具以简单模块和组件为基础，构建出可无限拓展的轨道系统，从简单到复杂，旨在激发和锻炼孩子的创造力、空间想象力和动手能力。自推出以来，Gravitrax 产品广受好评，全球销量已突破 1000 万套。

（3）电子游戏领域的新探索

睿偲积极开拓电子游戏领域，投资棋盘游戏众筹平台 Gamefound。该平台以专业服务为支撑，助力睿偲将创意转化为电子游戏，并面向全球创作者开放。这一举措不仅丰富了睿偲的产品系列，更彰显了其在游戏领域的创新与拓展精神。

2.4.5.2　现状规模

睿偲持续深化产品布局，积极拓宽 IP 联名合作，不断提升产品创新度，并计划强势进军卡牌游戏领域。通过紧密关注市场趋势并持续创新，睿偲在业绩上保持稳定增长。即便在 2020 年疫情严重冲击全球经济的背景下，由于拼图产品的热销，睿偲的业绩不仅未受影响，反而实现了增长。

2022 年，睿偲集团净收入达到 5.98 亿欧元，尽管与 2021 年相比略有下降，但与疫情前的 2019 年相比，整体销售额仍实现了 14% 的增长。特别值得一提的是，拼图产品的销量比疫情前高出 27%，充分证明了睿偲在拼图领域的强大市场影响力。此外，在美国和加拿大等地区，以木制火车闻名的 Brio 品牌也取得了显著的市场增长，增长率高达 8%，进一步巩固了睿偲在全球玩具市场的领先地位。

2.4.5.3　核心优势

睿偲公司以其独特的拼图技术和卓越的制造实力，不仅是全球最大的拼图制造商之一，更在玩具市场中塑造了自身独特的核心优势。其创新的 2D 和 3D 拼图体验为用户带来无与伦比的娱乐乐趣，展现了对拼图技术的独到理解和领导地位。

除了技术上的卓越，睿偲通过多元化战略的灵活实施，成功地将业务范围扩展至游戏、谜题、儿童玩具等多个领域。这使得睿偲不仅仅是一家拼图制造商，更是一个提供全方位娱乐选择的综合性玩具公司。这种多元化战略使得公司能够满足不同消费者群体的需求，增强了市场竞争力。

值得一提的是，睿偲通过与知名 IP 的紧密合作，不仅拓展了产品主题，更在市场上建立了强大的品牌形象。与迪士尼、华纳兄弟等知名 IP 的合作为睿偲注入了更多创意和吸引力。这种战略性的合作为其品牌带来了更广泛的认知度和深厚的品牌忠诚度。

相较于其他公司，睿偲在技术创新、多元化战略实施以及与知名 IP 的合作上都展现出独特的优势。这使得睿偲不仅在拼图领域占据领先地位，同时在整个玩具市场中建立了强大而多元化的竞争优势。这种全方位的核心优势，使得睿偲得以在不同市场环境中保持稳定增长，并赢得了广泛的用户信任与喜爱。

2.4.5.4　未来规划

睿偲正积极推进其国际化战略，深耕全球市场，特别是在欧洲、亚洲和美洲等关键地区进行全面布局。在国际业务方面，公司取得了显著成就，特别是通过 2022 年收购斯洛伐克的 Designwood 公司，进一步巩固了其在欧洲市场的领导地位。此次战略收购不仅扩大了公司的生产规模，还提升了内部生产比例，增强了对外部供应商的自主性，彰显出睿偲在全球市场迅速扩张业务的坚定决心。

在新兴市场方面，睿偲积极布局，成功在韩国推出 GraviTrax 品牌，并计划在墨西哥建立自营销售公司，展现了公司对多元市场的敏锐洞察和积极态度。特别是在中国市场，公司于 2021 年设立全资子公司，横跨拼图、套装玩具、拼搭和游戏产品等多个领域，通过抖音、小红书等渠道与中国消费者建立紧密互动，为旗下品牌量身定制专属内容，为中国市场带来了丰富多样的产品体验。

在品牌建设和产品本地化方面，睿偲计划在中国市场进一步加大推广力度。公司将针对不同年龄段的消费群体进行精准整合，推广适合各个年龄层次的产品线，实现消费链路的有机衔接。同时，公司还将对现有产品进行巧妙的本地化改造，逐步引入拼图、套装玩具和益智游戏等产品，以满足中国消费者的多样化需求。此外，公司还将拓展儿童教育书籍等新领域，结合中国国潮、国漫元素，推出独具艺术文创创新的产品，展现了中国文化的独特魅力。

展望未来，睿偲还将深化与其他品牌的合作，共同推出跨界联名新品，并与母婴品牌、潮牌等展开各类引人注目的营销活动，以进一步提升在中国市场的品牌影响力。这一全面而有序的战略布局为睿偲在国际市场的长远发展奠定了坚实基础，展现了公司对未来发展的坚定信心。[①]

2.4.6 Spin Master 斯平玛斯特

Spin Master（后文简称"斯平玛斯特"），自 1994 年创立以来，始终坚守着为孩子创造欢乐时光的初心，以打造顶尖玩具为己任。这家总

---

① 德国百年品牌 Ravensburger 睿偲发力中国市场，以国潮引领产品本地化［EB/OL］.中国玩具和婴童用品协会，https://www.wjyt-china.org/qiye/104658.html，2021-08-09.

部位于加拿大的全球化集团，旗下拥有多个备受欢迎的玩具与娱乐品牌，诸如深受喜爱的 PAW Patrol、Bakugan Battle Brawlers、Zoomer Dino，以及最新纳入麾下的 Etch A Sketch 等。不仅如此，斯平玛斯特还拥有一个充满活力和潜力的电视和媒体部门，进一步丰富了其业务版图。如今，斯平玛斯特已稳坐全球玩具市场的第四大巨头之位，致力于不断推出令人惊艳的产品，挑战并颠覆传统玩具市场的格局，为消费者带来前所未有的体验。

2.4.6.1　业务板块

斯平玛斯特精心构建了以玩具业务为核心，辅以媒体与娱乐以及电子游戏的三大业务板块，三者相辅相成，共同铸就了公司多元化且强大的业务体系。

（1）玩具产品

玩具板块作为公司的业务基石和盈利支柱，为品牌的建设与创新提供了坚实的支撑。通过不断创新，斯平玛斯特成功推出了众多引领市场潮流的玩具产品，包括创新玩具、学前玩具和益智玩具等，这些产品在全球市场均取得了显著的市场份额。尤其是学前类玩具，《汪汪队立大功》系列更是在全球范围内取得了非凡的成功。

（2）媒体与娱乐

媒体与娱乐板块致力于为公司旗下的长青品牌注入丰富内容，将其打造成为跨平台的热门 IP，为后续的授权等商业化运作铺平道路。通过与内部工作室和外部创作者的紧密合作，斯平玛斯特成功创造和制作了大量引人入胜的多平台内容，包括备受欢迎的学龄前特许经营权 PAW Patrol 以及其他原创节目、短片系列和故事片。这些内容不仅实现了从儿童内容到产品的有效转化，更推动了品牌的全面发展。

值得一提的是，斯平玛斯特是影视化趋势的受益者之一。其代表作《汪汪队立大功 2：超能大冒险》在 2024 年暑期档上映后，全球票房已突破 1.7 亿美元，超越了首部大电影的成绩。电影的火爆效应也带动了该 IP 产品的需求飙升。2024 年早些时候，斯平玛斯特进一步扩展了"汪汪队立大功"宇宙，推出了首部衍生影视内容作品《Rubble & Crew》，自推出以来便稳居美国尼克儿童频道 2~5 岁儿童系列节目的前五名，继续巩固了《汪汪队立大功》在学龄前儿童观看时间中的领先地位。

（3）数字游戏

在数字游戏领域，斯平玛斯特通过战略投资和收购，成功占据了市场的一席之地。以 Toca Boca® 和 Sago Mini® 等品牌为基础，公司致力于在数字环境中提供开放式和创造性的游戏以及教育游戏，为儿童带来全新的互动体验。

2.4.6.2　现状规模

如表 2-8 所示，斯平玛斯特在 2023 年全年实现了 15.41 亿美元的收入，其中玩具业务贡献了约 80% 的营收，而娱乐与授权、数字游戏则占据了剩余的 20%。尽管第四季度的业绩在一定程度上弥补了前三季度的损失，但整体来看，斯平玛斯特在 2023 年的净销售额并未实现同比正增长。从季度数据来看，2023 年第四季度，娱乐板块收入显著增长，增幅高达 76.9%，数字游戏板块也实现了 7.1% 的增长，而玩具板块的增长相对平缓，仅为 2.5%。全年来看，玩具板块整体业绩下滑，下降了 11.3%，而娱乐板块和数字游戏板块则分别实现了 60.0% 和 6.1% 的强劲增长。

表 2-8　　　　　　2023 年斯平玛斯特三大业务板块收入

单位：亿美元

业务板块	2023 年第四季度	2023 年全年
玩具	4.07（+2.5%）	15.41（-11.3%）
娱乐	0.55（+76.9%）	1.9（+60%）
数字游戏	0.41（+7.1%）	1.74（+6.1%）

资料来源：根据中外玩具网数据整理。

值得一提的是，斯平玛斯特的媒体与娱乐业务自"爆丸"项目以来便持续保持增长势头，而数字游戏板块则自 2016 年起开始崭露头角，并在近年来逐步加强其市场地位。为了进一步展示数字游戏业务的潜力和未来发展规划，斯平玛斯特于 2023 年 8 月底特别召开了一场以数字游戏业务板块为主题的投资者大会，向投资者们详细阐述了其未来发展蓝图。[①]

2.4.6.3　核心优势

斯平玛斯特，凭借精准的战略布局和卓越的执行力，成功稳固了市场领导者的地位，其发展历程璀璨夺目，凸显出多重核心优势，塑造出多元化的典范。

公司始终坚守创新之道，以持续的创新作为发展的基石。通过引入新颖独特的玩具概念、与知名 IP 的紧密合作以及数字游戏的不断发展，斯平玛斯特在市场竞争中保持着敏锐和活力。这种创新不仅体现在产品设计的创新上，更深入娱乐领域的创新，使公司能够精准捕捉不同年龄层和兴趣群体的需求，展现出对市场的深刻洞察。

此外，斯平玛斯特在全球娱乐产业的广泛布局也是其亮点之一。公司成功打造了一系列备受欢迎的 IP，如"汪汪队立大功"和 DC 漫画等，通过深度开发这些 IP，提升了品牌知名度，推动了相关产品的销售。公司业务的多元化，包括媒体运作、IP 经营和动画制作等多个方面，共同发力，为公司在市场上构建了多维度的竞争优势，树立了更加丰满的品牌形象。

国际市场的精准拓展是斯平玛斯特全球崛起的关键一步。公司的国际销售网络覆盖 190 多个国家和地区，全球化战略的实施不仅提升了市场份额，也增强了斯平玛斯特的全球适应能力，使其能够更好地应对多元文化的挑战。同时，公司还通过战略性增值收购，进一步丰富了产品

---

① 三大玩具巨头，去年谁最赚钱［EB/OL］.中外玩具网公众号，https://mp.weixin.qq.com/s/ZFoq H1X7CGShiSe3iP0-wg，2024-02-20.

线和业务领域，展现了强大的市场竞争实力。

综上所述，斯平玛斯特以创新、多元化、国际化和战略性收购为核心优势，凭借前瞻的战略眼光和力的执行力，引领着市场潮流，为整个行业树立了可持续发展的典范。在不断追求卓越、突破自我的征途中，斯平玛斯特为全球孩子们带来了更多的欢笑与创意。

2.4.6.4 未来发展

斯平玛斯特，在创新与多元化战略的指引下，正积极展望未来，通过一系列战略性举措，力求稳固其在儿童娱乐行业的卓越地位。为此，公司特别设立了斯平玛斯特 Ventures（SMV）部门，专注于通过战略性的少数股权投资，助推公司三大创意中心（玩具、娱乐和数字游戏）的蓬勃发展。这一战略举措凸显了公司对多元化业务的重视，通过投资加速了核心业务的增长，为未来的创新之路奠定了坚实基础。

玩具板块作为斯平玛斯特业务的坚实支柱，公司不仅致力于深化自有 IP 的运营，更积极拓展新的合作伙伴关系。通过成功推广"汪汪队立大功"和 Mighty Express 等自有 IP，斯平玛斯特不仅提升了品牌在全球市场的知名度，也取得了显著的经济收益。此外，公司与 Feld Entertainment 公司携手合作，共同开发越野摩托车大赛 Supercross 系列玩具，进一步丰富了产品线，增强了市场竞争力。近期，公司还高价收购了学龄前品牌 Melissa & Doug，并将其融入学龄前板块，旨在丰富产品线，进一步提升品牌影响力。

斯平玛斯特将娱乐板块作为发展的重要组成部分，不断推动成功 IP 的续作，同时加强与知名 IP 的合作。以《汪汪队立大功：大电影》为例，该影片的成功为公司赢得了良好的口碑和市场反响。鉴于其广泛受欢迎的程度，公司决定与 Nickelodeon 电影公司携手合作，启动该影片的续集制作。此外，《魔法独角兽学院》和《维达小兽医》等新 IP 影片推出，将为公司的娱乐产品线注入新的活力，吸引更广泛的受众群体。

在数字游戏领域，斯平玛斯特同样展现出强劲的发展势头。通过早年间收购的 Toca Boca 和 Sago Mini 等公司，斯平玛斯特成功地将儿童娱乐与数字游戏相融合，取得了显著的回报。目前，斯平玛斯特积极与热门游戏展开合作，拓展业务领域。与 Riot Games 公司的合作，使公司成为《英雄联盟》的全球玩具开发商，进一步巩固了其在游戏玩具市场的领先地位。此外，公司也在数字游戏领域有所建树，收购了 Toca Boca 和 Sago Mini 等公司，并计划推出首款由新成立的游戏工作室 Noid 研发的游戏，进一步推动数字游戏业务的增长。

综上所述，斯平玛斯特通过深化自有 IP 的运营、拓展新的合作伙伴关系以及不断推出创新的产品和内容，将继续保持其在玩具、娱乐和游戏领域的领先地位。展望未来，公司将以创新和多元化为驱动力，不断为全球儿童带来更多欢乐与创意。[①]

2.5　澄海玩具产业的发展

2.5.1　澄海玩具产业发展历程

澄海玩具产业的形成和发展，经历了一个艰苦创业的过程，一个不断创新和发展的过程。自起步至趋于成熟共经历了六个阶段。

第一阶段：创业起步时期（1979~1985 年）。

这一时期，澄海县借改革开放的春风，冲破旧体制的束缚，利用深厚的工艺玩具基础，以"三来一补"为突破口，推动玩具业的起步和发展。城镇二轻或农村社队的集体工艺厂调整经营策略，主营或者兼营玩

---

① 资本 | 玩具巨头 Spin Master 继续扩张，9.5 亿美元收购儿童玩具品牌 Melissa & Doug [EB/OL]，https://www.msn.cn/zh-cn/news/other/%E8%B5%84%E6%9C%AC%E4%B8%A8%E7%8E%A9%E5%85%B7%E5%B7%A8%E5%A4%B4spin-master%E7%BB%A7%E7%BB%AD%E6%89%A9%E5%BC%A0-95%E4%BA%BF%E7%BE%8E%E5%85%83%E6%94%B6%E8%B4%AD%E5%84%BF%E7%AB%A5%E7%8E%A9%E5%85%B7%E5%93%81%E7%89%8Cmelissa-doug/ar-AA1iJjdH，2023-10-24.

具产品。

据 1984 年 8 月城关镇调查，澄海县城乡塑料玩具作坊 220 家，平均每户有 1.5 台手动塑料机，每月开工 15 天，每年销售收入 4 万元。1985 年全县玩具厂作坊 406 家，从业近万人，当年玩具总产值 3600 万元，其中布绒玩具、塑料玩具及其他玩具各占 1/3。但是，这一阶段澄海玩具业在社会上尚未获得广泛认同和引起足够重视。人们在观念上仍认为玩具不涉及国计民生，又是赚小孩子的钱，生产玩具属于"小把戏"。很多玩具经营者不愿意说自己在"做玩具"，而喜欢称为"做工艺"；生产塑料玩具的则自称"做塑料"。工商登记时，企业名称不愿加上"玩具"两字，至 1985 年全县企业注册登记时，企业名称冠以"玩具"两字的仅有 3 家。

第二阶段：滚动发展时期（1986~1995 年）。

这一时期，澄海抓住国内外市场玩具需求量扩大的契机，以塑料玩具为重点，通过引进先进设备，应用电子技术创制新产品，逐步实现玩具产品电动电子化。各级党委和政府在领导经济建设上因地制宜，扬长避短，毅然放弃那些没有竞争优势，或者在人才、技术、资金、能源等方面难以承受的行业，把玩具作为重点发展行业，给予政策引导和支持。生产玩具的个体专业户在 20 世纪 90 年代中期装配车间越来越多，城乡家庭作坊星罗棋布，出现了一批专业村和专业镇。

1993 年起，个体专业户开始成批注册为私营工厂或有限公司，逐渐成为玩具业主体。新办玩具厂家数量众多，在给企业起商号时要避免与其他企业同名还要颇费脑筋。1995 年，澄海玩具礼品生产单位近 1000 家，从业近两万人。工业产值首次突破 10 亿元，其中塑料玩具 59890 万、布绒玩具 44985 万元、金属玩具 190 万元、木制玩具 35 万元、扑克 227 万元。玩具产品出口额 7200 万美元，占全县出口总额的 27%。翌年玩具工业产值超越其他工业行业，在全县工业行业中居于首位，成为澄海第一支柱产业。全社会开始转变思想观念，逐步认识玩具的属性和功能，把玩具产业视为一项重要产业。人们理直气壮"说玩具"，"做玩具"，"卖玩具"。

第三阶段：产业集群形成时期（1996~2004 年）。

自 1996 年起，澄海玩具礼品业以星火燎原之势迅猛发展。从城区 3 个街道到各镇，均有一批行政村成为玩具专业村，有部分镇还将众多专业村联结成为玩具专业镇。2000 年 6 月，凤翔和澄华两个街道分别被汕头市人民政府认定为"玩具专业镇"，广益街道的埔美、澄华街道的西门社区分别被认定为汕头市"塑料玩具专业村"。同年 11 月凤翔街道还被广东省人民政府认定为全省唯一的"玩具专业镇"。当年，澄海玩具礼品生产及配套单位达 2000 多家，从业人员 10 万多人，固定资产 20 多亿元。生产厂家之多，品种之多，产量之大，在全国屈指可数，成为国内外闻名的生产和出口基地。

这一时期，澄海玩具礼品业逐步形成社会化分工、专业化协作的产业集群。企业经营规模不断壮大，城乡出现一批厂房一万平方米以上，用工 1000 人以上的较大型企业，并且构成以大企业为主导，大中小微型企业既合作又竞争的格局。2003 年 4 月，中国轻工业联合会授予澄海区"中国玩具礼品城"的称号。2004 年经普查，澄海玩具礼品制造企业 447 家，人数 3.58 万人，工业产值 37.59 亿元；个体工业户 2600 多个，人数 6 万多人，工业产值 63 亿多元。玩具工业产值占澄海工业总产值的 34.06%，为澄海最大最有特色的工业支柱。

第四阶段：产业转型升级时期（2005~2014 年）。

自 2005 年开始，澄海玩具业面临一个重要的转型阶段。玩具企业普遍感受到来自各个方面的压力，面临国内外对玩具产品质量安全要求越来越严格、人力成本越来越高、招工越来越难、原材料价格年年上涨、人民币升值等问题。从 2012 年的"3·15"开始，很多地区还在诟病澄海的劣质玩具时，相关管理部门对澄海玩具从终端到中间渠道再到厂家的各个环节加大了质量管理的力度。

澄海从地方党政、玩具界到玩具企业，审时度势，进一步优化产业结构，创新品牌，提升产品质量，努力在玩具业的转型升级上下功夫。2005 年 10 月，澄海区被广东省科学技术厅确认为"广东省火炬计划澄海玩具设计与制造特色产业基地"。同年 11 月，经广东省人民政府产业集群发展联席会议研究确定，澄海区为首批"广东省玩具礼品产业集群升级示范区"。次年 7 月澄海区人民政府专门制定和印发了有关创建广东省玩具礼品产业集群升级示范区的工作方案，大力推进玩具礼品产业集群转型升级的各项措施，使玩具业继续保持快速发展的势头。

2008 年金融海啸席卷全球，给整个中国制造业带来前所未有的挑战。玩具首当其冲，金融海啸最为肆虐的 2009 年初，中国玩具出口量下降了 13.8%。很多地区玩具企业订单锐减，甚至停产。但是澄海玩具却一枝独秀，呈现内外销售两旺的局面。第一季度出口 9184 万美元，同比增幅达 43.9%。逆势飞扬的澄海玩具，在中国乃至世界玩具界引发轰动效应。2009 年 4 月，中共中央宣传部、工业和信息化部组织新华社、《人民日报》、中央电视台、《经济日报》等 10 多家国内主流媒体组成新闻采访团，到澄海采访和报道。新华社发出《以自主品牌战略在金融危机中逆势飞扬——汕头玩具：竞争对手送来订单》的稿件，全方位、多角度报道了澄海玩具礼品业依靠自主创新，发展自有品牌，抵御国际金融危机的做法。中央电视台播出题为《汕头澄海：重研发创品牌小玩具闯出大市场》的报道。《经济日报》刊登题为《产品出口逆势上扬——广东澄海玩具产销两旺》的消息，并发表题为《为发展自主品牌鼓实劲》的评论文章。《工人日报》刊登题为《澄海品牌玩具逆势突围》的通讯，并发表题为《他们因何异军突起？》的评论文章。《科技日报》刊登题为《汕头澄海玩具出口逆势飞扬》的通讯，并发表题为《玩出的哲学》的评论文章。《光明日报》刊登题为《广东汕头：澄海制造玩具出口不减反增》的消息。《南方日报》刊登题为《澄海玩具打动漫牌首季出口额劲增五成》的消息。《消费日报》连续 3 天在头版头条位置推出澄海玩具系列报道。"澄海玩具"这个集体商标，频频出现在各大媒体、各大展会和各大广告招牌上。

2009~2012 年，澄海玩具礼品行业产值年均递增 14.5%。2012 年澄海从事玩具及其配套生产和经营的单位有约 5000 家，从业人员超过 15 万人。玩具礼品业产值 272 亿元，占全区工业总产值的 40.2%。70% 的产品出口，出口额为 21.5 亿美元，占全区出口额的 70%。玩具行业创税收利润约 45 亿元。2013 年澄海区被中国轻工联合会命名为"中国玩具礼品之都"。

第五阶段：产业数字化新纪元时期（2015~2020 年）。

历经三十多年的雄厚积淀和不断创新，澄海玩具产业供应链更加完备，互联网配套设施也渐趋成熟，玩具产业进入了转型升级时期。在这一时期下，澄海玩具企业家开始思考将玩具与游戏、动漫文化等因素结合的可行性，并进行了进一步的探索，澄海玩具产业推出全新的战略布局。

玩具协会牵头强化产业链和供应链协同，开始发展跨界融合新业态，衍生出"玩具 + 文化旅游""玩具 + IP 及衍生品""玩具 + 数字创意""玩具 + 智能制造"等产业。产业向数据化、智能化、网络化方向延伸拓展，推动新一代信息技术与传统产业深度融合，开展智能工厂、数字化车间、大数据营销、智能化产品研发、数字化协同平台开发等全链条数字化运营的培育建设，全方位注入数字化基因，剑指玩具产业链多元化突破，用数据驱动研发生产、链条整合、商业模式创新，开启数字化新纪元。如奥飞动漫、星辉娱乐、小白龙、汇丰泰、德馨童娱等知名的玩具企业也在这一时期迅速成长起来，成为澄海甚至是全国知名的优秀企业。

与此同时，部分创二代已接过帅印，为澄海玩具产业数字化转型提供了内生动力，澄海玩具这一特色产业迎来大数据发展的全新机遇。这个阶段最突出的特点是：智能 + 泛娱乐的高度应用，数据互联构建玩具智能制造，数字打通多维度销售渠道，智慧园区集群融合发展。

第六阶段：产业高质量发展期（2021年至今）。

在近五年的时间里，澄海玩具产业经历了显著的变革和进步。面对新的发展格局，澄海玩具产业作为特色传统产业，积极应对调整产业布局、实现高端发展的挑战。

为了推动产业的高质量发展，澄海玩具产业探索出了两大发展路径。首先，积极推进工艺玩具与数字创业的结合，开创跨界竞合的新业态。这一举措有助于提升玩具产业的创新能力和市场竞争力。其次，着力培育"玩具＋文化旅游""玩具＋IP衍生品""玩具＋数字创意"以及"玩具＋智能生产"等新模式，进一步拓展了玩具产业的增值空间和商业模式。

随着澄海玩具产业的持续发展，玩具企业家们对玩具IP的发展越发重视。在这一背景下，澄海玩具协会IP创意专委会应运而生，专注于为企业提供IP服务，解决发展中的难题。专委会以"澄海玩具创意产业高质量发展及相关政策指引"为出发点，努力构建IP版权方与本地企业的合作桥梁，提升澄海玩具在IP创造方面的服务能力。这不仅有助于吸引更多国内外客商，还能提升澄海玩具品牌的综合竞争力。

为了进一步推动澄海玩具产业的高质量发展，澄海玩具企业家们对IP衍生品展馆进行了规划，并策划了IP主题展会及论坛。2023年4月1日，第22届中国汕头（澄海）国际玩具礼品博览会在汕头博览中心成功举办，成为新冠疫情后的一次空前盛会，获得了广泛关注和好评。这一盛会的成功举办，为澄海玩具企业家注入了强大的信心。

随着政府政策的支持和产业发展趋势的向好，澄海玩具产业正迎来IP文化产业的大时代。澄海正加速推进玩具产业与游戏、动漫文化的创意融合，走向高端化、品牌化、智能化的发展道路。政府鼓励企业加大产品研发投入，实现全产业链的覆盖与转型升级。这一系列举措将进一步推动澄海玩具产业的创新发展和市场拓展，为其在全球玩具市场中的竞争提供有力支持。

2.5.2　澄海玩具品类概况

澄海人具有超凡的创造力和想象力，在玩具制造中发挥得淋漓尽致。有人说，"只要大千世界有的，在澄海玩具王国里就一定有"。澄海生产的玩具种类繁多，更新换代快，常年生产的玩具礼品有 5 万余种。

澄海，作为享誉海内外的玩具礼品生产出口基地，其玩具品类之丰富，堪称行业翘楚。玩具的艺术造型跨越时空，古今中外的元素在此交相辉映，无论是栩栩如生的人物、动植物形象，还是生动有趣的动态玩具，都展现出澄海玩具设计师们的匠心独运。硬体玩具与软体玩具的巧妙结合，更是体现了玩具艺术的多元与包容。随着现代科技的飞速发展，澄海玩具制造也紧跟时代步伐，不断融入高科技元素。电子技术、数码技术、网络技术的广泛应用，使得玩具产品功能不断扩展，集声、光、电一体的无线电遥控玩具成为市场新宠。这些高科技玩具不仅具有娱乐性，更具备认知启智、竞技健身等多重功能，满足了消费者的多样化需求。澄海玩具以其品类丰富、品质上乘、科技含量高、材料选择广泛等特点，赢得了国内外市场的广泛赞誉。这里生产的玩具不仅满足了消费者的多样化需求，更推动了澄海经济的持续增长，让澄海成为名副其实的"中国玩具礼品之都"。

在这些琳琅满目的玩具品类中，澄海尤以生产塑料玩具为主，占据全国近 50% 的市场份额，[①]澄海塑料玩具的升级发展有着一段悠长的历史。20 世纪 70 年代，澄海塑料业迎来了一段迅猛发展的时期。澄海人民在不懈的实践中发现，塑料因其卓越的可塑性，能够充分满足高档且复杂玩具的制作需求。鉴于此，塑料原料在澄海玩具制造业中得以广泛应用，市面上涌现出形态各异的塑料玩具。随着澄海塑料玩具生产规模的不断扩大，1975 年，澄海县在编制二轻工业发展规划（1976~1980 年）

---

① 澄海玩具产量占全国半壁江山［EB/OL］.澎湃新闻，https://www.thepaper.cn/news Detail_forward_19829011，2022-09-08.

时，明确将塑料玩具列为重点发展项目。到了 20 世纪 80 年代初，澄海塑料业继续保持强劲的发展势头。1985 年，经过工商登记的塑料生产企业数量激增至 291 家，从业人员达到 7583 人。中山北路，紧邻澄海汽车站的地带，更是汇聚了 40 余家样品铺，形成了塑料玩具的代销中心，吸引了港台新闻媒体的广泛关注，澄海县因此被誉为"塑料城"。进入 90 年代，澄海玩具产业再次迎来革命性的突破。塑料玩具从单一的电动驱动，逐渐发展为遥控玩具。孩子们不再只是简单地操作开关，而是能够通过遥控器，随心所欲地控制玩具的行动。这一变革不仅让玩具的互动性和趣味性大幅提升，也为澄海玩具业开辟了新的市场。而到了 21 世纪初期，随着人工智能技术的崛起，澄海玩具产业再次走在了创新的前沿。遥控玩具逐渐演变为智能化玩具，这些玩具能够识别简单的指令，甚至能够与孩子进行简单的对话和互动。智能化玩具的出现，不仅让孩子们在玩耍中获得了更多的乐趣和启发，也为澄海玩具业注入了新的活力。因此，从静态玩具转变为电动玩具，再进一步发展为遥控玩具抑或智能玩具，塑料始终是制作玩具的主要原料。而塑料制品业也始终将玩具作为其核心产品，不断推动澄海玩具产业的繁荣与发展。

澄海，这片土地孕育了无数玩具产业的传奇，其超凡的创造力和想象力在玩具制造中得以完美展现。而澄海玩具的品类之丰富，更是让人叹为观止，常年生产的玩具礼品高达 5 万余种，真正实现了"大千世界，澄海玩具皆有"的盛誉。可以说，澄海玩具以其品类丰富、品质上乘、科技含量高、材料选择广泛等特点，赢得了国内外市场的广泛赞誉，也为澄海经济的持续增长注入了强大动力。在这片充满创意与活力的土地上，澄海玩具产业将继续书写辉煌篇章，让"中国玩具礼品之都"的美誉更加熠熠生辉。

2.5.3　澄海玩具产业配套

玩具礼品业在澄海这片土地上得以蓬勃发展，其根源在于澄海所独具的活力四射的"产业生态环境"。澄海玩具业的起步和壮大，得益于本地原有电子、机械、五金、橡胶、纺织、工艺美术及印刷包装等工业基础坚实的物质和技术支撑，这些原有行业不仅找到了新的发展方向，而且逐渐向玩具配套领域汇聚，形成了一个互补互助的产业生态系统。

在玩具业初露锋芒之际，多数家庭作坊受限于场地、技术和资金，难以独立完成产品的全线生产。因此，玩具制造厂家与配件加工厂家之间形成了既分工又合作的紧密关系，供、产、销的各个环节也逐渐形成了分工合作的清晰格局。即便是结构简单的静态塑胶玩具，也有专门的注塑机加工厂和配件修剪厂为其提供服务，还有专业工厂负责产品的喷漆和电镀。

随着玩具业的持续发展，澄海城乡涌现出众多为玩具生产提供配套服务的经营机构。实力日渐增强的玩具生产厂家，将更多精力集中于终端产品的制造，而将零配件的生产任务交由专业的配件厂家完成。这些配件厂家专注于制造各种规格型号的玩具通用配件，为终端产品生产厂家提供了丰富的选择。在产品销售方面，澄海通过建设塑料城、展览中心和商贸物流城等重大项目，为玩具产业的内销和出口创造了极为有利的条件。1985 年，澄海在中山北路一带聚集的 40 多家塑料玩具样品铺，便是早期玩具产业内销的雏形。随后，为解决销售场地狭窄、装卸不便等问题，澄海政府支持下的澄海塑料城于 1997 年建成，总投资为 3400万元，用地面积为 50 亩，建筑面积为 3.8 万平方米。场内设置 20 幢行列式铺间（连二层），经营档口 474 个，三层以上为写字楼共 48 套。另外配备仓储、货运、装卸、邮电、银行和信息等各项服务设施。该城为粤东地区规模最大的塑料玩具批发市场，购销的塑料玩具品种日新月异，常年保持在 10 万种以上，常年成交额达 10 亿元，极大地促进了玩具产品的销售。此外，澄海市产品展销中心（后改称为"澄海区展览中心"）和 365 玩具总汇博览馆的建立，进一步扩大了澄海玩具的市场影响力，为玩具企业提供了展示和交易的平台。

玩具业的发展所产生的强大吸引力，不仅吸引了澄海本地的电子、机械、五金制品和印刷包装等企业纷纷加入玩具配套行列，还吸引了国内众多配套企业和专业人才前来加盟，甚至赢得了国际知名公司的青睐与合作。澄海玩具产业逐步建立起一个完整且高效的分工协作体系，涵盖了从玩具构思设计、模具制作、原辅材料供应、机械设备制造、零配件供应、产品组装、印刷包装，到运输、贸易和商务服务的全产业链。以运输方面为例，澄海国际玩具商贸物流城的建设更是展示了澄海如何通过配套设施的建设来促进玩具产业的发展。该物流城的规划和建设，是澄海区与广东宝奥现代物流投资有限公司合作的成果，旨在为玩具及相关行业提供全面的物流与贸易服务。这个项目的总投资额达到21亿元人民币，占地面积达到674亩，建筑面积高达90万平方米。通过这样的规模建设，澄海不仅大幅度提升了其物流服务能力，还为玩具企业提供了原辅料商贸区、成品商贸区、会展商务区等多元化的商贸服务设施，极大地促进了玩具产业链的高效运作和国际竞争力的提升。

有评论指出："在澄海，一件玩具从最初的研究开发到最终成品出货，所有环节都能在这里得到解决。""无论是一部大型设备，还是一个小小的螺丝，只需一个电话，便有人送货上门。"在这个产业链中，每家企业都是不可或缺的一环，各行业之间紧密相连，相互信任，互惠互利，配合得十分默契。这种专业化的分工与社会化的协作体系，使得澄海玩具业能够迅速跟上国际行业的潮流变化，迈向更高的发展层次。

第3章

玩具行业价值链分析

本章首先主要从玩具行业中的"微笑曲线"出发，对玩具行业上中下游企业所承担的角色进行分析；其次，以"迪士尼模式"和"万代模式"为切入口，分析两种经典模式的发展历程以及各自在玩具产业价值链中的分布；最后，通过对上述玩具行业价值链的剖析，梳理澄海玩具企业在玩具行业价值链中的产业聚集与协同发展，引出澄海玩具产业转型升级的方向。

3.1 玩具产业的"微笑曲线"

3.1.1 "微笑曲线"

玩具产业是指以玩具产品为经营对象的所有配套支撑企业的集合，包括玩具品牌运营、玩具研发设计、玩具制造、玩具物流运输、玩具零售等各细分子行业。对现代产业价值链的研究表明，产业链利润一般呈现"U"字形的走势，即所谓的微笑曲线（见图3-1）。

微笑曲线的左端即上游企业，指玩具产品的研发设计，附加值从左至右逐渐走低；曲线的中段，即最低位置为玩具制造企业，包括原材料采购和生产制造，属于附加值的低位；右端则是下游企业，指玩具的品牌营销，附加值从右至左逐渐走低。而微笑曲线中的上游、中游及下游企业共同构筑成一条完整的玩具行业产业链。① 为进一步帮助读者加深对玩具产业链的了解，后文对玩具产业链的上中下游企业进行了详细的介绍（见图 3-2）。

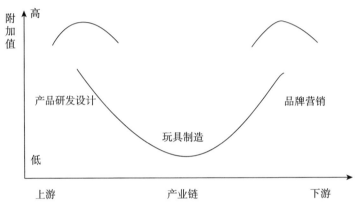

图 3-1　微笑曲线示意图

资料来源：由作者团队绘制而得。

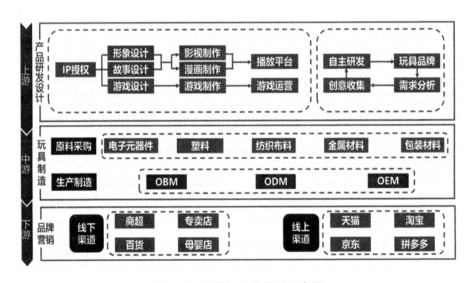

图 3-2　玩具行业价值链示意图

资料来源：头豹研究院、无风证券研究所。

---

① 研究报告：中国玩具行业的微笑曲线［EB/OL］.经济观察网，http://www.eeo.com.cn/2011/ 0622/204411.shtml，2011-06-22.

3.1.2　玩具产业价值链

玩具产业链的上游为产品的研发设计，分为获取 IP 授权以及自主研发两条路径。在 IP 授权上，玩具企业通过获得各玩具品牌的 IP 授权，对玩具 IP 进行形象、故事、游戏三方面的设计，玩具 IP 的形象以及故事设计完成后，可以用于影视与漫画制作，进而投放到播放平台上进行产出；而游戏设计完成后，玩具企业也可以通过设计完成的玩具 IP 进行游戏制作，之后进行游戏运营获取盈利。在自主研发上，企业通过自主研发形成自营的玩具品牌，再根据品牌所对应的细分市场进行需求分析，进行更多的灵感创意收集，进一步优化改进原创品牌，同时研发更多新品牌，以此进入良性产业循环。

玩具产业链的中游由玩具制造企业以及原材料供应商组成。原材料供应囊括的行业主要为五金行业、电子配件行业、包装行业、塑料行业等，包括电子元器件、塑料、纺织布料、金属材料以及包装材料等原材料，这些供应商所提供原材料，是玩具制造的基础。

而玩具生产制造企业则专注于玩具的生产加工，负责将原材料转化为最终的玩具产品，主要分为 OEM（原始设备制造商）、ODM（原始设计制造商）以及 OBM（原始品牌制造商）三种模式。其中，OEM 模式是指企业作为原始设备制造商，为其他品牌客户提供产品制造服务，但并不自主拥有品牌，在这种模式下，企业仅负责产品的制造和组装，不涉及产品的研发和设计；ODM 模式是指企业作为原始设计制造商，为其他品牌客户提供产品设计制造服务，但并不自主拥有品牌，在这种模式下，企业可以为客户提供定制化的产品设计制造服务，但产品品牌仍归客户所有；而 OBM 模式是指企业自主创建品牌，通过自行设计、生产、销售自有品牌产品，实现从产品研发、设计、生产到销售的完整链条。在这种模式下，企业拥有自己的品牌，并且自行负责产品的研发、设计、生产和销售。

中国的玩具制造企业非常之多，但大多数企业的规模较小，缺乏自主品牌和渠道，因此，中游的玩具制造企业通常会为海外品牌代工或生产一些低附加值的产品。不过，随着中国经济的持续发展，消费者对玩具的需求日益多样化，这促使包括中国的玩具企业开始注重自主品牌的建设和渠道的拓展，逐步向高附加值领域发展。与此同时，中国政府也出台了一系列政策，鼓励玩具企业加强自主创新，提高产品质量和品牌价值。

玩具产业链的下游为品牌营销渠道，分为线下以及线上渠道，包括零售、批发等销售行业。在中国，玩具线下销售渠道非常多样化，玩具产品通过实体商超、专卖店、百货以及母婴店等多样化的渠道流向终端的消费者。与此同时，随着电商平台的兴起和消费者购物习惯的改变，线上渠道已经成为玩具销售的主要渠道，其中，天猫、淘宝、京东和拼多多成为主要的电商销售平台；此外，社交媒体也成为一种新兴的销售渠道，一些玩具企业通过在社交媒体上发布产品信息和营销活动，吸引消费者购买。

3.2 玩具行业的"迪士尼模式"

3.2.1 迪士尼的发展历程

历经近一个世纪的沧桑与辉煌，华特迪士尼公司自1926年创立以来，已走过98载春秋。审视其波澜壮阔的发展历程，我们可以将迪士尼的成长轨迹精心划分为七个阶段：开创时期、快速发展期、二战调整期、第一黄金期、蛰伏探索期、第二黄金期和高速拓展期（见图3-3）。

（1）开创时期（1926~1936年）

1926年，华特·迪士尼正式创立"华特迪士尼制作公司"，标志着迪士尼这一传奇企业的诞生。随后，他独具匠心地塑造了一个以老鼠为原型的卡通形象——米老鼠，这一创新之举不仅开创了迪士尼的业务版图，更为其迈向百年企业的辉煌历程奠定了坚实基础。1928 年，华特·迪士尼创作出世界首部有声动画《威利汽船》，他亲自为米奇配音，使声音与动画完美融合，这只可爱的卡通老鼠迅速赢得了全球观众的喜爱，名声大噪。1931 年彩色电影拍摄技术问世后，华特·迪士尼迅速响应，于 1932 年推出世界首部彩色动画，再次引领行业潮流。此后，他又相继创作出三只小猪、唐老鸭等一系列经典形象，为公司带来了源源不断的收益，为迪士尼的繁荣发展注入了源源不断的活力。

（2）快速发展期（1937~1940 年）

1937 年，迪士尼推出了影史上具有里程碑意义的首部长篇动画电影《白雪公主和七个小矮人》，这一创举为电影史开启了全新的篇章。次年，这部影片被译成十种外文，在全球 49 个国家上映，票房收入高达 800 万美元，远超同期其他影片，彰显了其无与伦比的全球影响力。1939 年，《白雪公主和七个小矮人》荣获奥斯卡特别奖，这一荣誉不仅是对影片本身的肯定，更标志着动画艺术正逐步走向成熟与巅峰。华特·迪士尼因此迎来了动画创作的黄金时代，他精心制作的众多动画电影接连上映，为全球观众带来了无尽的欢乐与感动。1940 年，继《白雪公主和七个小矮人》的成功之后，迪士尼又推出了第二部动画长片《木偶奇遇记》以及首部立体声电影《幻想曲》，进一步巩固了其在动画领域的领先地位。

（3）二战调整期（1941~1951 年）

1940 年，《木偶奇遇记》的推出延续了《白雪公主》的辉煌口碑，然而，华特·迪士尼工作室尚未来得及充分享受这份初期的成功，第二次世界大战的爆发便沉重地打击了迪士尼的产能与电影成绩。随后推出的《幻想曲》和《小鹿斑比》虽质量上乘，但在战争背景下却未能引起足够的关注。1941 年，迪士尼工作室应政府之需被征用，大量资源转而投入制作教育和公共宣传影片，以支持联邦政府和军队。直至 1943 年，迪士尼的产能中高达 90% 都用于战争支援，从设计军章到制作培训、情报与宣传影片，唐老鸭的形象被用来讥讽希特勒，小矮人则成为推销战争债券的可爱使者，米老鼠也现身"记住珍珠港"的海报之上。同年，迪士尼还推出了描绘战争概念的纪录片《空中制胜》，展现了其对时代背景的深刻关注与回应。走出战争的阴霾后，迪士尼迅速恢复常态，并于 1950 年推出动画片《仙履奇缘》，再次赢得了观众的喜爱。与此同时，迪士尼也积极涉足纪录片领域，拍摄了众多真人主演的电影及关于野生动植物的纪录片，展现了其多元化的创作实力。其中，迪士尼制作的第一部真人电影《金银岛》上映后取得了巨大成功，为公司的业务拓展奠定了坚实基础。①

（4）第一黄金期（1952~1966 年）

《仙履奇缘》的成功为迪士尼迎来了一个崭新的黄金时期。在这一时期，迪士尼工作室不断推陈出新，创作出了一系列经典作品。从两只狗的温馨故事融合而成的《小姐与流浪汉》，到宽银幕巨制《睡美人》的启动，再到科幻冒险电影《海底两万里》的惊艳亮相，每一部作品都展现了迪士尼无穷的创新力和艺术魅力。与此同时，迪士尼影视娱乐也持续为观众带来荧幕经典，如《海底两万里》《长毛狗》《欢乐满人间》等作品，深受观众喜爱。然而，华特·迪士尼的视野并不局限于影视娱乐领域，他将奇思妙想延伸至线下主题乐园。1952 年，为了筹办迪士尼乐园，他亲自成立了 WED 公司，倾注了大量心血和智慧。1955 年，华特·迪士尼终于实现了自己的梦想，创建了世界上第一座迪士尼主题乐园——加州迪士尼乐园。这座乐园自开园以来就以其独特的魅力和无尽的欢乐吸引了无数游客，成为世界上最受欢迎的主题乐园之一，被誉为地球上最欢乐的地方。时至今日，主题乐园仍然是迪士尼四大主营业务之一，为迪士尼带来了稳定的收入增长。而这一切，都离不开华特·迪士尼的远见卓识和不懈努力。虽然他在 1966 年因病逝世，但他的精神

---

① 低谷、崩盘、起死回生 迪士尼动画百年历史［EB/OL］.游民圈子，https://club.gamersky.com/activity/624779?club=163，2023-02-24.

和创意却永远留在了迪士尼，激励着后人继续前行，为全世界带来更多的欢乐和创意。

（5）蛰伏探索期（1967~1984 年）

1971 年，迪士尼继续华特的伟大愿景，在美国佛罗里达州成功建立了奥兰多迪士尼度假区。如今，该度假区已占据奥兰多旅游市场约 70% 的份额，几乎垄断了当地市场，成为游客们向往的梦幻之地。随着业务的不断扩展，迪士尼在 1983 年迎来了海外扩张的里程碑。鉴于对国际市场环境及盈利能力的谨慎考量，迪士尼公司采取了许可经营模式，与日本东方地产株式会社携手合作，成功地在日本东京建立了亚洲首座迪士尼乐园——东京迪士尼乐园。这一举措不仅为迪士尼打开了国际市场的大门，也进一步巩固了其在全球主题公园领域的领先地位。与此同时，美国迪士尼频道也于同期正式开播，为观众带来了丰富多彩的娱乐内容。然而，即便拥有乐园和度假区的稳定收入，迪士尼在领导层更迭、内部人员变动以及党派之争等多重因素冲击下，仍陷入了前所未有的困境。影片产量锐减，创意事业停滞不前，甚至一度面临被并购的危机。在这关键时刻，罗伊·爱德华·迪士尼挺身而出，展现出非凡的领导才能。他力挽狂澜，在 1984 年邀请企业管理专家迈克尔·艾斯纳接管迪士尼。这一举措为迪士尼注入了新的活力，引领公司走出了低谷，重新迈向辉煌。

（6）第二黄金期（1985~1998 年）

1992 年，迪士尼再次拓展其全球版图，选择法国法兰西岛作为海外扩张的第二站。通过合资模式，迪士尼在距巴黎市中心约 20 英里的地方成功建立了巴黎迪士尼乐园，其规模仅次于著名的加州迪士尼乐园。这一举措不仅进一步巩固了迪士尼在全球主题公园领域的领导地位，也为公司带来了可观的收入。在业务横向拓展的同时，迪士尼始终坚守并巩固其在动画电影领域的强势地位。1994 年，《狮子王》的上映取得了巨大成功，成为有史以来最卖座的电影之一。随后，迪士尼更是凭借先进的电脑动画制作技术推出了《玩具总动员》，标志着其 IP 培养逐渐走向成熟。为了进一步推动动画电影的发展，迪士尼在 1995 年将传统的手绘动画与电脑技术相结合，任命罗伊为动画工作室主席。这一创新举措为《小美人鱼》《美女与野兽》《狮子王》等一系列动画佳作的产生奠定了坚实基础。这些作品不仅深受观众喜爱，更为迪士尼带来了丰厚的回报。同时，迪士尼也不满足于现有的业务领域，开始寻求更广泛的拓展。1995 年，迪士尼以高达 190 亿美元的价格收购了 ABC 电视台，正式进军媒体领域。这一收购不仅为迪士尼带来了电视业务资产和"大现金牛"ESPN，还扩大了公司的业务板块，进一步推动了 IP 产业链的贯通。通过掌握高频的内容渠道，迪士尼得以更有效地推广其品牌和产品，实现更全面的市场覆盖。

（7）高速拓展期（1999 年至今）

1999 年，上海迪士尼乐园的盛大开业标志着迪士尼主题公园业务在海外市场迈出了重要的一步，成为其业务增长的新引擎。新园区的建设不仅吸引了大量游客，还有效地促进了公司的收入增长。2006 年，迪士尼收购了皮克斯，这一举措不仅重塑了迪士尼的动画形式，还恢复了其在动画领域的绝对竞争力。皮克斯动画的版权和电影 IP 的归入，为迪士尼带来了巨大的收益，进一步巩固了其在全球动画市场的领导地位。2009 年，迪士尼再次出手，收购了漫威。这一收购不仅帮助迪士尼抢占了年轻人及男性市场，更是将漫威旗下的近 5000 个角色这一最优良的资产收入囊中。漫威影业的大量 IP 在收购后为公司的影视板块带来了大量收入，累计全球票房收入超过 182 亿美元。2012 年，迪士尼继续其收购之路，成功收购了卢卡斯影业，将星球大战这一重要 IP 收入囊中。通过自身的创造力，迪士尼将这一 IP 布局在影视、衍生品、主题公园等多个领域，为公司带来了可预期的收入。到了 2019 年，迪士尼完成了对福克斯的收购，进一步增加了其在电影市场的份额。同时，这次收购也使迪士尼成为 Hulu 的最大股东。Hulu 作为美国第三大付费流媒体服务平台，

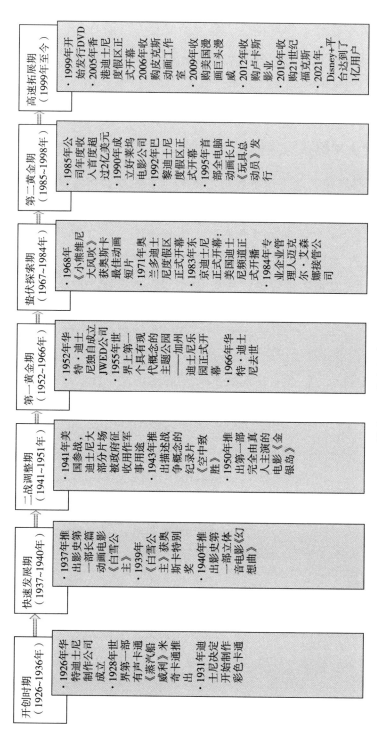

图 3-3　迪士尼发展历程

为迪士尼进军流媒体领域提供了强大的支持。借助 Hulu，迪士尼联合 ESPN＋和 Disney＋平台，共同聚焦流媒体领域，进一步扩大了其业务版图。至 2021 年，Disney＋平台用户数量已达到 1 亿，这一成绩不仅彰显了迪士尼在流媒体领域的实力，也为其未来的发展奠定了坚实的基础。[①]

3.2.2 "迪士尼模式"

"迪士尼模式"基于消费者内心的需求和喜好，多维度储备大量优质 IP。如图 3-4 所示，在 IP 内容方面，迪士尼通过动画和电影等专业的影视业态搭载 IP，创造黏性流量；在 IP 运营方面，通过线上流媒体等平台和线下主题乐园等方式集中展示 IP，实现宣传营销；在 IP 授权方面，通过大量授权第三方，打通 IP 衍生品产业链，把数据反馈到 IP 内容进行二次赋能，实现 IP 的共同生态。

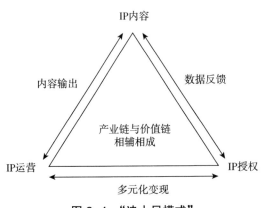

图 3-4 "迪士尼模式"

资料来源：由作者团队绘制而得。

3.2.2.1 全产业链的动力核心：多源的 IP

迪士尼公司作为全球娱乐产业的领军企业，其 IP 在产业链中发挥着

[①] 迪士尼百年文化底蕴发展历程、业务发展及公司经营业绩分析 [EB/OL].立鼎产业研究网，http://www.leadingir.com/datacenter/view/5551.html，2020-10-19.

举足轻重的角色。这些 IP 的获取途径多元而独特，涵盖了自主创新、经典故事挖掘和收购整合等多个层面。迪士尼以其卓越的创意能力，通过制作动画、电影等形式，将丰富多样的内容推向市场，不仅实现了可观的经济收益，更在拓展 IP 影响力和市场价值方面取得了显著成效，为整个产业链注入了源源不断的发展动力。

首先，迪士尼在自主创新方面始终坚守其核心价值，聚焦于爱与家庭等主题，创造出了一系列深受儿童和女性喜爱的 IP 形象。这些形象，如米老鼠、唐老鸭等，自诞生之日起，便凭借其独特的魅力和深厚的文化内涵，成为迪士尼 IP 的重要代表，为公司的长远发展奠定了坚实基础。

其次，迪士尼也擅长从经典故事中汲取灵感，将其转化为具有独特魅力的 IP。通过对白雪公主、花木兰等世界知名童话故事的深入挖掘和再创作，迪士尼赋予这些角色新的生命和意义，使它们焕发出新的光彩。这种对经典故事的尊重和创新，使得迪士尼的 IP 更加丰富多彩，也更具市场竞争力。

再次，迪士尼凭借其独到的战略眼光，通过一系列收购迅速积累了大量优质的 IP 资源。自 1984 年起，为填补男性受众市场的空白，公司接连收购了皮克斯、漫威、卢卡斯影业等业界翘楚，进而掌握了《玩具总动员》《复仇者联盟》《星球大战》等脍炙人口的 IP。这一举措不仅成功塑造了众多深入人心的英雄形象，有效提升了迪士尼在男性受众中的吸引力，更极大地增强了其品牌影响力。这些收购与迪士尼原有的 IP 形象形成互补，共同构筑起一个庞大的 IP 帝国。这使得迪士尼在全球 IP 竞争领域取得了绝对领先的地位，手握众多优质 IP 资源，每个 IP 都具备强大的粉丝基础和黏性流量。这为迪士尼乐园后续通过主题乐园形式集中展示这些 IP 提供了可能，也为其独一无二的商业模式奠定了坚实基础。

最后，在 IP 的创作与整合过程中，迪士尼始终注重对市场需求的深入剖析。它敏锐地捕捉到不同受众群体的喜好与需求，从而有针对性地设计 IP 形象。当形象设计完成后，迪士尼更是倾尽全力为这些 IP 创造独特的内容和故事，使它们不仅仅是空洞的形象，更是富含灵魂与深层意义的文化符号。这些精彩的内容与故事背后，凝聚了迪士尼团队的智慧与汗水。他们经过反复推敲与打磨，力求确保每一个细节都尽善尽美，最大程度地提升内容的品质和受众吸引力。正是这样的匠心独运，使得迪士尼的 IP 形象得以生动鲜活地呈现在观众面前，并持续为其带来深远的影响力和商业价值。

总的来说，迪士尼 IP 的产业链动力核心在于内容的制作与输出。通过自主创新、经典故事挖掘和收购整合等多种方式，迪士尼获取了丰富多样的 IP 资源，并通过动画、电影等形式将这些内容推向市场。这些举措不仅提升了迪士尼的品牌影响力和市场竞争力，更为整个产业链的发展注入了强劲动力。

3.2.2.2　全产业链的关键路径：IP 的运营

迪士尼的 IP 运营在产业链中发挥着关键路径作用。通过线上线下渠道的有效结合，对 IP 内容进行营销曝光，成功吸引了大量观众的关注，为观众提供了丰富的 IP 体验，激活消费心理，将粉丝转化为消费者，完成孵化流程。

线上方面，迪士尼凭借强大的流媒体平台矩阵，为观众呈现了丰富多样的 IP 内容。例如，Disney＋推出的《汉斯·索洛：星球大战外传》，深入剖析了经典系列背后的故事，引发星战迷们的热烈讨论和关注。同时，Hulu 与知名制片方合作，推出了《迷失》等热门剧集的独家续集，为观众提供了全新的观赏体验。这些独家内容不仅充实了平台内容库，还吸引了大量新用户订阅，进一步巩固了迪士尼在流媒体市场的领先地位。此外，迪士尼还积极利用社交媒体平台与粉丝互动，举办各种有趣的活动和话题讨论，有效提升了粉丝的参与度和忠诚度。

线下方面，迪士尼主题乐园与每部新上映的电影紧密联动，引入新的角色和元素，将虚拟的 IP 世界与现实世界巧妙结合，为游客提供沉浸式的娱乐体验。游客们可以在乐园中与心爱的角色合影留念，购买心仪的衍生品，欣赏精彩的表演和演出。例如，在上海迪士尼乐园，游客们不仅能够重温迪士尼动画中的经典场景，还能参与创意十足的互动游戏，感受迪士尼的独特魅力。这些真实而丰富的体验，进一步加深了粉丝与迪士尼品牌之间的情感纽带。

总体而言，迪士尼通过线上线下相互呼应的运营策略，有效提升了 IP 的知名度和影响力，成功吸引了大量粉丝的关注，并转化为忠实的消费者。其严谨而富有创意的营销策略，为迪士尼在产业链中持续保持领先地位奠定了坚实基础。

3.2.2.3 全产业链的变现方式：IP 授权第三方，锁定 IP 长尾效应

迪士尼，作为全球娱乐产业的翘楚，其品牌影响力和商业价值不仅体现在经典的动画电影和主题乐园上，还通过精细的 IP 授权策略，实现了衍生产品的广泛覆盖，为公司带来了丰厚的经济回报。

消费品领域，迪士尼通过授权第三方制作一系列以经典角色为主题的衍生品，如服装、玩具、食品等，这些产品不仅丰富了消费者的购物选择，也进一步提升了迪士尼品牌的市场渗透力。通过与知名服装品牌的合作，迪士尼成功地将经典动画角色融入时尚设计，吸引了大批年轻消费者的目光。同时，迪士尼的玩具系列也备受瞩目，其设计精美、品质卓越的玩具产品，成为孩子们的"心头好"。这些衍生品在各大销售渠道的广泛铺货，不仅为迪士尼带来了稳定的收入来源，也进一步巩固了其在消费者心中的品牌形象。

娱乐领域，迪士尼同样通过 IP 授权策略，实现了其 IP 形象在电子游戏、书籍、影视剧、舞台剧等多个领域的延伸。通过与游戏公司和出版社的紧密合作，迪士尼成功将其经典角色和故事融入新的媒介形式，

为粉丝带来了全新的娱乐体验。此外，迪士尼的经典动画作品也被改编成舞台剧和音乐剧，在全球范围内赢得了广泛赞誉，为迪士尼带来了可观的票房收入和品牌曝光。

值得一提的是，迪士尼的 IP 授权策略并非单向输出，而是一个互动循环的过程。销售数据的反馈能够为 IP 内容的制作提供宝贵参考，帮助迪士尼更精准地把握市场需求，优化内容创作。这种双向赋能的模式，不仅提升了迪士尼 IP 的商业价值，也为其在激烈的市场竞争中保持领先地位提供了有力支持。

综上所述，迪士尼通过精细的 IP 授权策略，成功实现了衍生产品的广泛覆盖，为公司带来了可观的经济效益和品牌价值。未来，随着市场的不断变化和技术的持续创新，迪士尼的 IP 授权策略有望进一步发挥其潜力，为公司创造更加辉煌的未来。

3.3　玩具行业的"万代模式"

3.3.1　万代的发展历程

万代（Bandai），一家日本玩具和电子游戏公司，是日本大型玩具供应商之一。主要以生产高达、圣战士丹拜因等日昇（Sunrise）系列动画的角色模型闻名，业务涵盖了玩具、模型、电子游戏、动画、音乐、出版等多个领域。凭借其创新的销售策略和对市场趋势的敏锐洞察，在全球娱乐产业中占据了举足轻重的地位。特别是在东映的特摄片和日昇Sunrise 的高达系列作品中，万代的商业模式展现出其独到之处。发展至与南梦宫合并前，万代的发展历程大体可以分为黎明时期、奠基时期、进阶时期、困境时期这四个阶段。

（1）黎明时代（20 世纪五六十年代）

1950 年 7 月，一位叫山科直治的打工人在日本东京的庶民居住区浅草设立了一家玩具公司——"万代屋"。最初的"万代屋"只是一家纺织公司旗下的子公司，通过将生产衣物后的余料用来制造布偶，后来逐渐开始生产塑料玩具。

1955 年，万代屋首次发行了一款带有质量认证的玩具——"1956 年型丰田宠儿皇冠（Toyopet Crown）"，这打破了当时此类玩具过于昂贵而购买人数少的问题，不仅大获成功，而且首次在日本的玩具业界设立了玩具的品质保障（保修）制度。随后万代屋又连续成功地开发多款热卖玩具，并于 1961 年将"万代屋"改名为现在广为人知的"万代"。

（2）奠基阶段（20 世纪六七十年代）

此阶段，万代开启了多元化发展的新篇章。1967 年，万代设立了塑胶模型部，并通过收购破产模型制造公司和名为"今井科学"的模型公司，为日后万代支柱产业塑胶模型业务打下了坚实的基础。20 世纪 70 年代，日本动漫产业蓬勃发展，而万代在此时意识到动漫玩具市场的潜力。1971 年，万代成立的子公司 Hobby 发售了"假面骑士变身腰带"并大获成功，这让万代决定在角色玩具上发力。随后，万代开始涉足出版、物流、贸易等多个行业，为角色玩具的发展提供了全方位支持。1974 年，万代与东映公司合作推出了电视动画《魔神 Z》的金属机器人玩具，其中的"超合金 Z"材料成为热门商品，一时风靡市场。通过不断地创新和合作，万代在动漫玩具领域取得了显著成就，为公司的持续发展奠定了坚实基础。

（3）进阶时期（20 世纪七八十年代）

1977 年，自动扭蛋机这一"划时代"的革新产品，成为万代的转折点，使其在未来 30 年内牢牢占据了全球市场的主导地位。1981 年，万代进军食玩产业，同时扭蛋机也成为其进军中国市场的敲门砖。在动画玩具领域，万代与东映公司合作不断推陈出新，1980 年高达拼装玩具问世，成为万代的立足之本，引领市场风潮。这一阶段万代创造了素组模型，即不需要胶水拼装的模型，机械与科技震撼精妙的体验为高达卖出天价奠定了基础。1985 年万代进军游戏行业，首款家用游戏《筋肉人》

大获成功。1987 年，随着《圣斗士星矢》的热播，万代推出了相关玩具，进一步巩固了在日本市场的地位。1993 年，万代凭借《美少女战士》和《力量战队》在国内外市场取得巨大成功，尤其在美国市场销售额达到 2.5 亿美元，开启了海外市场的持续扩张。

（4）困境时期（20 世纪 90 年代至 21 世纪）

在 20 世纪 90 年代初期，山科诚接替了父亲成为万代的领导者。但是对动漫和玩具制作已经得心应手的山科诚，野心却在游戏业务上。1995 年，万代与苹果公司合作推出了价格昂贵的"Bandai Pippin ATMARK"游戏机，但销量不佳导致巨额亏损，加上泡沫经济的冲击，公司首次出现了严重赤字。然而，1997 年，万代推出了电子宠物"拓麻歌子"，在中小学生中掀起了热潮，成为公司的救命稻草。但是随着便携式游戏机的兴起，电子宠物的热潮迅速消退，导致公司库存积压和巨额亏损。尽管面临巨大挑战，但万代通过完善订购和沟通机制，减少了在国外市场的损失。游戏业务节节败退，万代的玩具业务依然风生水起。2001 年 3 月，高达系列动画片在美国及其周边地区开始大范围上映。至 7 月其扭蛋玩具 HG 系列开始引爆，万代扭蛋生产第一大公司的地位变得无可动摇，当年赚回了 260 亿日元。

2005 年，生育率下降、智能手机的发展、国际游戏巨头的猛烈攻势，让日本电玩市场的行情开始恶化。在巨头厂商纷纷合并抱团取暖的大潮中，万代宣布与南梦宫合并，正式成为现在的万代南梦宫（南梦宫占比 43%，万代占比 57%）。此后，万代继续在多个领域进行多元化发展，如动画制作、出版、音乐等。

至此，万代在 40 年间从一家小小的玩具工坊扩张成为横跨多领域的综合性娱乐公司，致力于通过创新和多元化发展，为消费者提供丰富多样的娱乐体验。其产品和品牌在全球范围内享有盛誉，成为许多人童年时光的回忆和喜爱之源。

3.3.2 "万代模式"

3.3.2.1 成功背景：日本动漫产业链的整合

万代在东映特摄片以及 Sunrise 的高达系列作品当中，通常在企划早期就以出资或共同角色设计等方式介入作品，同时进行角色商品化的工作，以便与作品同步推出。这样的协作效果是万代模式的核心，这一效果的实现离不开日本动漫产业的成熟。日本动漫产业的成功在于其精心构建的产业链，这一链条不仅包括动漫的创作与制作，还涵盖了从漫画、动画到衍生品的全方位开发，经营模式相当完善，日本动漫产业以漫画为起点，优秀的原创作品为整个产业链提供了源源不断的动力。业内根据读者的反馈，将其中优秀的作品实现动画化，根据市场调研的结果，受欢迎的动画作品将会进一步开发衍生品。这些漫画作品在市场中的成功，为其后续的动画化打下坚实的基础。而动画的成功又进一步推动了衍生品市场的发展，形成了一个良性循环。

日本动漫产业的分工协作体系也极为完善。从漫画家到动画制作公司，再到电视台和衍生品生产商，大家各司其职，共同创造价值。其中日本动画的制作委员会制度更是一定程度上带来了"风险均摊，利益均沾"的效果。多方监制与界内口碑，也是万代能够早期介入并同步推出产品的关键原因之一，无须像其他玩具公司等待作品放出后再根据质量与流量进行 IP 签约。

这种分工合作模式，也带出了日本每周一集的播放制度。这种播放制度可充分听取观众的意见及时修改剧情，为今后的产品发售争取更多好感，根据不同阶段出场的人物推出不同产品，延长动画周期，也有利于扩大影响、带动销售。虽然这种播放制度对制作团队的时间管理和质量控制提出了较高要求，但其带来的广泛互动和营销效应，以及能够相对分散的制作成本，为动画制作提供了可持续发展的可能性。

作品内容的优劣无疑是关乎整体兴衰的重要因素，但商业规划才是一个产业链可持续发展的关键。动漫衍生品的市场是日本动漫产业链中极为重要的一环。衍生品的成功不仅仅体现在销售额上，它们还增强了作品的品牌效应，延长了作品的生命周期。事实上，日本70%以上的动漫收入来自动漫衍生品。衍生品的商业运作越是成功，成本回收越是有效。漫画、动画、周边游戏作为相互衍生、共同发展的整体，满足了不同消费者的需求。

从一家纺织公司旗下的子公司，发展至全球范围内拥有广泛的知名度和影响力的综合性娱乐公司，万代的成功得益于动漫产业链的成熟。为万代等公司提供了一个理想的平台来实现其商业目标。原创性的保障、完善的分工合作体系、明确的市场定位以及强大的衍生品市场，这些因素共同构成了万代成功介入并同步推出产品的基础，也是其能够在竞争激烈的动漫产业中保持领先地位的关键。如果说以上内容分析了万代成功的外部因素，那么在探讨万代成功的内部因素时，我们可以从研发设计、生产制造、营销推广和反馈循环这四个方面进行分析。

3.3.2.2 研发设计：角色与玩具的共同发展

在全球范围内，日本动漫和特摄产业以其独特的创意和广泛的受众基础占据了特殊的地位。这些作品不仅仅是视觉和故事叙述的艺术形式，还催生了一个庞大的周边商品市场，特别是玩具和其他相关商品。在这个市场中，玩具不仅作为儿童的娱乐工具，也成为收藏家追求的对象，反映出动漫文化深远的影响力和商业价值。

在众多企业中，万代在动漫和特摄相关玩具的开发和制造领域处于领先地位。万代不仅是一个玩具制造商，它还通过早期介入动漫和特摄作品的内容创作，紧密与内容创作者合作，确保了其玩具产品能够与影视作品同步推出，最大化其市场影响力和消费者的购买欲望。从早期介入内容创作到与动漫制作团队的紧密合作，再到最终的角色商品化过程，展示出万代在研发设计策略上的精细打磨和市场前瞻性。

　　万代模式的核心策略首先在于其早期介入。万代不仅作为资金投资者参与东映特摄片和 Sunrise 的高达系列等项目，更重要的是，它在角色设计、故事开发等创意阶段就开始介入。这种早期介入不仅使得万代能够从项目的最初就对角色和故事线有深入的了解，确保玩具产品开发与影视内容的紧密结合，还使其能够在动漫制作的每个阶段为玩具设计提供意见和反馈，从而让万代能够实现角色和故事在不同媒介间的无缝对接。这样的策略确保了一旦动漫或特摄作品公映，相应的玩具产品就已经准备好与之同步推向市场，这大幅缩短了从屏幕到商店货架的时间。在影视作品首播时或关键时刻推向市场的这种速度，让万代的玩具能够拥有最大化媒体曝光和市场影响力。因此可以说早期介入的策略不仅加速了产品开发周期，也为万代玩具产品的市场推广打下了坚实的基础。

　　其次是与内容创作者的紧密合作。万代公司与动漫制作公司、脚本编写者、角色设计师等创意人员之间的合作超出了传统的客户和供应商关系。这种合作更类似于一个创意伙伴关系，双方共同决定角色的设计、故事的发展以及最终的产品设计。万代的设计团队与内容创作者紧密合作，确保从一开始设计玩具就能反映影视作品的核心元素和吸引力。这种双向的交流和协作确保了最终的玩具产品不仅忠实于原作，同时也具备高度的创新性和玩家互动性。

　　最后是角色商品化过程。在市场化的今天，特摄这样的作品是为玩具而生的。像 20 世纪上海八一美术厂那样不计成本制作动画的模式已不再可能存在，虽然制作出的作品非常精良，但在当下难以生存。以经典的《假面骑士》系列为例，《假面骑士空我》在剧集尚未播放到新形态时，便已经在玩具方面放出了新形态的信息，观众在完结后发现这个形态是最后出现的，且次数很少，从而生出了不满。当时剧集制作与玩具周边的销售存在一定的独立性，剧集的发展、故事的走向可以不以玩具为导向。但是东映公司发现，如果剧中形态更多，道具玩法更丰富，可以销售的玩具也会更多，而玩具生产代理万代公司也发现了这一点，因此，东映逐渐倾向于根据玩具售卖来拍摄剧集，玩具与剧集的紧密联系也让观众能够较快地看到自己喜欢的角色或形态登场。到如今，《假面骑士》的剧情走向直接受到玩具影响，有时甚至是先决定玩具的发售，再安排剧情发展。例如，玩具的角色要在第几集登场，道具玩具在什么时候、如何向观众展示玩法，而为了保证角色的热度与玩具销量，在一定的剧集内该角色会保持亮眼表现。

万代公司通过其独特的研发设计策略，在全球玩具市场上取得了显著的成功。其对早期介入内容创作的重视、与内容创作者的紧密合作，以及对角色商品化风向的察觉，共同塑造了万代品牌的强大影响力。

3.3.2.3　生产制造：技术革新与质量控制 ①

在技术创新方面，万代不断探索新的材料和生产技术，以提高玩具的耐用性、安全性和环境友好性，如多色成型技术与一体成型骨架等。此外，万代在设计和生产过程中实施了严格的质量控制措施，确保每个产品都符合国际标准，并能承受长时间的使用。接下来我们以万代经典产品高达的发展阶段为例，展示万代生产技术的变革。

高达模型一直是高达动画周边系列最为核心的主导产品，模型将动画里的巨大机械人在现实中以立体化形式进行展现。1980 年，万代玩具公司将出现在高达动画中的 MS 兵器做成了 PVC 材质模型。高达模型设计新颖，富于动感，受到世界各地不同年龄阶层消费者喜爱。高达模型的发展历程可以大致分为三个阶段，简单缩放→提高精细化程度→高端化，不同阶段之间有着巨大的技术变革和设计更新。

（1）简单缩放

早期的高达模型是对影片中出现的形象进行基础的缩放。从第一台高达（RX–78–2）开始，万代推出了 1∶60、1∶100、1∶144、1∶250、

---

① 王冠然，任杰 . 文娱行业专题研究：从万代南梦宫看 IP 全产业链运营经验［EB/OL］. 腾讯网，https://new.qq.com/rain/a/20220926A05FVG00，2022–09–26.

1∶480 等不同比例的模型。早期的高达模型因为种类有限，所以主要从比例和作品上加以区分。

（2）提高精细化程度

1990 年，万代首次推出了 HG（high grade）系列的首款模型 144 RX-78，该模型的关节采用内藏骨架技术，多种颜色，不需要模型胶即可组合，上手程度高。此后 HG 系列成为高达模型的普及产品。

（3）高端化

1994 年，万代推出 1∶100 的新版 MG（master grade）系列高达模型，该系列集成了前作的优点，并将当时最新技术和材料加以应用。从价格上看，1∶100 的 MG 系列售价是 1980 年发售的同尺寸模型的 3 倍，是当时高端化的模型产品。1998 年，万代推出 PG（perfect grade）系列高达模型，模型为全骨架化，精密度大幅度提高，模型可以实现高难度造型。

高达多年来稳居万代单 IP 营收榜单前列。在 30 余年的开发中，高达系列 IP 始终保持着旺盛的生命力。除了通过模型产品进行衍生变现，万代还负责开发上游的影视和游戏内容，在多个事业部的共同努力下，实现高达 IP 的长盛不衰。

3.3.2.4　营销推广：销售策略与创新营销

万代作为一家娱乐玩具公司，成功的关键在于其独特的销售方式和创新的营销推广策略。

（1）销售方式

如果说东映是一个精打细算的摄影师，那万代则是一个深谙人心的销售员。针对假面骑士系列玩具，万代的销售方式主要分为两种，通贩和限定。通贩是指将产品直接上架商店供消费者购买。通贩的特点是供应量较大，消费者可以直接购买。为了吸引消费者，万代努力将通贩的价格降到最低。然而，为了降低价格，通贩中的产品往往会减少配件的数量，并在劳动力价格较低的地方进行生产。因此，通贩中的产品通常只包含一个主体和几对替换手型，其他配件则被放到限定中销售。这种策略引导消费者购买限定版以获取额外的配件。

限定销售方式则需要消费者提前在万代的网上商城——魂商店预订，并根据预订数量进行生产。限定的产品通常需要支付定金，而在补款时才能知道总价。限定销售的角色通常比通贩中的更受欢迎，因为限定版只生产一次，错过了就只能通过二手市场购买。为了方便中国消费者，预订代理应运而生，代理统一在魂商店预订，并在国内购物平台上架。然而，代理出售的价格通常比原价高，而且有时会出现砍单的情况。此外，一些商家甚至通过开放预订集资的方式来获取利益，收取定金后却宣称没有货物，退还定金后将剩余货物以更高的价格出售。为了应对销售中的一些弊端，万代采取了一系列的措施来引导消费者购买。

第一，降低通贩的价格，减少配件量。万代在通贩上力求将价格降到最低，但这样的话就只能大幅度削减配件且寻求劳动力价格更低廉的地方进行生产。主骑通贩的价格比限定要低很多，几乎不到限定的一半。但是这样的通贩大多只有一个主体和几对替换手型，除此之外并无其余配件，这些削减的配件被放到了限定里，消费者想要拿到相应的配件，只能再去购买限定。

第二，增加限定的角色数量。万代将更多的角色放到限定上，因为限定是订了再做，不用担心卖不出，且限定只生产一次，如果一开始不预订，之后再想买，只能去二手市场。在中国，因为人们登录魂商店不方便，而专门去日本购买会场限定的商品又不划算，于是预订代理应运而生。代理统一在魂商店预订，同在国内购物平台上架。但是代理也需要赚钱，因此代理出的价会比原价高。如果商品在出货后立刻涨价，他们甚至还会砍单，对部分买家宣称没货，给买家退钱，而这部分被砍掉的货则被他们作为现货以更高的价格卖出去。另外，商家甚至可以通过预订集资。一个商品如果很热门，在开放预订后订的人很多，有的以集资为目的的商家便会无限量开放预订，收取定金，然后在出货后宣称没货，给买家退款。开放预订与出货之间往往会有不短的时间间隔，因此这段时间内买家等于是无偿将自己的钱借给了代理商。

第三，尽量增大再版间隔。万代会再版非常受欢迎的产品，因为再版的间隔一般来说都比较长，又都是热门玩具，且下次再版时间未知，玩家会心甘情愿买单，预订的销量便很高。通贩的再版也引发消费者的追逐，万代一般会先在某些特定店铺上货，急于购买的人会提早排长队，而且通贩更容易被部分人大量购买，囤积起来再高价卖出去。

第四，生产不同价位的玩具，扩大受众面。就可动人偶系列来说，万代就生产有掌动系列、装动系列、拼装的 FRS 和 MG、成品的 SHF、真骨雕、RAH、RKF 等，价格不等，消费者可根据自己的能力购买。但是万代作为商家，自然希望消费者购买最贵的真骨雕与 RAH。以真骨雕为例，万代在生产 SHF、拼装等系列时故意为真骨雕让路，做出差距。当真骨雕比起其他产品有明显的优势时，即使价格高，也会有很多人接受。万代在 SHF 等产品上故意做些偷色、出些质量问题，让真骨雕在对比中优势尽显。且万代对真骨雕的宣传力度更大，号称"直接扫描人体，展现完美比例与造型"。购买能力有限的情况下，也有掌动、RKF 等低端可动系列可供选择。

通过采取这些销售方式，万代成功地引导消费者购买其产品。通贩的低价和再版的吸引力增加了产品的销量，而限定版的稀缺性和额外配件的吸引力则吸引了消费者的购买欲望。万代的销售方式不仅满足了消费者的需求，还为公司带来了可观的市场份额和消费者的高度认可。

（2）营销策略

第一，跨媒体合作。万代的营销策略重点在于跨媒体合作。跨媒体协同是指在多种媒介平台上展开统一而协调的市场推广活动，以增强品牌信息的传播效果。通过与动漫电视节目、电影和视频游戏的紧密合作，万代不仅能够增加其产品的曝光率，还能够通过这些媒介讲述更加引人入胜的故事，从而吸引和维持消费者的兴趣。万代与热门动漫系列合作时，推出了一系列与之相关的玩具产品。这些玩具不仅在设计上忠实于动漫角色，还通过包装和营销材料增强了与原作的联结，使消费者能够通过收集和玩耍这些玩具来深入体验动漫世界。

在万代的实践中，设计与推广的整合不仅限于营销层面，还深入产品开发和品牌战略，使得玩具产品能够成为影视作品的延伸，进一步加深消费者对品牌的认知和忠诚度。通过在项目初期就开始角色商品化的工作，万代能够确保每个新推出的特摄作品或高达系列动画的角色都有对应的玩具产品。这种策略不仅加深了观众对作品的印象，也极大地提升了角色商品的销售潜力。万代此举，实际上是在利用影视作品作为其产品的最佳广告，创造了一个内容与商品相互促进的循环。

第二，创新与多样化的产品线。万代的创新与多样化的产品线也是其成功的关键之一。从传统的动作人偶到高科技的互动电子玩具，再到模型套件，万代不断扩展其产品线，以满足不同年龄段和兴趣爱好者的需求。限量版产品和特殊合作版玩具尤其受到收藏家和粉丝的欢迎，在预约销售与特殊活动下往往能吸引大量的预订和媒体关注。这些策略不仅激发了市场的兴趣，也创造了独特的购买体验。特别是在高达模型方面，通过提供不同难度级别的模型，满足了从新手到资深爱好者的需求，成功地将一个小众市场转变为广泛的爱好者社区。这种创新和多样化的产品线不仅吸引了更多的消费者，也为万代带来了持续的市场竞争力。

在周边产品方面，万代也展现出了极大的用心。他们开发与角色相关的各种周边商品，如玩具、模型等，以延伸角色形象的影响力，满足消费者的收藏欲望。这些周边产品不仅保持了与原作一致的风格和质量，还为消费者提供了更多选择，进一步激发了消费者的购买欲望。

第三，跨平台营销活动。跨平台营销活动在数字时代扮演着至关重要的角色，万代充分利用了数字营销的优势。通过在各大社交媒体平台

（如 Instagram 和 Facebook）上展开活动，在国内的微博平台也拥有账号，万代成功地与消费者建立直接联系，发布新产品信息，展示制作过程，并举办互动活动以增加用户参与度。此外，万代还通过其 YouTube 频道分享与动漫相关的视频内容，包括玩具评测、动漫预告片以及互动直播活动，这些举措有效地提升了品牌的曝光度和受众的参与感。

在推广玩具产品时，万代采用了跨平台营销策略，将电视、互联网、社交媒体和线下活动等多种渠道整合在一起。通过社交媒体平台举办与影视作品相关的活动，如角色投票、设计比赛等，成功增强了粉丝的参与度和品牌忠诚度。此外，万代还积极参与各种动漫展和玩具展，为粉丝提供亲身体验和购买最新产品的机会，进一步巩固了品牌与消费者之间的联系。这些跨平台营销策略的实施为万代带来了更广泛的品牌影响力和更高的市场占有率，使其在数字时代保持竞争优势。

第四，社会责任和环境可持续性。万代注重社会责任和环境可持续性也是其成功的因素之一。2021 年 6 月 17 日万代举办了第一届"高达发布会"，其中花了很大的篇幅介绍万代围绕高达 IP 施行的一系列环保措施，之所以决定推出这样的企划，万代高管藤原孝史在发布会上表示："高达系列作品自 1979 年诞生以来，历经 40 多年，通过大量作品向社会展示人口不断增加以及环境不断恶化可能带来的恶果，向社会敲响警钟，希望借此警醒受众。其中的重要象征之一，就是伴随人类开始向宇宙移民而拉开大幕的宇宙世纪这一新概念。人类并非以个体的身份，而是作为一个族群在面对广袤的宇宙，这是整个高达系列作品最基本的主题。"通过推出环保材料制成的产品、参与社会公益活动以及倡导环保理念，万代不仅提升了品牌形象，也赢得了消费者的尊重和支持。这种对社会和环境责任的承诺，进一步加强了万代与消费者之间的关系，建立了长期的品牌忠诚度。

在动漫和玩具市场的交汇点上，万代公司凭借其创新的营销策略赢得了显著的市场份额和消费者的高度认可。通过精心策划的营销活动，万代成功地将其玩具产品转化为文化现象，深受各个年龄层的喜爱。在销售方式方面，万代采用通贩和限定销售方式，通过降低通贩价格、增加限定版数量等措施引导消费者购买。在营销推广策略方面，万代采取了跨媒体合作、创新产品线、跨平台营销活动和关注社会责任与环境可持续性等策略。通过这些多元化的营销策略，万代不仅推动了其玩具产品的销售，也加强了品牌与消费者之间的联系。在不断变化的市场环境中，万代的策略提供了有益的营销经验。

3.3.2.5 反馈循环：数据驱动的产品与策略优化

在快速变化的市场环境中，企业要保持竞争力，就必须及时了解和响应消费者的需求和市场趋势。万代公司通过建立有效的反馈循环，不断收集市场和消费者数据，分析这些信息，并据此优化其营销策略和产品规划。这种以数据为基础的方法帮助万代及时调整方向，以更好地满足市场和顾客的期望。

（1）反馈收集与研发优化

万代在全球范围内与广泛的消费者群体互动，通过各种渠道收集反馈，包括社交媒体评论、顾客满意度调查、在线论坛以及销售数据分析。社交媒体平台为万代提供了一个实时的反馈源，使公司能够迅速捕捉到消费者的情绪和对产品的反馈。通过这种直接的顾客反馈，万代能够迅速识别和解决问题，同时抓住市场的新机会。

以高达模型为例，在制作前期，收集相关信息是至关重要的。整个诞生流程包括八个步骤，企划、研究开发、机体部件设计、制作试作品、模具设计、模具制作、量产、投放市场。在企划阶段，生产方需要综合考虑原作人气、制作难度、市场表现等数据，以决定一个角色是否可以被商品化。

万代模型在收集相关信息方面展现出了专业和严谨。他们在回应粉丝私信时强调，新产品的消息解禁有严格的时间规定，且决定推出哪款产品需要经过多方探讨和资料收集。企划的担当者不仅考虑动画系列、游戏新机体，还根据市场反馈、模型展览、论坛等多方面信息来决策。这种综合考量的方式确保了产品的市场性和吸引力。

一旦确定准备制作的机体，便进入研究开发阶段。这一过程需要开发、设计和模具三方通力合作。开发人员统筹全局，设计师根据需求完成设计，模具负责检验零件设计的可行性。以 MG 龟霸为例，从消费者"希望能还原动画设定"的想法，到基于 MG 级别货品的定位思考手部件可动性的实现方式，再到开发人员修改零件并检验可行性，整个过程充满了思考和优化。

通过这样的信息收集和综合分析，万代能够确保每款高达模型的质量和市场适应性。他们的专业态度和对市场需求的敏锐捕捉，使得他们在高达模型制作中始终保持领先地位，并赢得了广大消费者的信赖和喜爱。这种注重细节和用户需求的工作方式，为万代在模型制作领域树立了良好的口碑和市场地位。

（2）分析洞察与策略调整

万代收集到的销售数据经过专业分析后，能够转化为对万代至关重要的市场洞察和消费者行为理解。这一过程涉及复杂的数据分析技术，通过这些分析，万代能够深入理解消费者的需求变化、市场的新趋势以及竞争环境的动态。万代更是从中提前洞察到人们在进行角色商品的消费时，对于角色的喜爱和熟悉是考虑的第一要素，这样的角色消费给玩具销售带来了极大的助力。

在当今社会，消费者对角色商品的喜爱和熟悉感已经成为影响购买决策的关键因素。万代深谙消费者心理，通过根据消费者喜好调节角色设计与周边生产，成功地满足了消费者的需求，建立了紧密联系，保持了市场竞争优势。这种以消费者喜爱和熟悉感为基础的销售策略，为万代的成功发展提供了有力支撑。

以《假面骑士》系列为例，自"平成"系列开始，假面骑士逐渐在确定的主题下极力塑造出与主题贴合的角色，角色变得重要起来 。典型的例子便是周年纪念作《假面骑士 Decade》。虽然作品的整体质量一般，评价较低，但是其周边销量与热度反而高于之前的作品，最根本的原因便是其主角门矢士的塑造。主角霸气、无所不能的人设圈粉无数，直到现在，《假面骑士 Decade》的人气仍然位居该系列前列。万代通过精心塑造角色形象，成功地吸引了大量粉丝。这种角色塑造不仅提升了作品的知名度，还推动了周边商品的销量。

此外，万代还根据消费者的反馈和市场需求调整角色设计，确保角色形象与消费者的喜好紧密契合。通过对消费者喜好的精准把握和角色形象的巧妙塑造，万代成功地打造了一个庞大的角色经济市场。消费者对角色的喜爱和熟悉感成为他们购买决策的主要驱动力，为万代的玩具销售带来了极大的助力。万代以此为基础，不断调整角色设计与周边生产，保持与消费者之间的紧密联系，确保产品在市场中的竞争优势。

通过建立和维护有效的反馈循环，万代公司成功地将消费者的声音和市场的变化转化为对其营销策略和产品开发的具体指导。这不仅提高了万代产品的市场适应性和消费者满意度，也加强了品牌的市场地位和竞争力。随着市场环境的不断变化，万代的这种以数据为驱动的、灵活应变的策略将继续支持其业务的增长和创新。在今天的商业世界中，持续的反馈和改进不仅是保持竞争力的要素，也是企业可持续发展的关键。

3.4　澄海玩具：集聚协同新趋势与领军企业共谋发展

3.4.1　产业聚集与协同发展

澄海玩具，历经数十年的发展与沉淀，已从一个简单的手工作坊蜕变成为引领行业潮流的创新高地。澄海玩具产业的发展，离不开玩具企业在创新实践付诸的努力，它们分布在产业链的不同位置，各司其职，深刻体现了产业链协同的重要价值，这一协同不仅促进了各环节的高效运作，还推动了整个产业链的升级与革新。

处于澄海玩具产业链上游的企业专注于玩具产品的研发设计，围绕内容产业驱动和研发设计驱动的两条产业价值链开展玩具的创新实践。奥飞娱乐就是典型的由内容产业驱动的玩具企业，这类型企业先有内容，而后再有衍生产品，主要通过打造知名 IP 或取得经典 IP 授权，进而通过优质的 IP 资源进行多方位的变现：通过开发为动画、电视剧、网络剧、电影、游戏、主题公园等文化内容与消费场景提升和放大 IP 品牌价值，同时以多渠道联动变现模式提升单个用户价值，最后通过电视频道、互联网平台等媒体的运营可对文化内容进行快速的品牌化传播，从而快速扩大 IP 影响力。

而以研发设计为驱动的玩具企业，如星辉娱乐、森宝积木、群兴玩具等，它们所生产的玩具产品则是坚持以市场为导向，从消费者的需求出发，强调玩具的功能性和创新性，通过进行深入调研与分析，不断推陈出新，以玩具的功能特性吸引消费者的目光。

澄海玩具产业链中游则是由玩具制造主导，玩具企业通过原材料采购和产品的生产制造两个环节进行创新实践。这一环节的澄海玩具企业如信必达、伟达智能等，均采取积极措施进行创新实践。它们不仅严格把控原材料采购，确保原材料的质量和稳定供应，更通过紧密合作，整合供应链资源，优化生产流程，提升生产效率。这种合作模式不仅降低了生产成本，更为玩具产品的创新提供了坚实的物质基础。同时，这些企业还注重技术研发，不断推出新颖、独特的玩具产品，满足了市场的多元化需求，进一步推动了澄海玩具产业链的持续发展。

澄海玩具产业链的下游主要承担的是玩具的品牌营销工作。典型企业包括宝奥城等，这类型玩具下游企业凭借敏锐的市场洞察力和丰富的销售经验，将玩具产品精准地推向目标消费群体。他们不仅负责产品的包装、物流配送和渠道拓展，还积极开展市场营销和品牌推广活动，提升玩具产品的知名度和竞争力。在这个过程中，澄海玩具企业紧密与上游制造商合作，确保产品供应的稳定性和品质可控性。同时，他们还密切关注市场动态和消费者需求变化，不断调整产品策略和营销手段，以满足市场的多样化需求。

总体而言，这种全产业链的协同创新，不仅提高了澄海玩具的整体竞争力，还为消费者带来了更高质量、更有个性的玩具产品。同时，澄海玩具产业链的协同也促进了区域经济的发展，为当地创造了大量就业机会，推动了整个玩具产业的繁荣与进步。未来，澄海玩具企业将继续坚持创新驱动发展战略，不断拓展国际市场，加强与全球玩具产业的交流与合作，努力打造具有国际影响力的玩具品牌，为全球消费者带来更多惊喜与欢乐。

3.4.2　澄海玩具产业转型升级的方向

在澄海这片充满活力和创新精神的土地上，玩具产业正迎来前所未有的发展机遇。作为澄海重点发展规划的重要组成部分，玩具产业正朝着高端化、智能化、文创化的方向迈进。在转型升级过程中，奥飞娱乐、高德斯和广东群宇三家企业凭借各自独特优势和积极探索，成为推动澄海玩具产业持续发展的重要引擎，也代表了当前澄海玩具产业转型升级的三个重要方向。

首先，"玩具＋大文创"融合，提升玩具产业产品的竞争力。奥飞娱乐，作为儿童文化产业的领军企业，以其丰富的 IP 资源和深厚的文化创意实力，成为"玩具＋大文创"产业发展的中坚力量。奥飞凭借其深厚的儿童文化产业底蕴和丰富的 IP 资源，为玩具产业注入了源源不断的创新活力。通过"IP 原创＋IP 授权"的发展路径，奥飞将文化创意、潮玩与积木玩具设计完美融合，推动了玩具产业的创意化、品牌化发展。同时，奥飞还积极与原创环节及大型品牌方合作，通过跨界合作、IP 联动等方式，开发出更多符合市场需求和价值观导向的精品拼装积木产品，进一步提升了品牌影响力和市场竞争力。

其次，"玩具＋大配套"链路，以智能制造提升产业协同度。高德斯，这家精密模具制造的佼佼者，以其精湛的技术和严格的品质把控，为"玩具＋大配套"产业的延伸发展提供了有力支撑。高德斯凭借专业化和高精度制造技术，成为澄海玩具产业不可或缺的技术支撑。该公司致力于模具关键技术的研发与创新，通过与高校、科研机构的紧密合作，成功突破多项技术难题，提升了模具的精度和品质。同时，高德斯积极推动模具产业标准化发展，为玩具产业的规范化和高质量发展奠定了坚实基础。通过高德斯的技术支持，澄海玩具产业得以向更高端、更精细的领域延伸，实现了产业链向上游拓展。高德斯以其卓越的技术实力和创新能力，为澄海玩具产业的繁荣发展注入了强大动力。

最后，"玩具＋大智能"产品，以人工智能驱动产品升级转型。广东群宇，作为智能玩具领域的创新者和领军者，凭借其前瞻性的视野和强大的技术实力，在"玩具＋大智能"的赛道上布局深远，引领着澄海玩具产业向高端化转型的征程。随着智能科技的飞速发展，智能玩具凭借其互动性和教育性，日益受到市场的青睐。广东群宇不仅凭借在智能技术领域的深厚积累，不断推出创新且科技含量丰富的智能玩具产品，更是深度融合了 STEAM 教育理念，将科学、技术、工程、艺术和数学等多学科知识与玩具设计相结合，实现了玩教一体的理念。广东群宇加速澄海玩具产业在智能领域的布局和发展，为全球儿童带来更多既有趣又有教育意义的智能玩具产品，让孩子们在玩乐中感受科技的魅力，激发创新思维和实践能力，共同推动玩具产业向更高层次迈进。

综上所述，奥飞娱乐、高德斯和广东群宇三家企业，以其独特的优势和实力，成为推动澄海玩具产业发展的重要力量。它们不仅与澄海重点发展规划相契合，更在各自的领域里不断创新和突破，为玩具产业的繁荣发展注入了新的活力。在创新篇，我们将以这三家企业为例，分别对他们的创新之道进行详细介绍。

第 4 章

奥飞娱乐：中国玩具自主品牌
与 IP 的引领者

本章以奥飞娱乐为例，探讨了中国玩具企业创立自主品牌和 IP 矩阵的发展历程和策略。首先，对奥飞娱乐的基本情况、创始人、经营范围以及核心竞争力进行了细致介绍。其次，详细阐述了奥飞娱乐的转型历程，从最初的玩具生产到动漫内容创新，展现了奥飞如何通过突破传统界限，实现企业战略的转型和升级。接着从"玩具与 IP 共舞"的角度，介绍了奥飞娱乐如何依托动漫原创提升价值链左端的竞争力，通过构建动漫全产业链提高价值链右端的影响力，并在此基础上进行产业横向拓展，形成了泛娱乐业务网络布局。最后，论述了内外价值链协同下奥飞娱乐如何通过内外部资源整合，实现业务协同和生态共赢的商业策略。通过对奥飞娱乐创新之道的分析，为其他玩具企业提供转型升级和持续创新的重要参考。

4.1 企业简介

4.1.1 基本情况

奥飞娱乐股份有限公司（外文名称：Alpha Group，后文简称"奥飞"）是中国目前最具实力和发展潜力的动漫及娱乐文化产业集团公司之一，坚持发展民族动漫文化产业，以"让快乐与梦想无处不在"为使命，致力于打造世界级的泛娱乐产业生态。奥飞娱乐股份有限公司的前身为成立于1986年的澄城塑胶玩具作坊，1993年改设为澄海奥迪玩具实业有限公司。主要从事电动玩具、遥控玩具、智能数码玩具的开发、生产和销售。1997年12月更名为广东奥迪玩具实业有限公司。2007年3月整体进行股份制改造，更名为广东奥飞动漫文化股份有限公司。2009年9月登陆深交所（股票代码：002292），是中国动漫行业第一家上市公司，也是中国最大的动漫文化产业集团，先后获得"国家重点动漫企业""最佳商业模式十强""中国文化企业三十强"以及"国家文化产业示范基地"等荣誉。2016年3月公司名称正式变更为奥飞娱乐股份有限公司。

奥飞的注册资本为14.79亿元，总市值达108.09亿元，雇员人数3068人，截至2022年底，企业总资产为55.08亿元，公司董事长及法定代表人为蔡东青，总经理为蔡晓东。目前，奥飞囊括了国内数量众多、覆盖全龄段、拥有广泛知名度的IP群：面向儿童及青少年领域的"喜羊羊与灰太狼""铠甲勇士""巴啦啦小魔仙""超级飞侠""爆裂飞车""火力少年王"等IP；面向全年龄段人群的"十万个冷笑话""端脑""雏蜂""镇魂街""贝肯熊"等IP。除了打造培育众多知名IP之外，奥飞积极进行泛娱乐全产业开发。受一系列精品IP驱动，奥飞玩具收入、单品销量屡创新高。同时，奥飞紧抓消费升级趋势，旗下拥有北美一线婴童品牌"BabyTrend"、国内领先的婴童品牌澳贝、德国新锐创新品牌Micolor，集旗下的内容、媒体、消费品等产业，为全球用户打造一站式的婴童服务平台。秉持"扎根中国，面向全球，全球化发展"的核心战略，近年来，奥飞立足全球视野，整合海外优质技术、人才、资源。奥飞一方面在美国建立了动画研发中心、电影项目公司等，引入迪士尼、派拉蒙影业等好莱坞电影团队，使内容与消费品创意都提升至国际水平；另一方面持续加速拓展全球市场，海外营收占比逐年提升。通过精品 IP 内容的带动，奥飞旗下的玩具、授权、消费品等多元业务在海外市场快速发展，先后进入了全球 40 多个国家及地区，在洛杉矶、波士顿、伦敦、巴黎、雅加达、首尔、曼谷等均设有分支机构，并与全世界各地超过 130 多家公司展开合作，其中包括全球知名的娱乐公司迪士尼、孩之宝、世界最大的连锁零售商沃尔玛、欧洲著名玩具公司 Giochi Preziosi（GP）等。

未来，奥飞将不忘初心，坚持"内容为王、国际化、科技化、互联网化"战略，践行"为新生代创造快乐与梦想"的使命，旨在通过全产业链平台化运作，打造世界级的泛娱乐生态产业，致力于为全球消费者提供多层次的娱乐文化消费体验，成为用户喜爱的文创产业集团。与此同时，奥飞将继续不断发展有特色的动漫文化事业，弘扬中国民族文化，讲好中国故事，积极推动中国文化"走出去"，提升中华文化的国际影响力。

4.1.2　创始人介绍

蔡东青，广东奥飞动漫文化股份有限公司董事长，广东澄海人，现任广东奥迪玩具实业有限公司董事长兼总经理。蔡东青在改革大潮中拼搏创业，凭借过人的胆识和智慧，经过 13 年的艰苦创业，从一名农家子弟成长为具有现代经营理念和管理知识的民营企业家，走出了一条当代青年闯新路、创新业的成功之路。于 1989 年创办的奥迪玩具有限公司，已发展成一家集科工贸于一体、产供销相结合的大型民营企业。"奥迪双钻"品牌被广东工商行政管理局认定为"广东省著名商标"。2004 年，奥飞动漫在广州成立，超越了玩具产业的范畴，开始涉足动画、漫画相关影视文化产业，向动漫文化产业转型。

4.1.3　经营范围

自 1993 年成立发展至今，奥飞已有 30 多年的发展历史，多年来始终坚持构建以动漫 IP 为核心的动漫文化产业生态，以婴幼儿和儿童为核心用户并逐步覆盖至年轻人群体，打造集动画、电影、授权、玩具、婴童、潮玩手办、主题商业等业务于一体的"IP + 全产业链"运营平台，实现了从精品 IP 打造到全产业链变现的运作模式。奥飞依托多年产业运营经验与优势，通过 IP 内容精品化、IP 产业多元变现，逐步实现跨业态、跨品类、跨圈层覆盖，为消费者提供动漫文化内容、文化创意衍生品以及空间实景娱乐等多样化的消费体验。其中，奥飞的主营业务包括内容业务、玩具业务、婴童业务等核心类别，即动漫 IP 及其内容的创作、传播和运营，以及玩具衍生品、婴童产品的研发、生产和销售。

4.1.3.1　内容业务

奥飞已建立从内容创意研发、制作到发行传播、市场推广以及 IP 商业化运营等完整环节的内容业务运作管理体系，主要包括内容创作、媒体发行、动画电影、IP 授权以及文化演出等相关业务。奥飞拥有经验丰富、技术精湛的创意制作团队，持续研发创作的优质动漫影视内容经由复合型媒介平台传播扩大其影响力，能够通过商业化运作完成 IP 变现，进而反哺内容业务发展，形成"IP + 产业"的商业闭环，构筑内容创作企业的核心壁垒。

（1）IP 资源

奥飞作为国内动漫文化行业的领军企业，始终贯彻以 IP 为核心的战略，通过旗下多个核心动漫创意制作工作室以及与全球优秀行业合作伙伴的协作配合，坚持创作精品动漫 IP 内容，持续为全球家庭带来优质动漫内容。奥飞多年来持续打造并积累了众多优质 IP 资源，构建了覆盖各年龄段 IP 的资源矩阵，包括"超级飞侠""喜羊羊与灰太狼""萌鸡小队""巴啦啦小魔仙""铠甲勇士""贝肯熊""巨神战击队""爆裂飞车""飓风战魂""火力少年王""超凡小英雄"等。

（2）内容传播

奥飞近年来不断加强在媒体传播领域的相关布局，一方面，持续强化与全国卡通卫视以及重点省市级少儿频道的合作，深耕 TV 动画、动画电影等领域。在 TV 动画方面，奥飞始终坚持以自身 IP 为核心，不断进行内容创新，在 2022 年相继推出《超级飞侠 12》《羊村守护者 5 之奇妙大营救》《巴啦啦小魔仙之魔法星缘堡》等全新动画内容。十年经典 IP《飓风战魂》在 2022 年再度回归，最新系列《飓风战魂之剑旋陀螺》上线后即刻引来粉丝的广泛关注，勇夺全国多个卡通卫视同时段收视冠军。除此之外，奥飞也不断开发《超凡小英雄》《恐龙量子战队》等全新 IP，丰富自身的 IP 矩阵，增强核心竞争力。在动画电影领域，奥飞于 2022 年推出了《萌鸡小队》和《喜羊羊与灰太狼》两部系列电影。其中《喜羊羊与灰太狼之筐出未来》时隔七年后在大年初一回归大银幕，凭借满载诚意的精心制作以及高燃的运动剧情受到了观众的喜爱，全网平台好评如潮，口碑持续发酵，票房突破 1.6 亿元；此外，该片还在 2022 年荣获十大年度国家 IP 评选动漫赛道大奖银奖、首届香港紫荆花国际电影节最佳影片奖、第 35 届金鸡奖最佳美术片提名等多项荣誉。另一方面，紧随新媒体行业发展趋势扩大传播触达方式与范围，奥飞形成从网络视频平台、IPTV、OTT 到数字电视、智能终端、音频平台，以及 App 应用、流媒体平台、短视频平台等全方位的新媒体内容触达渠道，目前已覆盖超过 100 家的主流媒介平台。

（3）商业运营

奥飞具备成熟的 IP 商业化运作能力，能对不同类型的 IP 进行精细分类，并根据其属性、定位等选择合适的商业化发展路径和变现方式。奥飞构建了以 IP 为核心，涵盖动画、授权、媒体、玩具、婴童、空间娱乐等业态在内的运营平台，IP 资源将依托全产业链优势，开启多渠道联动变现模式，实现价值最大化。其中，授权业务成为奥飞扩大 IP 影响力、增加 IP 营收渠道的重要业务之一，奥飞稳定开拓 K12 市场授权业务，在食品饮料、日化用品、服装配饰等重点品类稳扎稳打，并积极拓展了多个细分品类。基于以 IP 为核心的全产业生态优势，奥飞整合产业链资源，与多家行业头部企业开展深度战略合作，加强被授权客户的黏性，提高客户留存率。与此同时，奥飞积极推进旗下 IP 向年轻潮流领域的授权业务，不断探索新兴授权模式。一方面，奥飞旗下"喜羊羊与灰太狼""巴啦啦小魔仙""铠甲勇士"等 IP 与知名游戏厂商开展多场游戏联名活动，重点破圈年轻人市场，扩张 IP 影响场域；另一方面，奥飞引入第三方平台合作、第三方艺术家二次创作，开发诸如"喜羊羊与灰太狼：巴黎夜幕盛宴"等全新风格类型的图库设计，借助焕新形象打入新赛道，发展新型授权业务模式。2022 年，奥飞荣获第六届玉猴奖年度十佳授权团队，并再次荣登 *License! Global* 杂志发布的《2022 年全球顶级授权商排行榜》,《超级飞侠》荣获中国授权金星奖——卓越人气IP 奖。

4.1.3.2　玩具业务

经过多年的拓展与积累，奥飞在玩具衍生品设计、生产及销售方面已经形成了一套成熟的体系，涵盖创意外观设计、结构功能开发、模具开发、制造、营销等多个环节。在前端创意与后端营销方面，奥飞着重将产品与 IP 资源相结合，增强其品牌效益，其自有的产品研发与制造体系提升了产品在成本、效率、市场反应等方面的竞争优势。此外，奥飞持续进行产品研发与渠道拓展的国际化，积极提升产品竞争力，扩大市场空间。其玩具业务板块主要包括动漫 IP 玩具、积木玩具等两大品类。

（1）动漫 IP 玩具

动漫 IP 类玩具以国内知名品牌"奥迪双钻"为主，广东奥迪动漫玩具有限公司成立于 1993 年，主要设计、开发、生产、经营竞技类玩具、遥控玩具和智能数码系列和女孩玩具系列等近千个品种，经销网络遍布全国，向海外辐射，品牌知名度位居国内行业榜首。随着 IP 矩阵的不断丰富，奥飞目前主要围绕自有动漫 IP "超级飞侠" "萌鸡小队" "巴啦啦小魔仙" "铠甲勇士" "巨神战击队" "爆裂飞车" "飓风战魂" "火力少年王" "超凡小英雄" 等，开发生产相应系列的变形玩具、人偶、装备、陀螺、悠悠球、四驱车等多种样式的玩具。同时，在各终端形象打造上重新进行优化投入，打造线下品牌势能，结合覆盖全国的超级飞侠、巴啦啦小魔仙 IP 明星见面会地推活动以及四驱车、陀螺等项目竞技赛为用户创造良好的线下体验氛围。除此之外，奥飞还与全球知名 IP 通过授权合作开发生产其衍生玩具，如 "侏罗纪" "小黄人" 等，同时也积极开拓文具文创、饰品潮玩、KA 超市等业态的相关渠道市场，目前已与晨光文具、得力文体、名创优品等开展合作并持续推动更多跨界文创合作模式。

（2）积木品类玩具

奥飞近年来打造的 "维思积木" 品牌以中颗粒和小颗粒产品为主，结合 IP、教育、科技等不同属性，推出了多功能积木桌、长征运载火箭、拼装遥控车、积木花、积木陀螺等多款产品。其中，奥飞通过 "超级飞侠" 以及 "巴啦啦小魔仙" 等系列场景，打造了夏乐彤魔法道具等爆款产品，实现了积木玩具与 IP 的互动。维思积木遥控系列获得美国 STEAM 玩具认证，积木遥控双驱动越野车荣获 2022 年法国玩具大奖。

4.1.3.3　婴童业务

婴童业务主要为北美一线婴童品牌 "Babytrend" 和中国母婴品牌 "澳贝" 的研发和销售，包括了婴儿推车、汽车安全座椅、睡床、餐椅、学步车、玩具、纸品、室内游乐等核心品类产品。近年来，奥飞积极推行大母婴战略，依托国内外双品牌联动优势，辅以多年儿童消费市场运营经验，持续深耕大母婴市场。"Babytrend" 升级为综合类母婴品牌，产品从核心品类逐步拓展婴童玩具、哺育用品、婴童家具等新品类，其品牌定位为专业婴童出行专家。为保证海外婴童用品业务的稳定，奥飞持续增加线上线下市场投入，并加强与沃尔玛、塔吉特、亚马逊等优质大客户紧密合作。2022 年，"Babytrend"产品"Tango Travel System""Smart Steps Bounce"均获得美国国家育儿中心（National Parenting Center）2022 年度特别认证产品；"Expedition 2-in-1 Stroller Wagon"获得美国消费者报告编辑推荐奖（Consumer Reports Editor's Choice Award）。

"澳贝"从专注婴幼儿玩具的品牌升级成为品类更丰富的"澳贝母婴"品牌，持续专注于母婴产品的开发和研究，秉持安全、科学、时尚的研发理念，联手国内外设计师和全球供应链研发，旨在用原创设计给新一代父母和宝宝带来更多欢乐时刻。其产品品类包括专业益智玩具、安心纸品、餐具喂养、室内游乐、户外出行等多个系列，市场定位为专业婴童玩具品牌。2022 年"澳贝"陆续推出萌猫健身架、逗爬小柯基、成长启蒙触摸布书、益智口袋忙碌球、举重猩猩学数天平等新品，并将积木与 STEAM 结合，推出了全新澳贝 STEAM 滑道积木，融入了科学、技术、工程、数学和艺术思维，让孩子的数理逻辑、空间感、想象力和创造力都能在搭建和游戏中得到提高。2022 年，澳贝明星产品"声光安抚甜睡考拉"荣获 2022 年法国玩具大奖；"冰川探险 3D 磁力迷宫"荣获《升级和创新消费品指南》2022 年优秀创新产品奖。"Babytrend"与"澳贝母婴"发展各有侧重点，未来将发挥各自优势在区域市场中形成品类以及渠道互补。

4.1.4 核心竞争力分析

4.1.4.1 极具影响力的优质动漫 IP 矩阵

奥飞拥有持续创作优质 IP 内容的核心能力，多年来坚持打造、积累了众多优质 IP 资源。奥飞有着数量众多、知名度广泛的动漫 IP 资源，包括"超级飞侠""喜羊羊与灰太狼""萌鸡小队""巴啦啦小魔仙""铠甲勇士""贝肯熊""巨神战击队""爆裂飞车""飓风战魂""火力少年王""超凡小英雄"等，其中多个 IP 内容在国内以及海外市场都有优异表现，受到全球儿童及家庭观众的喜爱，具备一定的影响力。奥飞一方面精心培育自主品牌，不断推出新的 IP，并在既有 IP 上持续创作新的内容，另一方面通过收购、授权合作等方式灵活整合外部优秀 IP，由此加速扩充 IP 资源储备，构建强有力的精品 IP 矩阵。

4.1.4.2　高效的"IP ＋ 全产业链"运营平台

奥飞具备成熟的 IP 商业化运作能力，构建了以 IP 为核心，涵盖动画、授权、媒体、玩具、婴童、空间娱乐等业态在内的多元产业格局，打造各产业相互协同、深入发展的"IP ＋ 全产业链"运营平台。奥飞的精品 IP 资源可开发为动画、电影、短视频、音频等不同形式的文化内容，通过电视媒体、院线、短视频平台、音频内容平台等多元化媒体渠道进行快速的品牌化传播、扩大 IP 影响力，并依托全产业链优势开启玩具衍生品、婴童用品、潮玩手办、IP 授权、主题商业等多渠道联动变现模式，实现 IP 价值最大化。奥飞将坚定围绕以 IP 为核心，内容为王，精品化、数字化、国际化的"1+3"发展战略，构建以 IP 为核心的动漫文化产业生态，持续保持奥飞在文化产业里的重要地位。

4.1.4.3　多渠道、多元化的产业融合

奥飞已经构建了以 IP 为核心，涵盖动画、授权、媒体、玩具、婴童、空间娱乐等的多元产业格局，形成各产业相互协同、深入发展的运营平台。奥飞的精品 IP 资源可经过多方位、多角度、多轮次立体开发，成为动画、电影等文化内容，提升和放大 IP 品牌价值。文化内容可通过全国儿童卡通电视频道、PC 及移动端视频播放平台、电影院线等多元媒体渠道进行快速的品牌化传播，扩大 IP 影响力。IP 的运营与变现依托全产业链优势，开启 IP 内容、IP 周边衍生品、IP 授权、IP 场景消费等多渠道联动变现模式，提升单个用户价值。

4.1.4.4　国际化的战略布局

奥飞已从内容创意、消费品研发、形象授权、发行网络、销售网络、分支机构等方面，进行了全方位的国际化战略布局，为奥飞实现国际化发展奠定坚实基础。奥飞在北美、欧洲等全球多个地区建立办事处，引入行业内优秀的动漫内容创意、衍生品市场营销等方面的人才，使内容及消费品的创意水平提升至国际级别；动画发行网络已覆盖超过130 个国家与地区，衍生品营销网络也随之进一步扩大；奥飞依托北美一线婴童品牌"Babytrend"，获取了婴童用品领域国际创意、技术与渠道资源，辅以 IP 资源优势及多年儿童消费市场运营经验，持续深耕婴童用品市场，助力国际化战略。

4.2　奥飞娱乐的转型历程

自 1993 年发展至今，奥飞已有 30 多年的发展历史，目前已经成为中国最具实力和发展潜力的动漫文化产业集团。在此过程中，奥飞历经3 次转型升级，已成功由一家玩具生产制造企业蜕变为泛娱乐文化公司，就其发展历程来看，大致可以分为"专注玩具""动漫 + 玩具""动漫全产业链运营""泛娱乐化文化产业"四个阶段（见图 4–1）。

4.2.1　专注玩具阶段（1993~2002 年）

20 世纪 90 年代是中国改革开放的重要时期，在市场经济的催化下，澄海玩具行业发展如火如荼，逐步形成配套产业链。奥飞借此机会，成立广东澄海奥迪玩具实业有限公司，选择走玩具生产制造的道路以满足被释放的市场需求。为应对市场上大量同质产品的竞争，奥飞积极响应品牌战略，创建自主品牌"奥迪双钻（AULDEY）"。与此同时，奥飞通过对市场的洞察以及积极的探索学习，引入四驱车打开市场，并辅之以"大赛 + 动画"的方式开展营销，由此成功地开拓了国内市场，提升了

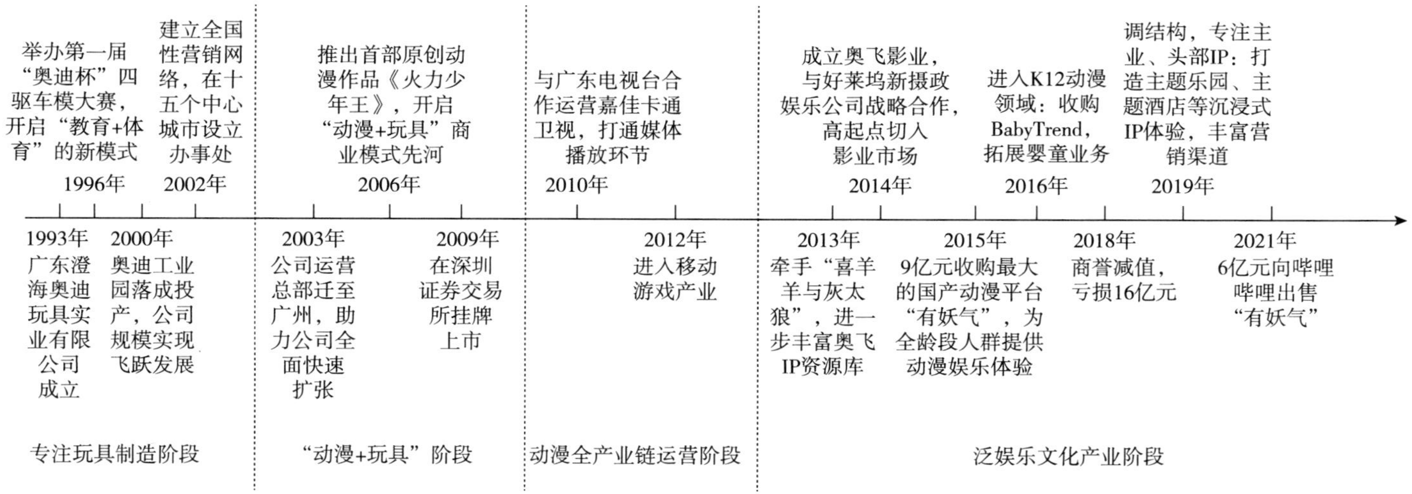
举办第一届“奥迪杯”四驱车模大赛，开启“教育+体育”的新模式
1996年
建立全国性营销网络，在十五个中心城市设立办事处
2002年
推出首部原创动漫作品《火力少年王》，开启“动漫+玩具”商业模式先河
2006年
与广东电视台合作运营嘉佳卡通卫视，打通媒体播放环节
2010年
成立奥飞影业，与好莱坞新摄政娱乐公司战略合作，高起点切入影业市场
2014年
进入K12动漫领域：收购BabyTrend，拓展婴童业务
2016年
调结构，专注主业、头部IP：打造主题乐园、主题酒店等沉浸式IP体验，丰富营销渠道
2019年
1993年
广东澄海奥迪玩具实业有限公司成立
2000年
奥迪工业园落成投产，公司规模实现飞跃发展
2003年
公司运营总部迁至广州，助力公司全面快速扩张
2009年
在深圳证券交易所挂牌上市
2012年
进入移动游戏产业
2013年
牵手“喜羊羊与灰太狼”，进一步丰富奥飞IP资源库
2015年
9亿元收购最大的国产动漫平台“有妖气”，为全龄段人群提供动漫娱乐体验
2018年
商誉减值，亏损16亿元
2021年
6亿元向哔哩哔哩出售“有妖气”
专注玩具制造阶段
“动漫+玩具”阶段
动漫全产业链运营阶段
泛娱乐文化产业阶段

图 4-1　奥飞娱乐的发展历程

资料来源：由作者团队绘制而得。

品牌知名度，完成了初始积累。

4.2.2 "动漫＋玩具"阶段（2003~2009 年）

2003 年，广州奥飞文化传播公司的成立意味着奥飞的发展步入新的阶段。经过前一段时间的经验积累，奥飞开始认定走玩具与动漫结合的道路，将动漫作为推广营销手段配合传统的生产制造进行初步转型，以玩具反哺动漫，以动漫促进玩具销售。为践行"动漫＋玩具"的发展战略，奥飞以"授权合作＋动漫原创"的方式开展生产运营活动。在授权合作方面，奥飞与万代、迪士尼等合作开发相关的动漫玩具产品，跨越了传统玩具厂商的定位，开始走创意带动生产销售的道路；在动漫原创方面，奥飞于 2006 年第一次拍摄自有著作权的动漫作品《火力少年王》，之后陆续制作了《电击小子》《巴啦啦小魔仙》《战龙四驱》《铠甲勇士》等原创影视片。至 2009 年 6 月，奥飞已制作完成动漫影视片 8 部，共 8084 分钟，动漫影视片覆盖国内 31 个省份 200 余个电视频道，累计播出时间达 29.15 万分钟。在这些影视片带动下，相关玩具产品均取得很好的销售效果。奥飞也于 2009 年成功上市，成为中国第一家上市的动漫玩具企业。

4.2.3 动漫全产业链运营阶段（2010~2012 年）

产业结构转型升级的背景下，奥飞又开始进行新的战略思考——如何在做大动漫创意产业的同时，拓展新的发展空间和领域。过去奥飞利用动漫作为推广手段配合传统制造业的转型。接下来要求继续发展，就必须打造一条以卡通形象品牌为核心，建立涵盖动漫内容创作、媒体发行、商品化授权、衍生产品运营、直营零售等各环节的大动漫娱乐全产业链。因此奥飞在制作原创动漫影视片中，开始逐步实施内容、媒体、产业运营三结合的经营模式。在内容方面，随着移动互联网、智能电视等新经济的发展，网游、手游的更新非常快速，游戏必将成为爆发性的增长点。2012~2013 年，奥飞通过收购北京"方寸科技"和"爱乐游"两家手游公司，进军手游领域，促进产业的战略转型，这是"奥飞动漫"文化产业化战略的重要举措，"奥飞动漫"逐步完成较为完整的动漫游戏产业链布局。在媒体方面，随着原创动漫 IP 逐渐增多，奥飞的媒体需求进一步扩大。2010 年，奥飞成功收购嘉佳卡通运营公司 60% 股权，为国内唯一一家拥有频道经营权的公司，完善新媒体渠道布局。在产业运营方面，奥飞一方面与拥有变形金刚等全球知名品牌的玩具巨头孩之宝签署《投资合作意向书》，共同开发、设计动漫玩具和相关衍生产品，并以全球运营方式，在全球范围内分销产品和开展品牌授权。另一方面，奥飞还通过收购明星动画，收购著名动漫品牌"喜羊羊与灰太狼"的商标及版权，拥有其 100% 的股权，加强了动漫品牌的运营能力。特别是，"喜羊羊与灰太狼"是当时国内知名度最高、品牌价值最大的动漫卡通品牌之一，也是国内票房价值最高的原创动画电影品牌。

4.2.4　泛娱乐文化产业阶段（2013 年至今）

在文娱行业呈现爆发式增长的态势下，全产业链阶段的发展经验使奥飞意识到 IP 能够帮助企业实现全年龄段覆盖，具有长期效益。因此，奥飞进一步突破全产业链的路径依赖，提出布局泛娱乐化生态，主要通过收购整合外部资源，快速拓展企业边界。2013 年之后，奥飞先后进入电影、电视、VR、AR、婴童领域，着力布局泛娱乐化生态。在此阶段，奥飞始终聚焦于 IP，以 IP 为核心开展影视、动漫等业务，不断扩张商业版图，实现内外协同发展。

4.3　玩具与 IP 共舞：奥飞娱乐的创新之道

4.3.1　价值链左端攀升：进军动漫原创

第一阶段的发展经验使奥飞意识到只有通过动漫手段把中国文化

与玩具制造结合起来才能扩大产品的销售市场，提高产品附加值。如图 4-2 所示，至 2003 年，奥飞虽然已经完成初始的资本积累，但是仍处于价值链的生产制造环节，面临着被"低端锁定"的风险。与此同时，通过引入国外版权发展动漫的方式，一方面给企业经营带来了极大的成本负担，另一方面也不利于企业发展对内容的把控权。受外部风险因素的推动和前期经营经验的启发，奥飞于 2003 年将总部搬迁到广州，突破前一阶段玩具生产制造的路径依赖，选择采用"动漫＋玩具"的发展模式，跨越传统的玩具厂商的定位，开始走创意带动生产销售的道路；2007 年 6 月，在原广东奥迪玩具实业有限公司基础上，进行整体股份制改造，正式成立广东奥飞动漫文化股份有限公司，注册资金 12000 万元。

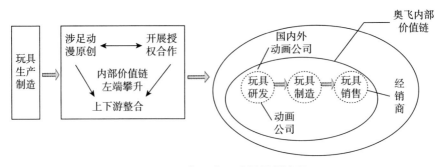

图 4-2　奥飞进军动漫原创流程

资料来源：由作者团队绘制而得。

此阶段，奥飞的重点任务就是切入动漫原创领域，向价值链上游攀升。为此，奥飞主要是通过"授权合作＋动漫原创"的方式进行战略布局。在授权合作方面，奥飞于 2004 年底和日本万代公司合作开发《迪迦奥特曼》中的人物、器械等动漫形象玩具产品。2007 年 9 月与华特迪士尼（上海）有限公司合作，共同开发小熊维尼、米奇等动漫玩具，还与上海虹猫蓝兔卡通公司合作，开发《虹猫蓝兔七侠传》中的动漫卡通形象产品。同年 10 月又与万代贸易（广州有限）公司合作开发"钢铁拯救队"系列的动漫玩具产品，与中影动画公司共同组建中奥影迪公司。至此，奥飞公司跨越了传统玩具厂商的定位，走上一条创意带动生产销售的道路。

在动漫原创方面，奥飞认识到，制作原创动画片不仅可以带动玩具的销售，减少经营成本，还可以带来新的利润增长点，即动漫衍生品的授权与开发，因此开始向动漫原创领域进军。2006 年，奥飞投资 800 万元，第一次拍摄自有著作权的动漫作品《火力少年王》，该系列影片还在中国香港、印度尼西亚、马来西亚、印度、韩国和菲律宾等地播放，均取得较高的收视率，推动相关产品在海外的销售。仅两年时间就销售悠悠球超过 1500 万个，销售总额约 3.5 亿元。2005 年刚推出悠悠球时，系列产品销售额为 1625 万元，毛利率为 24%。2006 年《火力少年王 I》播出后，系列产品销售额增加到 8397 万元，2007 年增加到 1.87 亿元，毛利率提高到 50%。继《火力少年王》后，奥飞陆续制作《电击小子》《巴啦啦小魔仙》《战龙四驱》《铠甲勇士》等原创影视片，在这些影视片带动下，相关玩具产品均取得很好的销售效果。《火力少年王》还荣获中国动画学会"中国最具产业价值奖"，《战龙四驱》《雷速登之闪电冲线》被文化部认定为重点动漫产品。

据奥飞招股说明书披露，其自主开发的动漫类玩具毛利率已经达到 52.97%，而授权开发的动漫类玩具仅为 37.76%，非动漫类玩具仅为 15.53%。除此之外，品牌得到进一步强化，奥飞在商标注册、版权登记、专利申请以及知识产权保护等方面表现活跃。

4.3.2　价值链右端攀升：构建动漫全产业链

在玩具行业整体转型升级的大背景下，奥飞获得了极大的发展，并于 2009 年成功在深交所中小板挂牌上市，成为中国动漫行业第一家上市企业。与此同时，奥飞又开始了新的战略思考——如何在做大动漫创意产业的同时拓展新的发展空间和领域，开始尝试在"动漫＋玩具"发展模式的基础上进行全产业链布局，即涵盖动漫内容创作、发行推广、直营零售等（见图4-3）。

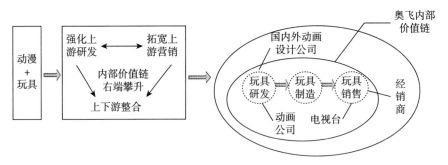

图4-3　奥飞构建动漫全产业链流程
资料来源：由作者团队绘制而得。

此阶段是奥飞从产业文化化向文化产业化转型的关键时期。前期从单纯的玩具生产销售向"动漫＋玩具"创意营销模式的转型给奥飞带来了盈利的增长，但仍局限于利用动漫带动玩具的销售，产品的附加值仍有待提高。上市给奥飞带来了更多的资本，提供了进一步整合资源的可能性，奥飞开始向文化产业化转型。文化产业化与产业文化化与传统制造业的经营范式不同，其主要强调企业先有故事，打造出成功的动漫形象，然后再做衍生品，包括玩具、图书、形象授权以及童装童鞋、儿童用品、食品等，二者的区别如表4-1所示。

表4-1　　　　　　　　产业文化化与文化产业化对比

项目	特点	经营模式	代表企业
产业文化化	以玩具产品为核心，先制造玩具，后发展动漫形象；需要具有强大的玩具销售运营能力	玩具收入为主，逐渐开发动漫，以动漫带动玩具销售，促进销售收入以及品牌授权收入的增长	日本万代
文化产业化	以创意为核心，先开发动漫形象，后衍生；需要打造有市场影响力和内容深度的IP	版权与形象授权为主，以IP为核心开发更多的衍生业务，增加衍生收入	美国迪士尼

资料来源：根据中投证券研究所数据整理。

　　为实现从产业文化化到文化产业化的转型升级，奥飞持续开发动漫内容、丰富 IP 矩阵，于 2013 年收购中国第一原创动画品牌喜羊羊与灰太狼。《喜羊羊与灰太狼》，从开播开始已累计 1500 多集动画片、7 部大电影、累计票房超 8 亿元，多次刷新中国原创动漫品牌的纪录。2013 年，奥飞花费近 6.34 亿港币收购意马国际的全资子公司资讯港管理有限公司 100% 股权，及广东原创动力名下"喜羊羊与灰太狼"等相关动漫形象的商标和版权，同时花费 3639.6 万元人民币收购了原创动力（喜羊羊制作团队）。

　　IP 内容被创造之后，需要经过媒体渠道的播放才能成功放大 IP 的价值，为此，奥飞在传播渠道、营销推广上进行了多方布局，打造了媒体 + 内容 + 广告的产业链。于 2010 年出资 9000 万元收购广东嘉佳卡通影视有限公司 60% 股权并获得 30 年的经营权，成功切入媒体发行领域。借此，奥飞成为第一家有自己的播映渠道的动漫企业。2012 年开始，嘉佳卡通综合收视率在广东片区收视率持续领先，稳定在广东全频道收视前十。除了传统媒体，奥飞也布局了移动端渠道。奥飞控股了移动漫画阅读 App "魔屏"，参股了儿童动漫视频移动平台"爱看动漫"以及漫画阅读 App "布卡"，从而形成了"嘉佳卡通卫视 + 爱看动漫 + 魔屏 + 布卡"的涵盖传统媒体（电视）以及移动端媒体的线上线下多屏传播渠道。奥飞也投入资金对衍生品销售渠道进行了拓展和深化。2011 年，奥飞已建立了经销商、分销商、终端零售商三级营销渠道，奥飞玩具进入了超过 2 万个玩具销售网点。此外，奥飞实现了玩具反斗城（TRU）的直营及几大全球知名零售系统（如沃尔玛、家乐福）的总部直接对接，并开拓了包括淘宝、京东、唯品会等电商平台。除此之外，产业链上游原创动漫的内容制作使奥飞增加了通过获取授权收入实现 IP 变现的渠道，覆盖图书、音像、鞋服等领域，单 2007 年奥飞就取得授权收入 200 多万元。2012 年 "AULDEY 双钻"商标被认定为"中国驰名商标"，奥飞的专利授权拥有量居国内玩具企业第一位，也是全国玩具行业知识产权保护突出的企业。

至此，奥飞迈出了向文化产业化转型升级的第一步，实现了经营模式的转变。持续进行 IP 内容的积累，完成"内容 + 媒体 + 产业运营"的全产业链结构。

4.3.3 价值链横向拓展：布局泛娱乐业务网络

此阶段是中国产业结构升级的重要时期，第三产业崛起，文娱行业爆发式增长。经过前期的发展，奥飞已经初步实现了转型升级，完成了动漫全产业链布局。但是本质上奥飞的主营业务还是围绕玩具生产销售，动漫 IP 的价值没有被深入挖掘，业务发展空间受到了极大的限制。与此同时，随着互联网游戏、智能电视等的兴起，奥飞发现了向更多业务拓展的可能性，因此选择通过跨界收购的方式将业务触角延伸到不同领域，并丰富了自有 IP 矩阵（见图 4-4）。

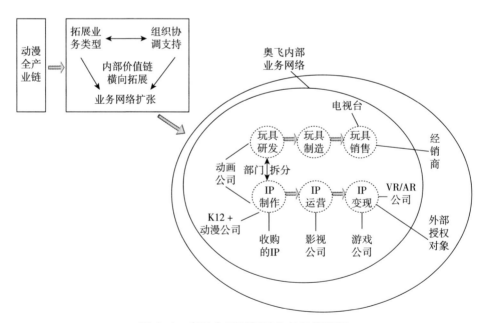

图 4-4 奥飞布局泛娱乐业务网络流程

资料来源：由作者团队绘制而得。

在业务层面，奥飞通过收购、控股等方式进行跨界发展，进入影视、游戏、VR、AR 等领域，广泛布局泛娱乐网络。2015 年，奥飞动漫斥资数千万元人民币战略入股剧角映画，其全资子公司奥飞影业与剧角映画在 IP 研发、影视制作、电影营销、衍生品等产业链环节展开深度合作，共同开启中国真人动漫大电影的行业新格局。2015 年 7 月，奥飞宣布与海尔旗下日日顺、暴风科技、三诺数码影音成立合资公司，以期通过内容制作、播放、硬件制造以及物流服务等方面集中各方优势进行资源互补合作。借此合作，暴风 TV 也横空出世。奥飞动漫表示，四方携手切入智能电视领域，合作各方都将投入自身优势资源，打造新的家庭娱乐模式，形成资源与优势的互补。通过调动公司的精品 IP 内容，能够为互联网电视提供差异化的"软实力"，同时进一步完善公司的产业链布局，提升核心竞争力。奥飞加强在互联网电视领域的战略布局。2015 年，奥飞收购四月星空，旗下的"有妖气"网站是国内最大的原创漫画平台，拥有丰富的 IP 资源，是公司以 IP 为核心发展战略的重要补充，有利于进一步扩大 IP 矩阵，巩固"构建以 IP 为核心的泛娱乐生态系统"发展战略，完善公司的全产业链生态战略布局。收购"有妖气"之后，奥飞又与泽立仕、互动视界、诺亦腾联姻，构成了新的"黄金组合"，开启"IP+VR"升级娱乐体验。从奥飞整体的业务结构来看，此阶段玩具销售收入的占比逐年下降，影视、游戏、授权等收入占比不断上升。以喜羊羊与灰太狼 IP 为例，收购后奥飞迅速投入对相关玩具制品的制造，并进行了服装、鞋帽等品牌授权，数据显示，2015 年仅喜羊羊授权商品就为奥飞贡献了 10 亿元营收。

在 IP 布局层面，奥飞通过"内生 + 外延"的方式丰富自有 IP 矩阵。内生方面，奥飞拥有 10 多个原创动漫工作室，已经推出了如"铠甲勇士""巴啦啦小魔仙""火力少年王"等 IP，已在 K12 人群（幼儿园到十二年级，指 5~18 岁的少年儿童群体）拥有较强影响力。外延方面，奥飞的思路是打造全年龄向 IP，拓宽受众范围。2014 年，奥飞花费 700

万元收购《倒霉熊》的知识产权。2015年底，奥飞以9.04亿元人民币收购中国大型原创漫画平台"有妖气"，借此收购，奥飞正式地将IP受众延伸到全年龄向。有妖气是中国最大的互联网原创动漫平台，有4万部以上的漫画作品，1.7万名的漫画家，平均每月点击量高达800万。

通过大量的跨界收购，奥飞的业务范围逐渐扩大，覆盖影视、游戏、玩具衍生品、VR等领域，完成了泛娱乐业务网络的布局。

4.3.4　内外价值链协同：形成奥飞商业生态

奥飞在经历了2013~2015年的快速发展期之后，业务快速铺开，但随之而来也面临着业务之间协同度低的挑战。为此，奥飞进一步探索适合自身发展的IP运营模式，为此奥飞广泛地与迪士尼顾问开展交流、参考国外的发展模式，并结合自身的实际，听取内外智囊团的发展建议进行探索试错，确定"以IP为核心"的发展战略。为此，奥飞通过丰富外部连接和调整自身内部的业务结构来践行IP核心战略（见图4-5）。

在丰富外部连接方面，奥飞开始以IP赋能不同产业，加强产业间的联动，实现资源共享与互补。例如，2023年7月3日，海豚传媒和奥飞娱乐、图灵机器人举办了AI数字人战略合作签约仪式，就"人工智能与儿童IP活化、儿童IP数字人研发以及商业应用"项目展开探索与合作；2023年5月30日，奥飞娱乐与小冰公司正式签署战略合作协议。这次合作的签署，标志着人工智能技术在文化产业及儿童领域的进一步落地，奥飞娱乐将在内容创作、产品研发等更多产业链环节持续探索AI技术应用可行性，加快促进内容与产业良性循环以及创新融合的高质量发展。

在内部业务调整方面，一方面，奥飞进一步丰富完善产业生态，于2016年斥资1.4亿美元，全资收购北美地区综合排名前两位的婴童出行用品公司Baby Trend Inc，以及东莞金旺儿童用品有限公司（后文简称"金旺"），进一步布局婴童业务；2017年底奥飞开始以"直营+加盟"

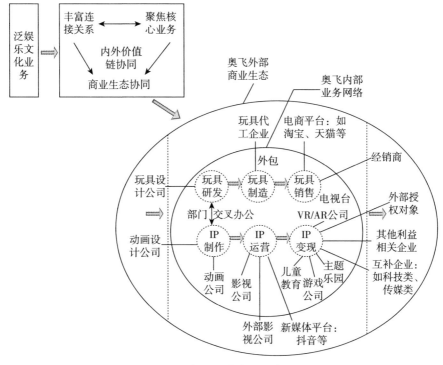

图 4-5　奥飞形成商业生态流程

资料来源：由作者团队绘制而得。

的模式布局主题乐园业务，奥飞欢乐世界是"亲子互动 + IP 场景体验 + 剧作演艺 + 主题餐饮 + 购物"的室内儿童乐园，截至 2020 年 3 月 31 日已开设了 17 家门店，包括 10 家直营店和 7 家加盟店。另一方面，奥飞对内部已有业务进行重构，不断降低玩具生产制造的占比，将积木生产制造业务外包给更为专业的高德斯精密科技，将非核心的动漫内容创作业务外包给外部的动漫设计团队。除此之外，奥飞于 2021 年将"有妖气"出售给哔哩哔哩，剥离无法有效进行变现的 IP，专注于自身的核心 IP 进行生态运营。

发展至今，奥飞已经形成了较为成熟的 IP 运营模式。在此过程中，奥飞不断深化了对 IP 的认识，持续开展内容创作，搭建起丰富的 IP 矩阵，并在不断地探索尝试中形成了成熟的 IP 运营流程。在此基础上，利用 IP 赋能相关产业，实现生态联动，开展玩具体系外循环。奥飞凭借职能团队的支撑对被收购业务进行了有效的整合和协调，成功拓展了游戏、影视、动漫、玩具、媒体等业务，实现跨界发展。除了获取丰富的产业资源之外，奥飞通过收购整合了外部 IP，进一步丰富了自身的 IP 矩阵。

第5章

高德斯：推动玩具生产走向
智能制造的赋能者

本章以高德斯为例，分析其作为颗粒类玩具制造业数字化、智能化转型的先驱，如何为中小积木企业和品牌赋能，如何推动传统积木生产走向智能制造。首先介绍了高德斯的基本情况和核心竞争力，回顾其发展历程。其次分析高德斯以智能制造赋能品牌的路径，包括研发行业软件提升合作伙伴设计能力，基于精密制造打造产业"护城河"。接着分析了高德斯通过运营线上垂直社区平台打通2C市场，举办"创想汇"比赛吸引培养优秀设计人才，多平台联动构建积木行业创新生态等策略。最后介绍了高德斯打造产业联盟，通过构建品牌文化合作矩阵提升合作伙伴美誉度，运营高砖积木社区形成闭环生态、共创积木行业新格局等措施。

5.1　企业简介

5.1.1　基本情况

汕头市高德斯精密科技有限公司（后文简称"高德斯"）是一家专注于积木通用件的研发、设计和生产的精密科技公司。高德斯以"精密制造"为核心，深耕积木供应链细分领域，致力于为客户提供高效优质的生产服务和一站式的精密制造解决方案。企业的愿景是与客户实现命运共同体。高德斯坚定"为客户创造价值"的使命，履行着"以质量为本，以客户为中心"的价值观。可以说高德斯的发展目标是成为积木新锐品牌命运共同体的一部分。

高德斯成立于 2017 年，坐落于"中国玩具礼品之都"——广东省汕头市澄海区。在 2018 年建成精密模具无尘车间，自主研发模具 5000 套，获得"汕头市智能制造试点示范项目"认定。并于 2019 年设立第二分公司及生产基地，年生产总量超 30 亿积木颗粒，获得"高新技术企业"认定，办公及生产车间面积达 22 万平方米，累计投入超 10 亿元。2020 年高德斯智能仓建成投入使用，年生产总量突破 100 亿积木颗粒，获得"专精特新"资格认定。2021 年高德斯投资优必选高德乐智造项目，并在 2022 年迁入优必选高德乐智造中心，开启发展的新篇章。

未来高德斯希望在政府的大力支持下，与玩具产业链各个环节的商家团结协作，加快推进澄海玩具塑胶精密制造产业的转型升级，打破产业链企业各自为政、单兵作战的局面，进一步把产业做大做强，通过"玩具 + IP""玩具 + 智能制造"等赋能更高价值，形成强劲的合力，让汕头品牌与国际一流品牌 PK，把汕头玩具带到世界更多的角落。

5.1.2　创始人介绍

杜克宏，广东澄海人，汕头市高德斯精密科技有限公司董事长。早年在珠三角地区从事贸易工作多年，对塑料行业有深刻的理解。2017 年，杜克宏先生将精密制造的概念带回了家乡澄海，凭借对澄海玩具产业升级的远见和对精密制造的热爱，创办了高德斯公司，专门从事积木通用件研发、设计及生产。

高德斯成立之前经历了 10 年酝酿，创始人杜克宏先生对潮汕地区承接深圳东莞产业迁移的优劣势、积木玩具国产品牌的成长机遇、精密制造的赶超潜力、共赢商业模式的细节设计等都进行了反复的推敲，从而形成了以下三点关键判断。

一是市场层面的机会成本。中国的积木玩具市场近几年爆发式增长，乐高一家独大，价格高企，给国产积木品牌成长留下了很大的空间；但国产积木品牌起步晚，在品质、手感、消费者认知等方面和乐高还有较大差距，难以获得品牌溢价。

二是品牌层面的机会成本。在中华民族自信提升的背景下，许多中国消费者对文化、科技、国防等领域的国产 IP 认可度快速提升；澄海玩具产业的积木板块不断崛起了很多新锐品牌企业，他们在原创设计、品牌和渠道建设上快速崛起，但制造基础不牢。

三是制造层面的机会成本。东莞和深圳的精密制造正在进行产业迁移，潮汕地区人口基数大，生活压力小，有利于人才稳定，有机会承接这一波产业转移。

5.1.3　经营范围

5.1.3.1　积木颗粒部件

高德斯作为产业链上游企业，专业从事积木通用件的研发、设计及生产。瞄准"精密制造"玩具的规模化生产，切入点是"塑料积木"玩具制造，在原创玩具品牌日渐饱和的市场上，实现"弯道超车"。公司拥有精密模具车间、自动化注塑车间、精确分包系统和高效智能仓储等设施。高德斯主营产品是高精度的积木通用件。这些通用件通过高砖平台提供给合作伙伴，用于积木玩具的设计和生产。

在战略合作上高德斯公司与多家知名企业建立了战略合作关系。其中包括森宝积木、TOP TOY、宇星模王、佳奇、拼奇、星辉、未及等著名玩具品牌。通过与这些企业的合作实现产业分工，高德斯给予了合作品牌更大的产品设计研发空间。

在服务对象上，高德斯的产品销售遍及全国各地，服务对象包括汕头、广州、深圳、上海、北京、杭州等地的玩具生产企业和品牌商。此外，公司的产品还远销至荷兰、白俄罗斯、俄罗斯、日本、澳大利亚等国家和地区。在 2023 年的广交会和中国汕头（澄海）国际玩具礼品博览会（后文简称"玩博会"）上，来自俄罗斯、美国、韩国等国家的头部玩具企业都有意向与高德斯进行合作。玩博会期间，签订订单金额超过 3000 万元。高德斯的客户群体比例中，50% 是汕头本土的企业，30% 是国内的企业，20% 是国外的企业。杜克宏认为这样可以同时吸收不同地域企业的思路，做到共同进步。

5.1.3.2　舵机[①] 等精密部件

高德斯在原来生产高精密积木颗粒产品的基础上，规划引进 20 条机器人产业化关键元件"伺服舵机"智能化全自动生产线，产品将广泛应用于各类机器人、新能源汽车、智能产品、数字监控、智能家居产品、智能玩具等领域。其中投资 5 亿多元建设，总建筑面积 15.16 万平方米，分期建设厂房、研发中心、办公等设施。

新项目的建设，将让高德斯实现全方位的转型升级，拥有粤东地区领先的精密磨具加工中心和全自动精密注塑车间，无人化高效智能仓储等物流仓储设施；特别是围绕舵机产业及人工智能上下游产业链的创新研发及产业转化，将补全澄海玩具产业供应链短板，改变玩具产品核心部件依靠外部资源的被动局面。项目的发展也将吸收大量创新设计人才、内容创作及运营团队，带动玩具人工智能领域研发和应用水平。

5.1.4　核心竞争力

5.1.4.1　科研人才与技术创新

高德斯拥有优秀的技术团队，汇聚了一批精密注塑件领域的技术研

[①] 舵机是一种位置、角度伺服的驱动，适用于那些需要角度不断变化并可以保持的控制系统。

发专才，专注产品创新开发。获得发明专利、版权、软著、实用新型专利等知识产权 62 项，年研发项目达 500 个。这些专利证明了高德斯在技术创新方面的领先地位。在研发环节，高德斯投入大量资金进行研发，力求生产接近或媲美乐高级品质的积木颗粒。在工艺流程中，特别注重改性和染色方面的精细处理，确保产品在色彩和手感上的卓越表现。目前，高德斯拥有超过 50 种色彩，并通过比例调节实现了 185 个零件的多样配色，未来色彩种类还将不断增加，为产品设计提供更大的灵活性。

5.1.4.2　先进设备与精密制造

高德斯在精密制造方面具有核心竞争力。公司拥有先进的设备和技术，包括精密模具车间和自动化注塑车间。精密模具车间实现优质模具制造，把握积木零件的灵魂。CNC 精密加工中心内，配套有德国罗德斯的高精密机床，包括精密数控慢走丝线切割机床、精密数控电火花成形机床和精密数控高速雕中心等。该模具精度在 0.005 毫米以内。高德斯在自动化注塑车间采用国内知名品牌改性材料进行生产，保证产品的稳定性，更赋予产品绝佳的体验手感。注塑车间拥有国际品牌全电动精密注塑机 350 台，配置自动中央供水供料系统，采用标准化注塑加工工艺，实现柔性化生产。通过精密制造，在高德斯工厂，这样的颗粒积木每年可生产超 100 亿个，且每个积木的尺寸精度达 0.02 毫米。生产出来的产品品质和质量都属于国际领先水平，且在生产量提高的同时，能够降低生产成本，让高质量、高性价的颗粒积木实现国产替代。

5.1.4.3　智能分包与仓储系统

高德斯拥有精确的分包系统与高效智能仓，来保证发货的高效与高质量。公司自主研发智能包装系统、视觉自动化识别系统，实现双重检测、精确分包，最大限度降低错误率，每天处理超过 3000 万颗粒的积木分包。同时，高德斯的高效智能仓能够运用智能机器人，实现仓储自动化。每天吞吐量达 1 亿颗粒，满仓存储能力达数十亿颗积木零件。零件智能仓运用智能仓储系统，准确地实现工程版零件打包，售后零件精确配置。高德斯工厂从传统依靠密集劳动力生产转向只需少数人员管理的智能化工厂，24 小时不间断生产积木零件，每天产品可达 4000 万颗粒，接到订单后，可马上安排高效智能仓打包推出，或安排自动化机器生产，一般在几小时内就能完成订单。

5.1.4.4　一站式行业解决方案

高德斯提供许多一站式的精密制造解决方案。不仅为品牌商客户提供高效优质的生产服务，配备直销平台提供设计与补件服务，还为消费者提供 MOC 套装定制的设计生产一站式服务。公司通过配置化的设计平台和智能仓储系统，实现了柔性化生产和精确分包。这些解决方案不单只为消费者提供了一站式的消费体验，也帮助高德斯和战略合作伙伴更高效地生产和销售积木玩具。

5.1.4.5　质量为本的制造路线

质量是企业的生命。高德斯获得许多认证资格，包括 ISO9001：2015 质量管理体系、ISO14001：2015 环境管理体系认证、IATF16949：2016 质量管理体系、BSCI 社会责任体系认证以及 RCS 回收料管理体系和绿叶认证回收料管理体系。同时，高德斯在研发和生产环节也十分重视产品的质量提升。

在生产环节，高德斯工厂采用国内知名品牌改性材料，保证产品的稳定性，为产品提供了绝佳的体验手感。同时，高德斯建立了完善的品质管理体系。每一款产品在量产前都经过三次元精密测试、插拔力测试等专业实验检测。在生产过程中，公司严格按照品质要求进行 IQC-IPQC-FQC-OQC 等多道工序检查，确保每一件产品都符合高标准的质量要求。这种全方位、多层次的质量控制机制保障了高德斯产品的卓越品质。

5.1.4.6　人才为本的管理机制

珠三角地区一直以来都是中国制造业的重要基地，拥有丰富的管理经验和先进的管理理念。从珠三角拼搏归来的杜克宏为高德斯引进了先进的管理思想与机制，其中重点体现在员工管理与培养上。高德斯的工人基本都是来自珠三角受过产业熏陶的工人。与珠三角地区相比，汕头的生活成本比珠三角低，但员工的实际收入却较高。这意味着高德斯能够为员工提供较高的工资待遇，同时员工的生活负担相对较轻，这对于吸引和留住优秀的员工非常有利。为了培养本地潮汕学生，高德斯还采取了与汕头大学、汕头职业技术学院、汕头技师学院、林百欣科技中专合作的双元制教育方式。这种方式能够将学校教育与企业实践相结合，使学生能够在实际工作中学到更多的知识和技能，培养出更具实践能力和工匠精神的产教人才。

5.2　高德斯的发展历程

高德斯坐落于"中国玩具礼品之都"——广东省汕头市澄海区，以精密制造为使命。从一开始就秉持高效优质生产的理念，致力于为客户提供一站式的精密制造解决方案。经历七年的数字化与智能化发展，高德斯成功建设了一流的数字工厂。作为一家备受瞩目的生产服务型高新技术企业，高德斯通过不懈的努力，以精湛的制造工艺和前沿的技术水平，赢得了业界的广泛赞誉，成为澄海玩具企业智能化转型的"领头羊"。

2017 年，高德斯创立，主要为客户提供高效优质的生产服务和一站式的精密制造解决方案。同年，高德斯搭建了国内首个积木平台——

GOBRICKS 高砖积木。高砖平台主要以研发和分享便利积木爱好者工具为主，致力于提供积木爱好者关于选件难、分享难、设计难、买件难等问题的解决方案。同时，平台连接品牌商、设计师和积木爱好者，大大节约散件采购和技术交流成本，同时，用户在平台上发布的创意作品也能供品牌企业等合作选用，为积木链条构建良性循环，专注打造一个真正的积木生态圈。据悉，目前已有 3700~4000 个积木作品在平台发布。

2018 年，高德斯耗费巨资建设了精密模具洁净车间。该车间引入了德国罗德斯的高精密机床，包括慢走丝线切割机床、电火花成形机床和高速雕刻中心等。同时高德斯自主研发了 1000 多套模具，精度达到 0.005 毫米以内，通用件误差控制在 0.02 毫米以下。这一成就使得高德斯在积木行业精密度方面与国际领先品牌逐渐缩小差距。同年，公司荣获"汕头市智能制造试点示范项目"认定，为未来数字化发展奠定了坚实基础。

2019 年是高德斯迅猛发展的一年。公司在这一时期设立了第二生产基地，年生产总量首次突破 30 亿积木颗粒，迎来了规模扩张的显著阶段。与此同时，公司还荣获"高新技术企业"认定，这是对其在科技创新方面卓越表现的高度认可。

2020 年，高德斯投资建成了一个库容高达 12 亿颗粒的智能化仓储系统。这一系统提高了仓库可用面积 80% 以上，存储量提高 2 倍以上，工作人员缩减了近 90%。投入使用的智能仓储系统成为生产助推器，年产总量超过 100 亿积木颗粒。同时，公司获得"专精特新"认证，突显技术与产能双重成功。高德斯还投入大量资源研发智能包装与识别系统，以降低错误率；智能仓储系统实现自动化，工厂存储能力达数十亿颗积木零件。这一措施不仅提高了生产效率，更在业界赢得了认可，巩固了领先地位。高德斯通过智能化手段巧妙满足市场需求，为未来可持续发展奠定了坚实基础。

2021 年，高德斯和人工智能"独角兽"深圳优必选科技公司达成合作，投资优必选高德乐智造项目，这是高德斯在智能制造领域的重要布局。该项目以智能机器人和人工智能技术为核心，突破了国际伺服舵机产品垄断，为智能机器人性能提升提供了创新动力。这一合作不仅满足了客户需求，提高了生产效率，还展现了高德斯从单一制造商向多领域参与者的战略转变。高德斯通过积极创新，正在构建更广泛的业务版图，为未来智能制造领域注入新活力。

5.3　智能制造赋能品牌：高德斯的创新之道

高德斯的创新路径如图 5-1 所示。

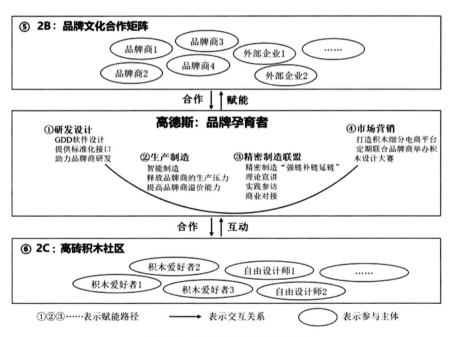

图 5-1　高德斯创新之道框架
资料来源：由作者团队绘制而得。

5.3.1 研发行业软件提升合作伙伴产品设计能力

高德斯的研发团队耗费数年和大量金钱研发了国内首个设计软件——GDD软件。通过GDD软件来设计各种功能，为合作伙伴提供了全面而强大的设计赋能支持。它主要包括两个方面：一是提供本土化页面和说明书自动生成功能，解决品牌商现有难题；二是提供标准化接口和一站式零件采购，巧妙地构建品牌商和高德斯的对接桥梁，达到降本增效的目的。

目前常用的积木设计软件是国外的LDD和Studio软件。在LDD或者Studio软件上设计积木产品时，文化差异、语言障碍等问题给国内积木设计师和品牌商造成长期的困扰。而高德斯设计的首款GDD软件集成了LDD（LEGO Digital Designer）和Studio软件等的优势，使用中文语言，提供了更本土化、便捷化的设计环境，降低学习成本，解决积木设计师的长期困扰。在GDD软件上，积木设计师可以快速适应设计页面，更灵活地进行三维积木模型，快速呈现创意想法。目前GDD软件开放给品牌商的设计师，后续计划全面开放给高砖平台的积木爱好者，鼓励用户进行积木作品的创作。通常积木产品完成设计后，品牌商需要重新一步一步来构建积木产品的组装说明书，这显著地延长了积木产品的上市周期。为了解决这一问题，高德斯团队在研发GDD软件时创新性地增加了一个功能，即自动生成说明书功能。在积木设计过程中，GDD软件可以实时地生成组装说明书，对每个步骤进行拆解说明，直接解决品牌商所面临的困难，提高了积木产品的上市效率。

GDD软件的功能解决了品牌商现有的难题，还增强了品牌商和高德斯的纽带连接。积木设计师使用LDD和Studio软件进行积木设计后，在把设计文件导入高砖平台时，通常会遇到文件格式不正确或者系统不兼容的问题。一般积木设计师需要依靠中间工具或者手动调整来转化设计文件，才能与平台进行对接。GDD软件的出现，减少了设计文件中间转化的烦琐环节，直接为品牌商提供了一个标准化接口，解决了系统不兼容造成的低效问题。品牌商使用 GDD 软件来进行积木产品设计，导出的设计文件可以直接对接高砖平台，进行一站式的零件批量下单采购。同时，GDD 软件连接了品牌商的客服系统和高德斯工厂的电商仓，当产品出现缺件问题时，客服人员可以通过 GDD 软件快速找到缺件信息，及时进行零件的补发，完善产品的售后服务，弥补发展前期作为"贴牌"工厂的缺陷，提高消费者的满意度，建设品牌形象。GDD 软件的使用巧妙地构建品牌商和高德斯的对接桥梁，保证了高德斯合作伙伴内部整体结构体系的标准化形式，达到降本增效的目的。

5.3.2　基于精密制造协助合作伙伴打造产业"护城河"

在生产制造环节，高德斯一方面通过智能制造实现积木零部件的标准化批量生产，另一方面以"强链延链"为导向，带头筹备成立澄海塑胶精密制造联盟（后文简称"精密制造联盟"）来推动产业重塑，助推产业转型升级。高德斯始终坚持"品牌的孕育者"的定位，为品牌商赋能来创造生产制造领域的"护城河"。

关于智能制造，高德斯通过大规模的投资，引入高精密设备和先进的管理思想机制，进行了长达五年的数字化发展，实现了积木零部件标准化的批量生产。目前，在高德斯的数字化工厂，每年可生产超 100 亿个积木颗粒，且每个积木的尺寸精度达 0.02 毫米。生产出来的产品品质和质量都属于国际领先水平，且在生产量提高的同时，能够降低生产成本，让高质量、高性价比的颗粒积木实现国产替代。智能制造的发展使得高德斯可以快速调整生产计划，响应市场和品牌商的需求变化，并且无须担心生产过程的复杂性。在生产合作中，高德斯承担一定比例的生产工作，使得合作伙伴的生产制造能力得以释放。同时高德斯还把批量生产降低成本所产生的利润让渡给合作伙伴，期望品牌商能够专注于 IP 的开发，把重心和精力转移到积木的研发设计，增强创新潜力，提高玩家的产品满意度，以此增加积木产品的附加价值，促使品牌溢价。对于高德斯来说，短期的让利行为不仅能够带来长远的大额订单，扩大批量生产的规模效应，还成为紧密联系高德斯和品牌商的纽带，建立互利共赢共生合作关系。

关于精密制造联盟，其隶属澄海玩具协会，重点聚焦塑胶材料应用、注塑模具新工艺、注塑模具标准化、节能环保和智能制造等，旨在整合资源、共享资源，推动澄海玩具创意产业高端化、智能化、绿色化发展。精密制造联盟通过探索建立技术创新长效机制和搭建联合攻关平台，发挥桥梁纽带作用，集聚澄海玩具企业，通过共享技术专业知识、发展经验、商业资源，逐步推动澄海玩具创意产业的转型升级和创新发展。首先，精密制造联盟通过开展专业知识的宣讲会，帮助成员单位厘清"精密制造"的概念，在联盟内树立通过精密制造带动玩具产业转型升级的发展共识。其次，精密制造联盟组织成员单位前往珠三角地区开展实地调研走访，与精密制造产业中的领先企业交流学习先进技术和经验，增强企业之间的信息交流，加快平台搭建，实现互助与共赢。2023年11月28日至29日，澄海玩具协会组织澄海塑胶精密制造联盟40多家成员单位，走访了深圳绘王趋势科技股份有限公司、精英制模实业（深圳）有限公司、百汇精密塑胶模具（深圳）有限公司等企业和创维科技工业园，深入企业生产车间和成品展厅，了解深圳市精密制造企业的先进技术、管理方法和创新理念，以及珠三角地区精密制造产业的最新发展动态和先进技术的应用。联盟通过这种"走出来"的学习方式，深入剖析市场需求和技术趋势，致力突破目前澄海塑胶精密制造产业的共性、战略性和关键技术瓶颈。与此同时，精密制造联盟还注重创新成果的高效转化和产业化，延伸上下游产业链，以推动注塑产业实现高质量发展。联盟通过引入商业对接，帮助成员拓展3C产品（计算机类 computer、通信类 communication 和消费类电子产品 consumer electronics 的统称）的相关业务，如手机、电脑、家居智能等。例如，2023年11月，联盟成员企业文盛塑胶玩具实业有限公司经过前期洽谈，已经与深圳一企业谈成一宗手机配件的生产协议。此类业务的引入切实有效地帮助了澄海玩具企业走出"玩具圈"，逐步走向各行业的精密零件的制造，从而带动整个产业的高质量发展。

综合来看，高德斯积极响应澄海关于"玩具＋大配套"的发展规划，通过"强链、补链、延链"助推整个产业转型升级和高质量发展。具体而言，高德斯一方面通过智能制造赋能玩具品牌商，加强和巩固玩具产业链中的优势环节，培育具有核心竞争力的企业和产业集群，进一步提升产业链的竞争力和稳定性。另一方面，高德斯通过筹备成立精密制造联盟，促进成员单位之间的技术、设备、人才等资源分享，旨在以精密制造补齐产业链中的短板和弱项，解决产业链中的断点、堵点和痛点问题。除此之外，高德斯从积木领域切入，以精密制造推动本地企业走向各行业的精密零件的制造，助推产业重塑和产业链延伸。

5.3.3　多平台联动构建积木行业创新生态

高德斯在积木领域不断寻求创新和突破，不仅在生产制造方面领先行业，更在市场营销方面展现出独特的创新思维。通过精心打造的高砖积木电商平台以及定期举办的 MOC 大赛、创想汇积木设计比赛等活动，巧妙地为 B 端和 C 端用户搭建起了沟通的桥梁，这些创新的营销策略不仅帮助高德斯在竞争激烈的市场中脱颖而出，还为整个积木行业的发展注入了新的活力。

5.3.3.1　运营线上垂直社区平台打通 2C 市场

在营销策略上，高德斯展现出了其独特的洞察力和创新思维。通过精心打造的高砖积木电商平台，他们成功地进军积木领域的垂直细分市场，为积木爱好者提供全方位服务的社区。在这里，爱好者们可以轻松地找到心仪的积木模型，并根据自己的喜好选择规格大小和颜色偏好。平台强大的技术支撑可以根据模型的大小、形状和颜色等属性，智能匹配高德斯丰富的积木零件库，为消费者生成个性化的积木零件包。而当消费者遇到缺件问题时，平台提供了一个完善的解决方案。通过补件系统，缺件信息如积木零件的编号、颜色等被准确记录并提交至品牌商的客服后台进行审核。一旦审核通过，相关数据会传送至电商仓进行补件，确保消费者能够顺利完成他们的作品。

高德斯的高砖积木平台精准地瞄准了国内积木设计爱好者的需求。这个群体不仅是消费的主力军，更是品牌商渴望吸纳的目标客户。为了进一步扩大品牌商在积木爱好者圈层的影响力和知名度，高德斯特意在平台上设置了品牌专区。已达成合作的积木品牌如森宝积木、宇星模王、佳奇积木、未及等，都可以在平台上展示自己的产品，吸引更多消费者的关注和购买。这一策略不仅为品牌商提供了更多的曝光机会，也帮助他们更直接地与目标消费群体互动，了解他们的需求和反馈。从而更好地调整产品策略，提升用户体验。截至目前，高德斯已与多家知名品牌达成合作，共同开拓国内积木市场。通过高砖积木电商平台这一有力武器，高德斯正努力将更多优质的积木品牌和产品推向更广泛的消费者群体，共同推动国内积木产业的发展。

5.3.3.2 举办"创想汇"比赛吸引积木设计人才

目前，高德斯在生产制造方面的实力已经得到了业界的广泛认可，整个积木领域的质量水平也因他们而提升。然而，与国际知名的积木企业相比，中国的积木企业在原创设计方面仍有一定的提升空间，为进一步帮助合作企业提升原创与设计能力，高德斯通过所搭建的高砖积木平台，为品牌商和设计师之间创造起沟通的桥梁。

为了激发国内积木设计爱好者的创造力，从 2022 年开始，高德斯在高砖积木平台定期发布"创想汇"积木设计比赛，为设计爱好者提供一个展示才华的平台。与此同时，高德斯通过与不同品牌商的合作，获取品牌商在积木设计比赛上的 IP 授权，使比赛参与者可以在玩具 IP 的基础上进行个人创作。在这一过程中，高德斯采取了一系列措施来激励和培养优秀的设计师。他们不仅提供了丰厚的奖金和荣誉证书，对于在比赛中表现出色的设计师，高德斯会将他们的作品推荐给合作的品牌商。如果品牌商对作品表示兴趣并给予认可，那么这些作品便有可能被商业化生产，进入市场销售。

更为重要的是，高德斯不仅关注短期内的设计比赛，还着眼于长远发展。对于那些能够持续提供高质量积木设计作品的设计师，高德斯会将他们推荐给合作品牌商。这种长期的人才输送机制不仅为品牌商提供了稳定的设计支持，还有助于建立更加紧密的合作关系。同时，高德斯注重知识产权的保护，愿意投入成本来维护原创者的权益。通过这一系列的策略和措施，高德斯不仅在生产制造方面保持领先地位，更帮助合作品牌商在积木设计的原创性和创新性方面取得了显著进步。他们与品牌商、设计师以及消费者共同构建了一个良性循环的生态系统，推动着整个积木行业的可持续发展。

从短期来看，高德斯发布的一系列积木设计大赛，能够为品牌商挖掘具备商业价值的设计作品；从长期来看，MOC 大赛给予具备设计能力的积木爱好者以展现的机会，为品牌商搜寻筛选积木设计人才提供了良好的契机。无论何时，高德斯始终保持敏锐的市场洞察力，正在努力为品牌商提供全方位的设计支持，同时也为消费者带来更多元化、更具创意的积木产品。

5.3.4　打造产业联盟共创积木行业新格局

相比于已然取得一定地位的乐高，中国积木行业的企业家在零件的设计与制造方面，显然更加高效、务实、进取，同时也更懂得并擅长开放合作。而开放合作意味着更加精细的产业分工，以及友商间的相互成就。高德斯利用研发生产的创新能力与品牌影响力形成了两种关键的联盟：面向企业合作伙伴的品牌文化合作矩阵和面向消费者的高砖积木社区，来进一步打造玩具行业生态，巩固其在玩具行业中的地位，沉淀品牌价值。

5.3.4.1 文化合作矩阵提升合作伙伴品牌美誉度

高德斯的品牌文化合作矩阵是其业务策略的核心，其中主要包括品牌商合作和文化输出两部分。

关于品牌商合作，高德斯目前已经形成了一套系统的品牌商合作方案，涵盖品牌合作规划、全新品牌的推广与扶持和品牌严格准入三方面内容。首先是高德斯的品牌合作规划，高德斯合作的品牌商往往专注于不同的细分领域。高德斯的合作伙伴包括专注于潮流玩具、成人高端收藏品、儿童益智玩具等多个细分市场的品牌，风格或定位的不同避免了体系内的竞争。通过与不同细分领域的品牌商合作，高德斯不仅拓宽了自身的业务范围，还促进了整个澄海玩具产业的多元化和专业化发展。这种分工合作的模式使得每个品牌都能够在自己专长的领域精耕细作，选择合适的竞争优势，同时利用高德斯的软件设计技术和智能化生产优势，形成标准化生产，共同推动产业链的整体升级。其次是高德斯对于全新品牌的推广与扶持。高德斯不仅与现有品牌合作，还积极推广和扶持未及这样的新兴品牌。这些新品牌通常具有创新的理念和独特的市场定位，设计风格或者所持有的 IP 能够被一定的消费者所喜爱。高德斯向这些新品牌提供技术支持和生产能力，通过高德斯在消费者群体内的影响力，为新品牌形成质量背书，帮助这些品牌快速成长并占据市场份额。这种策略不仅丰富了市场的多样性，还为高德斯自身带来了新的增长点。最后是高德斯对于品牌的严格准入，坚持审核合作品牌商产品，维持原创口碑。通过自身的合作矩阵，高德斯形成了一定的影响圈。利用这一影响力，在与品牌商合作的过程中，高德斯始终坚持严格的原创审核制度。任何想要成为合作伙伴的品牌都必须通过一系列的原创性和质量审核。这一策略确保了高德斯生产的每一件产品都符合其高品质标准，同时避免了侵权和抄袭问题，维护了行业的健康发展。这样的高要求也在消费者心中打造出高德斯高质量的品牌形象与口碑，利用这样的影响力继续维持长期发展。

关于文化输出，高德斯主要通过企业联名、积木雕塑和组建积木乐园实现产品推介和文化宣传。企业联名合作是高德斯文化输出的重要方式之一，高德斯通过与其他企业展开跨界合作，共同打造独特的产品系列，不仅能够帮助企业实现品牌文化的传播和价值的输出，还有助于拓展高德斯的市场影响力，为其带来更多的合作机会和商业价值。例如，2023 年，高德斯与茅台集团合作，结合对方的品牌形象和文化特点，设计并生产出含有 40000 左右积木颗粒的大型茅台酒雕塑摆件。这种方式能够整合高德斯与外部企业的品牌优势和资源，共同打造具有独特文化内涵的产品。积木雕塑作为高德斯文化输出的重要载体之一，不仅是产品推介的方式，更是品牌文化的传播媒介。积木雕塑作为一种艺术形式，能够通过独特的设计和制作工艺，展现出高德斯的品牌形象和文化特点。例如，高德斯拥有自身的设计团队，按照 1∶1 的比例设计并拼装一些非 IP 的通用形象，如熊猫、恐龙等。这些积木雕塑作品可以在各种场合和场所展示，如商场、公园等，让消费者有机会近距离接触和欣赏这些作品，深化他们对品牌的情感认同和忠诚度。组建积木乐园是高德斯进行文化输出的又一重要举措，通过搭建积木乐园，展示大型成品积木雕塑，营造互动体验的环境。高德斯计划建设积木乐园，乐园内将以积木产品体验专区为主导。一方面积木乐园作为一种文化传承和教育教学的场所，高德斯旨在打造一个帮助孩子提升空间思维，动手操作艺术创造能力的区域和空间；另一方面，积木乐园也是一个可以满足玩具企业宣传、消费者购买需求的玩具创意产业平台。

5.3.4.2　维护高砖积木社区形成闭环生态

高德斯面向用户打造的高砖积木社区也相当重要。高德斯不但面向企业，也面向用户打造了内容平台。高砖积木社区是高德斯在2C市场的重要举措。作为一个用户生成内容（UGC）平台，高砖积木社区鼓励积木爱好者分享他们的创作。这种互动不仅提升了用户的参与感和忠诚度，还为高德斯提供了宝贵的市场反馈和创新灵感。平台上的作品涵盖了从简单的儿童玩具到复杂的机械模型等各种类型，满足了不同用户群体的需求。

为了激励更多的创作者参与社区，高德斯实行了补贴激励制度。设计师在社区中分享的作品，一旦被高德斯采用或推广，他们就可以获得相应的返点奖励。这种奖励机制不仅鼓励了设计师的创造性工作，也为高德斯带来了大量的原创设计，这些设计往往能够引领市场潮流，为高德斯的产品线注入新鲜血液。

而良好的原创氛围往往需要健全的维权保障制度维护。高德斯非常重视知识产权保护和创作者权益，因此在高砖积木社区中建立了一套完善的维权保障体系。一旦发现社区内的作品被侵权，高德斯承诺为设计师提供全程法律支持，与专业律师团队合作，力争捍卫设计师的权益。通过与律师团队的合作，确保设计师的作品不受侵犯，为其提供强有力的法律保障。这种做法不仅保护了创作者的劳动成果，也提升了社区的品质，吸引了更多优秀设计师的加入。

通过高砖平台的积木社区，高德斯打造了强大的私域流量，这些流量主要集中在积木细分赛道上。在初期，高砖平台主要作为一个积木行业垂直细分市场的电商平台，零件检索下单与补件服务齐全，填补了当时国内积木零件订购不便的空缺，带来了一定的初始流量。社区建成后，社区内的用户可以根据自己的兴趣参与不同的活动和比赛，这些活动不仅增加了用户的黏性，也为高德斯的产品开发和市场推广提供了方向。通过这种方式，高德斯能够更精准地满足市场需求，同时也为合作伙伴提供了更多的商业机会。

经由上述两种联盟，高德斯不仅在技术和生产上为合作伙伴赋能，还能够在市场推广、品牌建设和创新设计上提供全方位的支持，拉动企业与消费者之间的互动，为中国积木品牌的发展提供了极大的便利。不做积木套装品牌，而是专注于零件供应的高德斯，在完成了零件设计、生产、优化这些基础性工作后，其他积木品牌则可以将更多的精力放在产品的原创设计、品牌建设、渠道建设方面，也避免了众多积木品牌在零件这类基础性工作上的重复投资和重复劳动，揭示了中国积木品牌崛起的独特发展模式。可以说高德斯这样的平台，是近年来中国得以快速出现一大批优质国产积木品牌的一个生态基础。这种全面的赋能策略，使高德斯能够在积木产业中建立起一个稳固的生态系统，其中包括品牌商、设计师、消费者以及其他利益相关者。每个参与者都可以在这个生态系统中找到自己的位置，共同推动整个产业的繁荣发展。

第 6 章

广东群宇：智慧玩教赛道的开拓者

本章以广东群宇互动科技有限公司为例，分析其如何借助人工智能技术逐步实现转型，成为智慧玩教赛道开拓者的历程。本章首先介绍了企业的基本情况、创始人、经营范围及核心竞争力等，其次分析了发展历程和转型过程，最后讨论了其如何通过"点线面"联动布局智能玩具产品、"软硬结合"开辟智慧玩教新蓝海、科教生态引领教育实践革新等系列措施，成为中国智慧玩教赛道的开拓者。

6.1 企业简介

6.1.1 基本情况

广东群宇互动科技有限公司（后文简称"广东群宇"）是一家位于广东省汕头市的创新科技企业，坐落于莱美工业区全宇工业园。作为一家领先的科技公司，广东群宇专注于智能玩具产品和玩具智能系统开发，深耕人工智能技术在玩具行业的应用、玩具行业智能系统的持续创新，凭借在舵机、主控器及智能玩具系统等领域的积累，为科教和玩具行业提供了一系列高效智能的解决方案，旨在帮助客户实现智能化升级，推动玩具行业产品创新及行业产品附加值提高。

公司技术实力雄厚，拥有 170 多项专利和 500 多个电子解决方案。这些成果不仅极大地提升了系统的智能化水平，也拓宽了产品在磁感应技术、元宇宙、动态视觉捕抓技术、机器人编程等多个前沿科技领域的应用范围。公司产品和服务涵盖教育、玩具、企业应用等多个领域，致力于为客户提供量身定制的智能解决方案，以满足不同行业和市场的需求。

人工智能基地是公司的核心能力之一。这是一个旨在激发青少年对人工智能技术的兴趣，培养前沿技术应用者和未来创新者的教育基地。基地展示了广东群宇的系列产品，受众对象覆盖从 3 岁的幼儿到 10 岁以上的青少年；连接了教育机构、学校及家长，提供了包括编程教育系统、智能积木配件、定制化科教解决方案等在内的全方位服务，帮助客户实现产品智能化，推动产业升级。

未来，公司将继续加强人工智能教育基地的功能和服务范围，不断探索并将最新的 AI 技术应用于智能产品，致力于推动 AI 教育的普及和优化，培养具备创新思维和技术创新能力的青少年，为社会培育更多科技创新者。

6.1.2 创始人介绍

陈锐烽，广东汕头人，广东群宇互动科技有限公司的创始人，现任广东群宇首席执行官。公司创业之初，陈锐烽先生凭着深厚的专业技术功底和敏锐的市场洞察力，带领团队进入电商平台，开辟了一片颇有成就的生存空间。尽管取得了很多成绩，但他还是敏锐地认识到，仅靠传统的电商模式已难以突破市场的瓶颈，必须寻求转型升级。

通过对本领域市场动向的观察和分析，陈锐烽先生发现了本领域市场发展的一个重要方向：对玩具产品进行智能化升级与开发科教产品并举，将传统玩具转化为寓教于乐的智能玩具。从此带领广东群宇从一个传统的电商平台向一家科技型创新企业转型，专注于将最新的科技应用与中国传统文化相结合，开发出一系列具有教育意义且富有创意的产品。作为一名潮汕本土的创业者，陈锐烽先生希望通过广东群宇的努力，让更多的人了解和欣赏到中国文化，尤其是潮汕传统文化的魅力，同时也为全球科技教育领域带来了新的思路和方向。他领导团队开发的"英歌舞机器人"项目，是将中国传统文化通过现代科技呈现给全世界的杰出例证。他希望以企业的产品为媒介，通过科技的力量，促进教育、文化的健康发展，激发年轻一代追逐科学的兴趣，弘扬中国传统文化的热情，培养具有创新精神和文化自觉的人才，为中华民族的伟大复兴作出一份贡献。

陈锐烽先生是中国科技创新与文化发展的实践派。在未来，他和团队将继续在科技与文化的交汇点上探索和创新，将梦想、创新和文化融合与传承，为世界带来更多令人惊叹的产品和理念。

6.1.3　经营范围

作为一家创新科技企业，广东群宇展现了其在人工智能技术教育和实践体验方面的先进性和创新性。教育场景千变万化，一个拥有多元化产品线的企业，才能应对更多场景下的教育需求。因此，优秀科教企业的核心竞争力之一是具有强大的系统架构设计能力，即同时兼顾多个领域并协同发展。从这点来看，广东群宇的竞争力并非来自单纯的硬件产品设计，而是一个由软硬件、课程内容与教具系统、赛事活动相互支撑的完整产品生态链。以下将重点介绍其在科教方面的产品与服务。

6.1.3.1　软硬件产品

公司重视软硬件创新，基于软硬件组合形成了系列人工智能产品，推动了人工智能技术及玩具在教育领域的应用和发展。其中，硬件产品主要包括舵机、主控器、沙盘、AIGC 一体机与科教教具套装，软件产品主要包含基于 Scratch3.0 的自主编程教育软件、ESP32 编程平台与智能套装定制系统等。

硬件方面，其自主设计的舵机和主控器可以应用于多个领域。沙盘方面，推出了一系列创新的教育和娱乐解决方案，如自动驾驶沙盘、暗夜密码战沙盘、汽车生产线沙盘、体感机甲沙盘等。这些产品通过物理交互与编程教育，可以培养用户的编程技能、团队协作能力以及战略思维，更能为用户带来不一样的编程学习与机器人体验。AIGC 一体机产品涵盖了智能系统研发与人工智能产品的开发，包括但不限于骨骼同步机器人、瓶罐外观设计、模拟本人换装、家居装修设计、AI 简笔画、音乐描述创作和智能空气架子鼓等产品。这些产品不仅在教育领域有广泛应用，也可以延伸至娱乐、包装设计、艺术创作等多个领域，体现了广东群宇将人工智能技术应用的广度与深度。

软件方面，主要是支持硬件使用与服务的软件平台。例如，基于 Scratch3.0 开发的 PC 版科教软件、ESP32 编程平台、智能套装定制系统、科教 App、编程 App 和 QYEDU App 等。这些软件平台覆盖从图形化编程到 Python 等编程语言的学习，提供了一个整合 STEAM 教育领域、教学和学习的综合解决方案，不仅有助于孩子开展互动式学习，还为教育机构和学校提供了方便的教学平台，使得编程等人工智能教育更加直观和高效。

6.1.3.2　科教教具和课程设计

在深入研究教育需求和最新科技趋势之后，广东群宇为学校、教育机构和爱好者提供了一系列高质量的教育产品和课程方案。教具方面，有专为 STEAM 教育设计的工程大师套装、游乐园科教套装等，同时配备物理、工程、建筑、艺术、科学及编程等学科知识的课程。针对不同阶段的孩子，思维与能力培养的目标有所不同，相应的课程设计也有所不同，借助广东群宇的各种建造和实验工具，不断激发孩子的兴趣与能力。

课程设计方面，广东群宇强调实践与理论的结合。目前的课程级别划分为 L1~L8 共八种，内容难度也从入门至高级，适合从 3 岁至 10 岁以上不同年龄阶段的学习者。此外，不断优化教具和课程设计，努力实现教育的个性化和智能化，促进跨学科学习，推动科教行业的发展和升级。

通过多元化的产品线、创新的技术应用、丰富的教育内容和全方位的服务体系，广东群宇为孩子们、教育机构、学校及家长提供了丰富、高效、创新的学习工具和环境，适应了教育场景的多变性，形成了一个完整的教育技术生态系统。

6.1.4　核心竞争力

6.1.4.1　技术创新

作为一家领先的科技公司，广东群宇一直致力于在智能系统和人工智能技术应用领域的持续创新与突破，凭借在高级智能系统、核心控制组件以及核心 AI 技术应用方面的深度研究和开发，已经拥有了 170 多项专利和 500 多个电子解决方案，具有从芯片设计到产品制造的全链条研发和生产能力。公司产品在广泛应用磁感应技术、元宇宙、动态视觉捕捉技术、机器人编程等前沿技术的基础上，形成了围绕智能玩具开发与创新的"硬核"的科技实力，极大提升了自身及合作伙伴的市场竞争力。

6.1.4.2　编程平台

编程平台是公司的核心竞争力之一，覆盖多个操作系统平台，并具有良好的跨平台兼容性。编程软件支持 PC 端、移动端和小程序端，用户可根据需求选择最适合的设备进行编程。跨平台兼容性确保用户在不同设备上的一致性体验，无须频繁切换设备即可享受编程乐趣，提高了学习与使用的便利性。此外，编程平台采用图形化编程模式，设计了个性化编程任务以满足不同年龄段用户的需求。用户通过简单的拖拽操作即可组合指令，降低了编程的学习门槛。同时，用户根据任务不断提升编程能力，体验了高效、灵活和优质的编程环境。

6.1.4.3　人工智能基地

人工智能基地是公司的另一项核心竞争力，在集中展示公司产品及服务的同时，也为客户群体提供了丰富的服务。例如，引进中小学研学活动，提供社会实践基地。人工智能基地会举办各类公开课，展示多元化的互动科技体验项目，如编程飞鱼、智慧种植系统等，让学生沉浸式地体验科技探索。通过吸引中小学生成为会员并为其提供编程技术培训，在人工智能基地举办编程赛事来展示各类智能玩具产品，向家长们普及"玩教一体"等理念，以此来扩大企业品牌的影响力。此外，借助人工智能基地作为对外宣传的中介平台，来吸引潜在的合作商，积极开展 B 端的业务。

6.1.4.4　人才团队

卓越的人才团队是核心竞争力的体现。广东群宇目前有汕头和广州两个研发基地，人才团队涵盖了美术设计、技术支持、产品设计、研学导师等多个方面。各个团队专注于各自专业领域，如美术设计团队致力于赋予产品独特而吸引人的外观；技术支持团队专注于后台技术支持，以确保产品的顺畅运行和稳定性；产品设计团队则负责开发各类沙盘和编程产品，以满足不同年龄段孩子的需求。此外，研学导师团队拥有 10 多位资深成员，致力于提供优质的教育服务和培训。这些团队成员的多样性和专业性为广东群宇注入了强大的创新动力和竞争优势，使其在智能玩具市场中脱颖而出。

6.1.4.5　产业生态

广东群宇建立了一个完整的产业生态系统，充分利用其强大的技术实力和资源优势。首先，公司拥有从芯片设计到产品制造的全链条研发和生产能力，强大的技术实力使其能够自主研发和制造舵机、主控器等核心元件，为智能玩具产品提供了核心支持。其次，自主搭建了软件平台，将硬件和软件相结合，为教育领域提供了创新的应用场景，使孩子们能够在玩耍中学习。这种结合不仅为产品增加了教育属性，也为学校和机构提供了丰富的教具套餐和教学资源。同时，以其人工智能基地为中介，促成了与学校等机构的合作，推动了研学活动的开展。最后，还吸引了其他跨行业的潜在合作者，将其智能玩具应用于艺术、零售等领域，拓展了产品的应用范围，提升了品牌的影响力和市场竞争力。综上所述，广东群宇通过构建完整的产业生态系统，将技术实力与市场需求相结合，实现了产品的多元化应用和市场拓展，成为智能玩具行业的领军者之一。

6.2 广东群宇的发展历程

在科技浪潮的汹涌澎湃中，广东群宇以其前瞻性的战略视野和卓越的创新实力，书写了一部波澜壮阔的发展史。自成立以来，公司始终站在科技发展的前沿，紧密把握时代脉搏，引领产业变革。从"互联网＋玩具销售"模式的开创，到智能制造、人工智能等尖端技术的深度应用，公司勇攀科技高峰、不断突破技术壁垒，如今已成为智能玩具领域的领军企业，并以其卓越的产品和解决方案，为行业发展贡献出宝贵的智慧和力量。

广东群宇创立于2014年。创始之初，公司在研发系统和产品功能的同时，积极探索商业模式，正式成立并启用了自主研发的电商平台"淘竹马"。这一举措不仅标志着公司的诞生，更为其未来的发展奠定了坚实的基础。当时，作为一家新兴的电商平台公司，广东群宇积极融合技术与商业，以创新为驱动力，迅速吸引了一大批用户和关注者。随着时间的推移，公司在电商领域取得了一定的成绩，但也面临着市场竞争的日益激烈以及电商模式变革的挑战。在2017~2018年这段时间里，垂直电商平台的生存环境变得越发艰难。公司迅速作出反应，积极调整经营策略，努力优化平台运营模式，同时也在寻求新的商业机会和发展路径。

在经历了电商平台调整和优化的阶段后，2019年成为广东群宇转型的关键一年。公司决定抓住智能玩具市场的机遇，将业务重心转向智能积木玩具领域，并在积木玩具领域迅速崭露头角，不断推动着整个行业向智能化编程积木产品的升级，赢得了市场和消费者的认可。在转型过程中，公司紧密关注教育领域的变革。2019~2022 年，正是教育改革和科技创新的黄金时期。公司充分抓住了这一时机，将产品定位与 K12 培训行业往科技方面的培训转型相契合。通过智能玩具产品的研发与推广，公司积极助力学校和教育机构实现更多元化和创新化的教学模式，推动了教育领域的发展和变革。在这一探索下，广东群宇锁定了智慧玩教的产业赛道，专注于智能积木、积木编程教育核心部件与系统研发与创新，确定了以"智慧玩教"为核心的商业模式。

2020 年，在经过数年的产品研发深耕与不懈探索之后，公司开始积极寻求并深化与业界的对外合作，业务发展取得了前所未有的显著性突破。随着人工智能技术的飞速发展，其成熟度与应用范围都在不断扩大。尤其在玩具行业，人工智能技术不再是一个遥不可及的概念，而是逐渐成为引领行业创新的重要引擎。广东群宇敏锐地捕捉到这一行业变革的脉搏，以人工智能为契机，开始寻求与各大玩具制造商的合作。这些企业都是国内玩具行业的佼佼者，拥有广泛的市场影响力和深厚的用户基础。通过与他们的合作，公司不仅成功地将自己的人工智能技术应用于积木玩具领域，还进一步推动了整个玩具行业的智能化进程，实现了对澄海玩具及中国玩具行业的赋能。

2021 年，教育部正式推出了"双减"政策，旨在切实减轻义务教育阶段学生的课业负担，引导他们发展更为全面和多元的综合素质。在"双减"政策的强有力推动下，教育行业经历了一场深刻的变革，从传统的应试教育逐步转向更为注重个体发展与创新能力的素质教育和 STEAM 教育。这一行业变革浪潮为广东群宇的发展打开了一扇全新的大门。在这一年，公司敏锐地捕捉到教育行业变革的机遇，迅速调整自身的战略方向，将重心放在编程教育相关主控器、传感器、舵机等科教电子配件的研发与完善上。他们紧跟时代潮流，推出了多款兼具教育与娱乐功能的人工智能玩具，还配套了丰富的教育与课程，如功能大师套装、游乐园科教套装等，深受市场的欢迎。与此同时，公司还持续深化其业务发展，积极与课外教育机构开展合作，为优必选、新东方、猿辅导等知名教育机构提供了高品质的配套服务，共同推动素质教育和STEAM 教育的发展。广东群宇的努力不仅赢得了市场的认可，更为整个教育行业的创新与发展注入了新的活力。

经过几年的快速发展，2022 年，广东群宇产品生态构建逐步完善。在这一阶段，公司专注于提供定制化和科教套装服务，通过电子件配套服务和科技馆主题场景及配套运营服务，为客户提供全面的解决方案。从最初主控器、传感器等单点硬件研发到科教教具、软件平台等配套产品的创新，广东群宇以科学教育为核心构建出一整套完整的课程体系，实现所研发的多样化智能玩具产品之间的相互协同。除此之外，公司研发的科教产品以客户需求为导向，为从 3 岁到 10 岁以上的青少年，都设计出了适合其年龄段的配套教育课程及教具，课程随着儿童的年龄增长逐步加深难度，让儿童能在整套课程体系的衔接下，激发对科学的兴趣，在不断加深了解和实践中锻炼自身能力。

随着后疫情时代的到来，公众对于互动体验的需求呈现显著增长趋势。为了增进消费者对智能玩具的认知与兴趣，2023 年，广东群宇在实现人工智能技术应用的同时，也着手于建设智能玩具的体验基地，以进一步提升消费者对智能玩具与科技教育的认知与兴趣。公司全面聚焦人工智能教育基地的建设工作，汕头、潮州、秦皇岛等教育基地已顺利落成并投入运营。这些基地不仅是产品展示的场所，更是互动体验的场景，为参观者提供身临其境的沉浸式体验。通过与当地学校、合作厂商及人才俱乐部的紧密合作，公司建立了多方联动、互利共赢的局面。通过搭建这一交流平台，公司不仅提升了消费者对智能产品的认知度和体验感，更在行业内构建了一个完整、高效的生态体系。此举不仅推动了科教研学的深入发展，还为智能玩具行业培养了一批具备专业素养和创新精神的人才，为整个玩具行业的可持续发展注入了新的活力。

　　纵观广东群宇的发展历程，其每一步都彰显着前瞻的战略布局和深厚的创新底蕴。从"互联网+"玩具销售的起步，到智能制造、人工智能技术的融合创新，再到教育资源的深度整合和产品生态的完善，广东群宇始终保持着敏锐的市场洞察力和卓越的创新能力。展望未来，随着科技的不断进步和市场的日益变化，广东群宇将继续坚守创新之道，不断拓展新的业务领域和技术应用，为行业进步和人类社会的繁荣发展贡献更多力量。

6.3　广东群宇的创新之道

　　广东群宇的创新路径如图 6-1 所示。

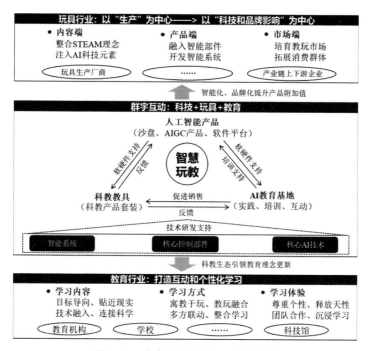

图 6-1　广东群宇创新之道框架图

资料来源：由作者团队绘制而得。

6.3.1 "点线面"联动布局智能玩具产品

随着科学技术的发展与更迭，学生的学习模式发生了巨大的变化，无论是知识来源抑或是学生与知识互动交流的方式都产生了巨大的变革，传统的教育方式和理念已不再能适应新时代的教育需求。如何打破传统教育模式，以与时俱进的教育理念进行教育改革成为首要问题。在此背景下，STEAM教育理念吸引了大众的目光，其有别于传统单学科、重书本的知识教育方式，而是强调知识跨界、场景多元、问题生成、批判建构、创新驱动，既体现出课程综合化、实践化、活动化的诸多特征，又反映了课程回归生活、回归社会、回归自然的本质诉求。

广东群宇紧紧把握住教育行业转型的机遇，顺应新型教育理念的发展态势，将目光锁定在STEAM教育上，开始钻研智慧玩教领域，以智慧玩教为核心开展业务。凭借对高级智能系统、核心控制组件以及核心AI技术应用的深度研究和开发，将更多的尖端技术融入产品当中，为儿童提供更丰富有趣、更沉浸式的学习体验。目前，公司业务板块主要分为人工智能产品、智能教学教具以及AI教育基地三方面。

6.3.1.1 人工智能产品

作为人工智能在玩具行业应用的佼佼者，广东群宇凭借卓越的技术实力与创新精神，推出了一系列备受瞩目的人工智能产品，包括沙盘、AIGC一体机和软件平台，为各行业提供智能化解决方案的同时，也开发出各式的智慧玩教产品。

沙盘产品大部分以各类竞技游戏为主题，结合编程技术，通过精准的数据模拟和实时交互，能让体验沙盘的儿童在游戏中培养团队协作能力与竞技精神。以足球竞技沙盘为例，通过系统性学习编程后，儿童可以通过模块化编程系统对足球竞技的游戏规则等进行设置，随后两两组队，利用无线蓝牙操控智能小车完成足球射门动作，在竞技中体会团队协作，激发孩子对科技、对人工智能的兴趣。除此之外，自动驾驶、汽车生产线等沙盘则是以生产制造行业为基础，能够真实还原各种场景，帮助用户更直观地了解和分析问题，为决策提供有力支持，目前已在对应领域得到广泛应用。这些沙盘产品以其高度仿真和互动性，为智慧玩教领域带来了革命性的变革。

AIGC 一体机则是广东群宇融合人工智能与图像计算等技术开发玩教产品的另一杰作。这些集成度高、性能卓越的一体机，能够高效处理海量图像数据，实现快速识别、分析和应用。无论是外观设计、模拟换装还是艺术创作，AIGC 一体机都能发挥出强大的作用，为行业带来前所未有的智能化体验。以缩影 AI 积木工坊为例，儿童通过一体机自带的摄像头拍摄下当天的个人形象，机器便会根据图像自动识别用户的发型、衣服颜色与款式等，自动生成一个 Q 版的积木形象，给予儿童以独一无二、定制化的体验；除此之外，该 AI 一体机还会根据所生成的积木形象给出匹配的详细积木零件清单以及拼装教程，如果儿童想要将自己的积木形象带走，便可以现场下单，待 3~5 个工作日后在家自行拼搭完成。

此外，软件平台也是其人工智能产品的重要组成部分。该平台具备强大的数据处理能力、灵活的定制功能和友好的用户界面，能够满足科教、编程以及积木设计等不同领域的需求。通过软件平台，用户可以轻松实现对人工智能产品的控制和管理，提高工作效率，降低运营成本。以科教平台 PC 版与 App 为例，两款应用软件均配备离线图形化编程功能，与公司旗下多种智能玩具产品适配，模块化的编程方式区别于传统撰写代码的形式，让编程变得更加简单易懂，容易上手，学生通过拖拽各种编程模块，能实现智能玩具产品的动作、行驶路线等设计，在不断的探索中激发创作能力。

综上所述，广东群宇凭借其领先的人工智能技术，成功推出了沙盘、AIGC 一体机和软件平台等一系列备受赞誉的产品，不仅为各行业提供了智能化的解决方案，也为科教教具和 AI 教育基地的开发提供了强有力的软硬件支持。相关产品以其卓越的性能和广泛的应用领域，赢得了市场的广泛认可。展望未来，广东群宇将继续深耕人工智能技术，不断推出更多创新产品，为用户带来更加智能、便捷的生活体验，引领智慧玩教行业的持续发展。

6.3.1.2 智能教学教具

广东群宇立足于科教创新的前沿，通过深入探索和实践，成功研发出一系列智能教学教具套装。这些教具套装不仅依托一套完整且科学的课程体系，更融入了先进的智能编程技术，为不同年龄段的孩子提供了多元化的学习体验，全面锻炼他们的各项能力。智能教学教具套装对标儿童年龄，针对不同年龄段的学习能力与接受程度制定了配套的课程，帮助儿童从认知到理解、从理解到实践，加深对人工智能理念的感性认知和理解，逐步提升对人工智能的应用和开发能力。

例如，3~6岁儿童接触到的是如工程大师、游乐园科教等基础拼搭类套装，这类儿童的理解能力相对薄弱，因此课程内容主要以积木拼搭为主，儿童通过对不同积木零件的组装搭建，培养自身的创造力以及动手能力。到了6~9岁，心智稍微成熟，对知识有一定的理解能力后，便可以接触如机械工程大师、百变机器人动力套装等智能教学教具；这类教具在基础的积木拼搭上融入机械结构、传动、建构等科学知识，让儿童在边学习边实操的基础上逐步加深对科学知识的理解，激发他们的兴趣，培养他们的自信心、意志力以及分析能力。对于9~10岁，甚至已经步入初中的儿童，广东群宇便开始在课程中融入基础的编程知识，根据儿童对编程知识的掌握程度，提供难度不同的智能教学教具。例如，机器人创意编程套装、人工智能探索套装等，便是针对编程入门的儿童，教具结合拼搭、机械动力等多样化知识，让儿童在体验过程中逐步掌握编程的整套逻辑体系，由浅入深地让儿童接触编程、喜欢编程。而那些通过学习后已经掌握编程基础逻辑的儿童，便可以随着对编程产品探索程度加深，开始接触智能编程科教配件套装，结合广东群宇开发的模块化编程系统，从样式形状到内部的机械动力，从 0 到 1 搭建自己的编程小车。

除了尽善尽美的课程衔接设计，智能编程技术以及 STEAM 教育理念的融合也是智能教学教具的一大特色。通过编程技术的融合，孩子们可以亲自动手操作教具，实现各种想法创意。在编程的过程中，他们需要思考如何设置指令、如何调整参数，从而锻炼自己的逻辑思维、空间想象和创新能力。同时，智能编程技术也能够帮助孩子们更好地理解科技原理，提升他们的科技素养。此外，智能教学教具套装还注重实践与应用。例如，教学过程中，鼓励孩子们将所学知识运用到实际生活中，通过解决实际问题来巩固和提升自己的能力。这种"寓教于乐"的教学方式，不仅让孩子们在轻松愉快的氛围中学习，还能够帮助他们建立正确的科技观念和价值观。目前，广东群宇已与 20 多所中小学、职校达成合作，在学校搭建起 AI 科学实验室，将智能化、科学化的教具和课程带到学校内部，进入课堂，让更多的学生从小接触人工智能，接受系统化的学习和训练，激发其创新思维与对人工智能的兴趣。

广东群宇的智能教学教具套装，以其科学严谨的课程衔接设计、智能编程技术的融入以及实践应用的导向，让儿童在不同年龄段都能获得相应的知识和能力的提升，为孩子们提供了一个全面锻炼能力的平台。通过在 AI 教育基地与合作学校的应用，这些教具将成为孩子们探索科技世界、实现梦想的得力助手，引领他们走向更加美好的未来。

6.3.1.3　AI 教育基地

AI 教育基地是一个集产品展示、体验、研学和科教为一体的综合中心，利用公司现已开发出的人工智能产品提供多元化的互动科技体验，为体验者带来沉浸式的科技探索之旅，从而激发青少年对科技的兴趣并培育未来的创新者。

在 AI 教育基地内，孩子们能够亲身参与并体验各项科技活动，同时有受过专业培训的老师在一旁指导，帮助他们在实践中深化对人工智能产品的理解与运用，增强孩子们对科技产品和技术的感性认知，更是让家长们在亲身体验中深入理解科教理念。虽然大众一直推崇 STEAM 教育理念，强调跨学科学习，但大部分的孩子家长对此了解程度不深，对学习的方式仍保有固有印象，认为孩子玩玩具就是玩儿。AI 教育基地的存在，为大众了解体验智慧玩教提供了一个契机，让人们真切地理解孩子在体验智慧玩具时，能够在"寓教于乐、玩教结合"的模式中，潜移默化地吸收科学知识，实现快乐学习与成长的完美结合。

除了为消费者提供更多元的互动科技体验外，AI 教育基地的开设为广东群宇提供了一个对外交流的平台，让行业内更多的合作厂商得以进一步了解自身业务，促进行业内良好生态的构建。在教学教具层面，通过与不同中小学校以及职校进行合作，联合举办研学活动，让学生前往 AI 教育基地参观并体验智能化的玩具产品，在基地系统的讲解和培训中加深对人工智能知识的理解与运用。除了学校，与猿辅导、作业帮等教培机构达成了长期稳定的合作关系，为机构提供完整的智慧编程玩具课程与教具，借助知名教培机构的口碑以及庞大的学生基数进一步实现智能玩具产品的推广。在产品线延展层面，与不同的生产制造厂商形成了合作，顾客在 AI 教育基地体验模拟设计、积木人像等 AIGC 一体机的功能后，如若有将设计成品转化为实际产品的需求，便可以直接在基地现场进行下单，将订单传送给与广东群宇达成合作的生产厂商，直接将想法带进现实，制作出心仪的成品。在人才培养层面，AI 教育基地通过定期开设免费的公开体验课程、举办多样化的研学活动等形式，吸引更多对人工智能感兴趣的学生转化为 AI 教育基地的会员，接受更为专业化的技术培训以及更高阶的智能产品，培养未来的创新者。此外，AI 教育基地还承担着师资培训的职能。在多样化的活动中，基地员工不断锻炼自身对技术产品的理解以及多方面的能力，对各方面业务掌握熟练后，便有机会到各地的教育基地担任驻场老师，解决义务教育阶段人工智能教育师资短缺等问题。

由此可见，通过与学校、生产制造厂商、人才俱乐部以及教育机构等多方联动，广东群宇在科教、产品延展、人才培养等多领域协同发力，共同带动智能玩具产业发展，构建了良性的产业生态循环。而 AI 教育基地的成功落地和持续探索，不仅展示了人工智能技术在玩具和教育领域的应用潜力，也为未来的智慧玩具产业发展提供了新的思路与方向。

6.3.2　"软硬结合"开辟智慧玩教新蓝海

在过去几年里，澄海玩具企业一直在探索"智能化"转型的道路。"智能化"转型升级的路径有多种可能，有的企业是以生产制造为中心，通过引进智能化设备来实现规模化生产，提高企业生产优势的同时，赋能其他企业。有的企业则是转向以"科技和品牌影响"为中心，通过技术和品牌提升玩具产品附加值，推动玩具企业高端化发展。广东群宇便是后一路径的典型实践者。即融合 STEAM 教育理念，从内容端、产品端、市场端三方面深度融合科技、玩具和教育，开拓和引领智慧玩教新赛道，实现从金字塔大众型玩具层跨越到智能型玩具层，提高玩具产业的创业活力与附加值，推动"玩具＋智能化"产业价值共创，促进玩具行业与企业再进阶。

6.3.2.1　内容端的创新实践

在内容端，引入 STEAM 教育理念，将科技元素注入玩具产品，融合本土传统文化挖掘教育价值，引领"玩具行业＋"发展。随着《义务教育课程方案和课程标准（2022 年版）》的发布，国家教育局将信息科技课程纳入中小学义务教育，将编程视为未来人工智能时代必备技能之一。跟随国家教育变革的方向，广东群宇意识到玩具产业升级已不能局限于简单的模拟控制，而是应该借助人工智能技术，设计更多具备与玩家交互联结的产品，在互动的过程中实现玩法创新与玩教结合。公司定位在全年龄段的编程教学，利用"炫酷"的智能玩具产品成功吸引青少年的兴趣。通过将兴趣转化为产品黏性和持续学习动力，孩子们会通过智能玩具和编程软件进行交互式学习玩乐，实现玩教的双向赋能。

在探索玩教赛道的过程中，广东群宇跟随"国潮风"，对玩具产品注入文化内涵和科技内涵来提高产品附加值，在"玩具＋大文创"的方面为玩具行业作出表率。例如，公司将地方特色文化"英歌舞"表演分解和融入产品设计，通过机器人舞蹈来激发孩子们的好奇心，在欣赏机器人表演的同时感受传统文化的魅力，吸引他们探索机器人舞蹈背后的动作分解和编程实现，在交互式学习中实现编程代码的构建。这种双向赋能的模式不仅激发了孩子们的学习热情，实现玩教结合、寓教于乐的效果，也促进了传统艺术文化与科技的交融创新。广东群宇在科教与玩具结合的创新实践，为澄海玩具行业注入了新的活力，也为青少年的教育提供了更具吸引力和教育意义的选择。

6.3.2.2 产品端的链条完善

在产品端，通过软硬件高度结合和人工智能基地来完善用户体验链条，打造产业链智能玩具生态圈，为玩具行业插上"智慧"的翅膀。公司拥有超过 170 项专利和 500 项电子方案，能够实现从芯片设计到产品制造的全链条研发和生产。"硬核"的科技实力让其在玩具与智能、教育产业相结合方面形成了系列主打产品，例如，随音乐翩翩起舞的机器人、相互对抗的赛车竞速沙盘、智能空气架子鼓，以及 24 种 AIGC 生成式人工智能体验机。除了智能硬件产品，数字智能系统也是其业务必不可少的部分。公司始终遵循教育科学规律，从 STEAM 教育领域设计出发，打造数个编程平台和软件 App，覆盖从启蒙到入门再到高阶的符合不同阶段孩子身心特点的课程体系。

例如，幼儿园阶段的游戏课程以搭积木为主，通过积木的搭建来锻炼孩子的手部力量，对机械的感知能力和创造力。随着孩子对积木的熟悉，开始引入 AI 积木海底世界等初级阶段的游戏，引导孩子自己动手扫描积木、构建动画角色，与游戏进行互动，激发他们对人工智能的感性认知。小学阶段课程以一些简单的电脑编程为主，在图形化编程模式下，孩子们可以在 iPad 上面拖动图标编写程序，使用语音交互功能设计故事剧本，借助机器人展示自己设计的剧本，让他们直观地感受到游戏的乐趣和编程的乐趣，从而提升自我成就感。到了初中阶段，孩子们就开始正式学习代码编程，利用所学的编程知识进行团队协作，参与竞技沙盘游戏，在赛事中绽放光彩。这一整套覆盖年龄段的课程遵从少儿心智成长规律，完美实现了产品和课程的衔接，让孩子们在玩乐中实现编程学习的进阶。

此外，人工智能基地在 B 端和 C 端也提供了多项服务。例如，自主研发的编程平台，不仅能够让用户在不同场景下进行科教 PC 端和 App 的切换，还能够与线下硬件产品高度融合，为机构和学校提供了一个方便的教学平台，使编程教育更加直观和高效。人工智能基地还配套了等级考试和赛事支持等应用生态，让孩子在具体的、场景化的产品生态中积极融合、主动探索，激发学习自驱力，接受全方位的编程教育，进一步提升使用体验，同时也能将内容和产品的特质和孩子的获得感直观地展现给家长。此外，人工智能基地还承担着中介作用，吸引各行各界的合作商，开拓新的发展机遇。例如，自 2023 年 9 月第一个人工智能展馆落地以来，各地厂商纷纷前往参观，其中不仅包含学校和教培机构，甚至有新华书店、大型商超等厂商。目前广东群宇已经成功在青岛、潮州等地建立人工智能基地，为人工智能教育在义务教育的落地提供了解决方案和发展路径。

6.3.2.3　市场端的客户定位

在客户端，利用"玩学一体"的教育理念设计产品与服务，在培育玩教市场的同时实现立体化的产业生态。随着教育理念的不断演进，"90后""95后"家长们对孩子成长过程中的知识结构构建和知识获取途径的期望也在日益提升，这使得低龄教育成为新的关注焦点。根据艾瑞咨询发布的《2021年中国教育培训行业发展趋势报告》，自K12教育市场格局基本稳固后，教育行业的风向逐渐转向更加低龄的儿童教育领域，这一新兴赛道开始崭露头角，成为教育领域新的流量聚集地。广东群宇尝试以"智慧玩教"构建完整商业生态，通过研学活动引流，在科技馆展示具有教育属性的玩具产品，将兴趣作为建立私域用户黏性和复购的抓手，建立独特的营销渠道。

随着"双减"政策的落地，校外教培产业受到了前所未有的冲击，中国学科类培训机构在炎炎夏日中经历了一场寒流。新东方等教培巨头股价大幅下跌，"教育股"资本市场整体遭受重创，整个行业弥漫着一片肃杀之气。在"双减"政策的严厉打击下，学科类教育培训机构不得不重新审视自身战略，开启漫长的转型之路。素质教育、信息技术教育、智能教育硬件等教育"新基建"，以及职业教育、成人教育等其他教育形态，逐渐成为各教育机构转型发展的主要方向。例如，新东方积极调整经营范围，增加了语言、艺术、体育、科技类培训以及家庭教育咨询、校外托管服务等多元化业务；猿辅导则进军STEAM科学教育领域，推出"南瓜科学"项目，探索"AI互动学习＋动手实践探究"的新型学习模式。

此外，人工智能时代的来临，也为STEAM教育的发展奠定了坚实的基础。相较于一般教育机构简单粗暴地将教学内容"移植"到新平台，STEAM教育展现出了更为深远和创新的变革。它充分利用计算机、机器人、VR等前沿技术，强调多学科、跨领域的知识学习与应用，致力于培养孩子的创造力、想象力与实践能力。这种教育理念并不是简单地将知识灌输给孩子，而是通过兴趣的引导，让孩子在玩乐的过程中自然而然地吸收跨学科领域知识。不仅如此，STEAM 教育的特殊属性使其与机器学习和人工智能产生了紧密的关联，从而开辟了一条 "STEAM 教育 + AI" 的全新发展路径。①

在上述背景下，广东群宇制定了与之相契合的发展规划，把握新时代的战略机遇，发展高端化的智能玩具产品。不仅将玩具、教育、科技融合成编程平台，为学校和教培机构等潜在合作伙伴打造线上教育虚拟体验空间，还基于强大的人才团队为玩教产业设计出相对应的教具套餐。此外，还为学校建设高端的人工智能教室，在校外耗费巨资建立了数个科技馆，希望依托校内外环境与线上平台软件连接，真正形成玩教一体的立体产业生态，让 "玩具—AI—教育" 三者形成良好的互动。

6.3.3 科教生态引领教育实践革新

教育进化的动力在于将前沿生产技术与现代教育理论相结合，探索如何实现更高效、更质量、更个性化的教学方法。当前，随着大数据、云计算和计算能力的提升，特别是 AIGC 技术的快速发展，教育领域正经历一场深刻的变革。这种技术进步不仅推动了因材施教的实现，还提高了教学效率，并促进了教育内容和学习方式的创新。广东群宇通过整合 STEAM 教育和新兴的 AIGC 技术，成功地开辟了智慧玩教新领域，为儿童提供了丰富、有趣且沉浸式的学习体验，同时也推动了教育内容、学习方式和师资配置的现代化。这一实践不仅响应了教育行业转型的需求，也符合新时代教育理念的发展方向，展示了如何通过技术与理论的融合，促进教育体系的整体进步和优化。接下来将从学习内容、学习方式、学习体验三方面分析广东群宇如何利用智能玩具推动教育实践的升级。

---

① 新氪度 | "双减" 的历史拐点下，STEAM 教育能否让学科类教培柳暗花明？［EB/OL］. https://www.36kr.com/p/1340006624565507，2021–08–04.

6.3.3.1　学习内容的转变

学习内容方面，以 STEAM 教育理念为导向，以游戏贴近现实教学，以智能玩具为载体激发学生兴趣。在设计学习内容时，广东群宇极力强调其贴近现实应用的场景，这种目标导向的思维模式，旨在将抽象的学科知识具象化，通过实际可触摸、可操作的玩具和服务，如编程机器人、科学实验套件等，让学生们在实际操作中理解和掌握科学原理。这样的教学策略，不仅激发了学生们对科学探索的兴趣，更加深了他们对知识应用的理解，培养了解决实际问题的能力。当孩子使用编程机器人学习编程时，他们不仅是在编写代码，更是在通过代码控制机器人完成一系列任务。以拾送大赛沙盘为例，小朋友通过编程控制积木编程车 A 和 B 在特定区域内协作完成球体的拾取与运送任务。这种教学方式直观展示了编程知识如何转化为实际操作的能力，使学习内容与现实生活紧密联系，提升了学习的针对性和实用性，并且通过团队合作完成任务的方式，培养了学生的团队协作精神和解决问题的实际能力。

学习内容创新的另一特点是技术融入、连接科学。在学习内容的设计中，在玩具中融入人工智能、大数据等先进的技术元素，以此来连接科学与技术，使学习体验更加丰富和现代化。以"积木魔法鱼池"和"动态火柴人仔创作"为例，公司将 AIGC 一体机技术应用于教育产品中，让学生们通过直观、互动的方式体验科技的魅力。在"积木魔法鱼池"的玩法中，孩子们利用积木拼凑出鱼的形状，通过扫描触发 3D 动画互动的海底场景呈现。这不仅锻炼了孩子的空间想象力和创造力，同时通过技术的介入，让孩子们理解如何通过编程和图像识别技术将静态的积木作品转化为动态的 3D 动画。而"动态火柴人仔创作"技术，则支持孩子们绘制火柴人仔图案，通过 AI 技术赋予其动态效果。这种创作过程不仅简单有趣，更重要的是让孩子们体会到 AI 技术在动画制作中的应用，激发了他们对技术创新的兴趣。通过这样的学习路径，孩子们可以从技术体验出发，逐步深入技术应用，然后再反观技术背后的科学理论，形成一个完整的知识闭环。

在推动教育内容转变的过程中，广东群宇不仅将抽象的学科知识转化为具象、可触摸和可操作的智能玩具和服务，而且深刻体现了对教育模式创新的追求和教学理念的实践。这种转变通过富有创意的教育活动实现，不仅在编程教育、团队协作培训和科技竞赛中发挥着重要作用，更是学习内容实用性和教育方式现代化的变革。通过技术融入和科学连接，让学生们在互动体验中自然而然地理解科技背后的原理。不仅激发了学生对科学探索的热情，更培养了他们解决实际问题的能力，极大地拓宽了学生们的视野，提高了他们的综合素养和创新能力。通过这样紧密贴近现实应用与科学知识的连接，广东群宇充分展现了自己在科技教育内容落地与现实应用实践之间的桥梁作用，体现了教育内容设计创新和教育理念创新。

6.3.3.2 学习方式的改革

学习方式方面，改变以往的课堂式学习，通过游戏和玩具的方式"寓教于玩"和"玩教结合"。公司开发的编程玩具不是一个让孩子们学习编写代码的工具，而是通过设计各种游戏场景，让孩子们在解决游戏任务的过程中学习编程逻辑和思维方式。孩子们需要思考如何利用编程工具控制玩具完成特定任务，这种探索和实践过程极大地激发了孩子们的学习兴趣和学习动力，同时也培养了他们的逻辑思维能力和问题解决能力。以足球竞技场沙盘技术为例，孩子们控制足球车将球踢入对方球门来取得胜利。从足球车搭建到比赛规则设计，再到团队配合完成游戏，多环节的参与让孩子们直观地感受到自己所做的事情与想要实现的功能相关联。通过将教学内容融入有趣的玩具和游戏，不仅成功地吸引了孩子们的注意力，还使得他们在享受游戏乐趣的同时，自然而然地掌握相关知识和技能。这种全新的学习方式打破了传统课堂学习的单一模式，使学习过程更加生动、直观和高效。

学习方式方面的另一个重要改革是多方联动和整合学习。通过与教育机构、家庭和社会各界的广泛合作，广东群宇构建了一个开放、协同的教育生态系统。教育机构方面，向其提供软件、教具等多种产品服务来方便学生学习。学校方面，不仅为其提供研学活动和教具，还构建了高端的人工智能教室，提供先进的硬件设施和定制化的软件系统，为学校教育注入更多科技元素，进一步加深学生对人工智能和机器人技术的兴趣和理解。除了学校教育，公司还注重课外教育拓展。例如，通过设立四点半学校编程培训兴趣班，专注于围绕图形化机器人编程技术的应用课程，为学生提供一个探索编程和机器人技术的课外平台。这种多方联动，特别是课程设计和资源共享方面的合作，使学校教育与家庭教育、社会教育能够有效衔接，形成了一个全方位、多层次的学习网络。不仅为学生提供了丰富多彩的学习资源，也为教师提供了更多的教学灵感和支持，进一步提升了教学质量和效果。在这个系统中，学生们不仅可以在课堂内外获得连贯一致的学习体验，还能通过多样化的学习场景，扩大学习内容的覆盖范围，实现对科学技术的深入理解。

6.3.3.3 学习体验的优化

学习体验方面，认同孩子们之间的个体差异，对待孩子尊重个性、释放天性。公司的科教教具具有高度的可定制性和扩展性，推出的课程覆盖了幼儿园至初中各个年龄段，年龄方面从3~10岁以上共分为八个阶段，根据不同年龄阶段的特点和认知发展水平设计了相应的学习内容和方法。这种分阶段的课程设计不仅让学生能够在适合自己年龄和认知水平的环境中学习，更重要的是，能够针对不同年龄段的学生提供个性化的学习解决方案，确保每个孩子都能在其自身的兴趣和能力范围内得到最大限度的发展。例如，AI基地既有针对低龄儿童的积木拼搭体验区、

AI 积木海底世界等，也有针对青少年的足球沙盘、体感机器人、月球基地沙盘等合作竞技类沙盘。这些寓教于玩的互动方式打破了传统学校教育模式，不仅给孩子带来了新型学习体验，还通过不同体验项目之间的衔接，打造出一套覆盖全年龄段的个性化方案。

除了尊重和鼓励个性发展，公司在教育产品和学习基地的设计过程中，还非常重视团队合作和沉浸式学习。公司大量的游戏沙盘和活动，都需要小组合作才能完成。这种以团队为单位的学习方式不仅能够培养学生的社交能力、领导能力和团队协作精神，还能在合作过程中促进学生之间的知识共享和技能互补，最终实现共同目标的完成。例如，在月球基地沙盘中，故事背景以当前的"航天热"为背景，支持孩子们模拟航天飞船和月球车的工作场景，通过团队协作共同设定故事情境、游戏任务及编程实现等，相互配合实现设定的故事情节。此外，在体感机器人游戏中，孩子们还可以自主通过积木拼搭完成机器人外观设计，嵌入广东群宇自主研发设计的舵机和主控器等核心控制部件完成功能设定；通过编程为机器人设定个性化动作，使用自己拼搭并编程的机器人参与同台竞技。这种沉浸式的学习体验使孩子们在亲身体验和操作中加深对知识和技能的理解，实现从知识的被动接收到主动探索的转变。这种团队合作和沉浸式学习的体验设计，不仅培养了孩子们的协作精神和社交能力，更是通过实践操作让孩子们深刻体验学习的乐趣，有效提升了学习的积极性和主动性。

广东群宇所展现的不仅是科技与教育的深度融合，更是对教育理念和实践方式的深刻反思与革新。通过科教生态的构建，不仅为孩子们开启了探索世界的新窗口，更是为教育行业的持续创新和发展注入了强大的动力。通过将目标导向的内容设计、"寓教于玩"的互动方式以及尊重个性的学习体验相结合，不仅为孩子们提供了一个充满乐趣和创造性的学习环境，还培育了他们的问题解决能力、批判性思维和团队协作精神。这种教育模式的转型不仅响应了当前社会对于创新型人才的需求，也预示了未来教育的发展方向。随着技术的不断进步和教育理念的深化，广东群宇所代表的"寓教于玩，玩教结合"智慧玩教创新之路也将不断进化，推动玩教行业向着更加高效、个性化和智能化的方向发展。

第7章

澄海玩具产业转型升级的行业启示

本章主要聚焦于澄海玩具产业在转型升级过程中的关键要素和成功经验，分别从企业家精神、技术创新、产品创新、资本支持、政府支持及行业协同等方面，总结了澄海玩具产业发展、转型及升级过程中的典型经验，以期对玩具产业及其他行业提供启示。

7.1 企业家精神的关键作用

企业家精神在澄海玩具产业的转型升级中起到了关键作用。澄海玩具产业经历了从小作坊到企业多元格局的发展过程，面临着传统思维的束缚和各种挑战。在这个过程中，涌现出来郭卓才、蔡东青、黄逸贤等为代表的一批优秀企业家们。他们展现出了突破传统思维的创业勇气、面对挑战的决断以及面对外部困境的韧性等精神特征，是潮汕企业家优秀品质的缩影，推动了澄海玩具产业的发展。也正是他们的努力和奋斗，不仅带动了自身企业的发展，也促进了整个产业链的协同发展，成为澄海玩具产业乃至中国玩具产业持续创新的重要动力。

7.1.1 突破传统思维的创业勇气

在澄海玩具行业的发展历程中，澄海玩具人敢于冒险、敢于创新，不断突破传统思维，推动行业向更高水平发展。这种突破传统思维的创业勇气既是企业家精神的重要组成部分，也是企业家精神的核心体现。

在起步阶段，澄海玩具行业就展现了突破传统思维的创业勇气。20世纪50年代，澄海人以种稻谷为生。改革开放后，家族纽带牵系着侨资外企，给彼时澄海县带来第一桶金，新的订单、技术和设备在此扎根，一车一车集装箱在县城的土路上川流不息。有年轻人或企业家嗅到商机，尝试转行开设玩具厂，成为最早的一批玩具人。也有玩具二代继承父业，不断创新产品，开始生产出口欧美市场的遥控车。早期的玩具企业以小作坊为基础，通过自身的努力和不断发展，逐渐发展成为规模庞大的玩具企业。

面对市场竞争和技术变革时，澄海玩具产业展现了突破传统思维的创业勇气。随着市场的变化和消费者需求的不断演变，澄海企业不再满足于简单的模仿和低成本生产，而是积极寻求突破，推动产品的升级和创新。他们不断向产业链上游攀爬，走出了一条品牌化与IP化之路；不断结合新技术与产业跨界，走出了一条多元协同的生态创新之路。他们不再将玩具作为单一产业板块来发展，而是尝试将玩具与文创、教育、人工智能、娱乐等产业结合起来全盘考量，将"小玩具"做成"大产业"，对澄海乃至中国玩具产业的提升起到了示范效应和杠杆效应。这种推动"玩具+"产业价值共创的尝试与远见，在指引澄海玩具产业发展方向上的作用弥足珍贵。

面对外部环境的变化时，澄海玩具产业也展现出了突破传统思维的勇气。2020年新冠疫情来袭，世界经济受挫，全球化遭遇逆流，考验供应链韧性。面对新冠疫情的冲击，澄海玩具行业积极探索内贸市场，开拓跨境电商渠道，加大自动化设备投入，提高产品质量和附加值。这种创新和突破传统思维的勇气，使得澄海玩具行业能够在困境中找到新的发展机遇。

7.1.2　面对挑战的决断力与韧性

在澄海玩具行业的发展过程中，资金、技术、市场和外部环境等方面的问题从未消失。在竞争激烈、市场变幻莫测的环境下，澄海玩具企业家们不仅敢于面对挑战，更展现了坚定的决断力和持久的韧性。这种品质是推动行业不断进化和适应变化的关键，引导着企业家们在变幻莫测的市场中保持警觉、灵活应对，为企业的可持续发展奠定坚实基础。

面临市场竞争和外部环境变化时，澄海的企业家表现出了决断力。在全球化竞争不断加剧的背景下，企业家们需要作出关键的决策以保持竞争力。2020 年新冠疫情暴发，给全球供应链带来了极大冲击，令外贸主导型的玩具产业承压。在这个关键时刻，企业家们并没有犹豫不决，而是果断地决定进行转型升级，以新的形式来加大内外贸市场拓展。例如，自 2021 年 3 月份试运营以来，汕头玩具抖音电商直播基地已入驻企业商家 236 家，开播率超过 50%，商家直播间场观最高达 5 万人以上，单日销售额最高超过 100 万元。这种果断求变的决策力，使澄海玩具行业在危机中找到了新的生存路径。

面对挑战时展现出的韧性，也是澄海玩具行业成功的重要因素。在市场变化和技术进步的不断冲击下，消费者需求也在不断变化，玩具市场呈现多元化和个性化的趋势。澄海的企业家们通过加强研发创新、灵活调整产品结构，成功应对市场变化，保持了行业的竞争力，使得澄海玩具企业能够在动荡的市场中稳定前行，不被外部挑战轻易撼动。目前，澄海拥有国家级高新技术企业 51 家；省级"专精特新"中小企业 18 家；玩具类 3C 证书数量稳居全国县级第一；玩具企业获 IP 授权数量全国第一；玩具品牌拥有量全国第一。在这些数据背后，反映的是汕头正以高端化转型为导向，提升企业主体技术创新水平，加快布局"玩具 + 大智能"产业。这与广东省政府工作报告中所提及的"推进产业基础高级化、产业链现代化"目标不谋而合。

面对供应链问题等外部环境挑战时的韧性，也使得澄海玩具企业家备受关注。全球供应链的复杂性使得澄海玩具企业需要具备强大的韧性，以迅速应对可能的中断和调整。在这方面，企业家们通过建立灵活的供应链体系，加强与供应商的紧密合作，提高了整个产业链的抗风险能力。这种韧性在保障澄海玩具行业生产稳定性的同时，也使得企业在市场竞争中更具优势。例如，广东宏腾商务展览有限公司上线了自主研发的"霄鸟玩具云"平台，为全球买家提供了在线便捷的、高效的创新玩具采购模式。采购商无须亲自前往中国实地采购，随时随地就可以通过平台采购全中国的玩具，大大减少了客商的时间和成本，同时为贸易公司和生产厂商拿到了更多更优质的订单，推动玩具贸易多种业态向数字化方向转型。

总的来说，面对外部挑战，澄海玩具的企业家们展现了敢于创新的决断力与砥砺前行的韧性，是推动行业可持续发展的重要力量。企业家们不仅在关键时刻能够果断作出决策，更能够在变幻莫测的市场环境中保持持久的韧性，适应变化、迎接挑战。这种决断力和韧性的结合，使得澄海玩具行业在激烈的市场竞争中稳健前行，为整个行业的繁荣奠定了坚实基础。

7.2　品牌创新意识的重要性

品牌创新意识在澄海玩具产业转型升级和高质量发展过程中扮演着重要角色。首先，品牌建设对产业转型的引领作用是显而易见的，因为一个强大的品牌代表了企业的核心竞争力和市场地位，而正是这种竞争力和地位，推动着产业向前发展。通过品牌建设，企业可以在市场中占据有利位置，引领市场潮流，进而推动整个产业的转型升级。

此外，品牌创新也与市场竞争力密切相关。它不仅是产品、服务或企业形象的改进，更是一种战略性的思维方式，是企业对市场变化的敏锐洞察和应对能力的体现。在激烈的市场竞争中，只有不断地进行品牌创新，才能够保持企业的竞争优势。通过不断地推出新产品、新服务，提升产品品质和用户体验，企业可以在市场中树立良好的品牌形象，吸引更多消费者的青睐，从而提高市场份额和竞争力。

7.2.1　品牌建设对产业转型的引领作用

品牌建设是指企业通过塑造独特的品牌形象和价值观，提升产品或服务在市场中的竞争力和认知度的过程。品牌建设不仅是企业文化、产品质量和消费者体验的集合体，更是企业在市场竞争中赢得优势的重要手段，在产业转型过程中发挥着的关键的引领作用。

首先，品牌建设能够推动产品创新与品质提升，促进行业高质量发展。通过品牌建设，企业可以加大对产品创新的投入，不断推出新颖、高品质的产品，以满足市场需求，并在同行业中树立良好的品牌形象。这种产品创新和品质提升不仅可以巩固企业的市场地位，还能够促进整个产业的高质量发展。随着消费者对品质和创新的追求不断提升，品牌建设推动的产品创新将成为产业转型升级的关键驱动力，助力澄海玩具产业迈向更加繁荣和可持续的发展。例如，澄海于 20 世纪 90 年代中期已经开始实施品牌战略，从过去以仿制为主转向发展自主知识产权为主。经过品牌建设与发展，澄海玩具产品的质量档次迅速提升，销售市场不断扩大。

其次，品牌建设可以帮助不同的企业优化市场定位与品牌定位，从而推动产业结构优化。通过品牌建设，不同的企业可以优化自身的品牌形象和价值主张，树立起独特的品牌定位。这有助于企业发现和拓展新的市场空间，寻找到与市场需求相匹配的发展路径，从而准确地定位自己的品牌，实现可持续发展。例如，在澄海玩具产业中，不同企业专注于不同的细分市场——奥飞注重玩具与 IP 的结合，着力构建泛娱乐文化生态；广东群宇则从"智慧教玩"的角度切入提升产品的附加值；高德斯专注于生产制造细分环节，支撑整个产业的转型升级。品牌建设还能助力孕育品牌文化与优化企业管理。品牌建设不仅是对外的传播，更是对内的文化建设。通过建立积极向上的品牌文化，企业可以提升员工的归属感和认同感，激发员工的创新意识和团队合作精神。同时，建立健全的品牌管理体系，加强品牌保护和品牌运营，提升企业的管理水平和执行力，有利于推动产业转型升级。例如，奥飞娱乐以创造快乐与梦想为使命，将这一理念融入品牌建设中。这不仅为企业赋予了独特的企业文化，也使员工在工作中更具凝聚力和向心力。企业文化的塑造在品牌建设中起到了内外呼应的作用，形成了品牌的内外一致性。通过品牌建设，奥飞娱乐成功地将企业文化融入产品和服务，使其不仅是冰冷的商品，更是富有情感和温度的文化产品。这种文化的传递，不仅赢得了消费者的认同，也在企业内部形成了共鸣。这种内外一致的品牌建设，不仅有助于提升员工的归属感和忠诚度，也为企业在市场上赢得了更多的信任和支持。

最后，品牌建设在推动行业合作与生态建设方面也具有重要作用。品牌建设可以帮助企业建立起更加广泛的合作关系和产业生态。通过与行业内的合作伙伴共同推广品牌，建立起良好的产业生态圈，实现资源共享和优势互补。随着市场竞争的加剧，单一的产品线已经难以满足市场需求，整合产业链资源，实现品牌的多元化发展成为企业转型升级的重要途径。奥飞娱乐通过品牌建设，不仅在内容创作上取得了成功，也在产业链的整合上走在了行业前列。他们不仅涉足动画制作、玩具设计制造，还将业务拓展到媒体、婴童、游戏等多个领域，形成了一个完整的产业链。这种全产业链运营的模式，使奥飞娱乐能够更好地掌控市场，提高资源利用效率，实现多元化收益。通过品牌建设，奥飞娱乐在产业链上的整合不仅是简单的产品生产与销售，更是通过 IP 的创意、媒体的传播、授权的合作等多方位的整合，形成了具有自身特色的产业生态系统。这种整合不仅促进了企业内部的协同发展，也在一定程度上推动了澄海玩具产业链的升级和优化。

综上所述，品牌建设不仅提升了产品的附加值，拓展了市场，更推动了产业链的整合和优化。奥飞娱乐的成功案例为澄海玩具产业提供了有益的借鉴，也为其他传统制造业向全产业链运营的转型提供了宝贵经验。在未来，随着市场竞争的不断升级，品牌建设将继续发挥促进产业创新和发展的关键作用，引领着行业迎来更广阔的发展空间。

7.2.2　品牌创新与市场竞争力的关联

品牌创新，作为企业在市场竞争中的核心竞争力，不仅关乎产品或服务的升级，更是企业战略思维和市场洞察能力的集中体现。企业基于市场需求和消费者趋势，不断对品牌形象、产品及服务进行改进，能够使品牌在不断创新发展中增强其竞争优势。在澄海玩具产业这片繁荣的天地中，奥飞娱乐以其独特的品牌创新策略，成功实现了市场竞争力的稳步提升，为整个行业树立了典范。

首先，品牌形象创新是提升品牌辨识度与个性的关键手段。奥飞作为中国澄海玩具产业的代表性企业，通过品牌创新实现了在市场竞争中的持续领先。他们以创意 IP 为核心，精心打造了一系列深受观众喜爱的动画 IP，如"熊出没""喜羊羊与灰太狼"等。这些 IP 不仅在国内市场取得了巨大成功，还成功进军国际市场，赢得了全球观众的喜爱。创意 IP 的成功打造，使奥飞建立了独特的品牌形象，从而赢得了消费者的认可和喜爱。可见，品牌形象的创新，能够有效提升品牌在市场上辨识度，增强其竞争优势，从而吸引更多的消费者选择其产品和服务。

其次，品牌产品创新也是提升品牌竞争力的重要途径。奥飞通过积极参与国际知名展会，加强与国际合作伙伴的交流与合作，将中国原创动画作品推向世界舞台。同时，奥飞还根据市场需求和消费者趋势，与外国合作伙伴一同在产品创新上发力，不断推出新产品，满足消费者的多样化需求。产品创新及多元化发展策略帮助奥飞拓展了市场空间，增加了市场份额。奥飞在国际市场上的成功，不仅为企业带来了更多的商业机会，还加强了品牌在国际市场上的影响力，提升了企业的整体竞争力。由此可知，品牌产品创新策略能使产品在市场上具有更强的竞争力和吸引力，为企业赢得了更多的市场份额和商业机会。

最后，品牌服务创新是提高顾客忠诚及满意度的重要举措。奥飞通过整合产业链资源，与媒体公司、游戏开发商等合作，共同打造了一系列以动画 IP 为基础的衍生产品，如电影、游戏、漫画等，满足了消费者多样化的需求，实现了从单一玩具生产商向多元化娱乐内容提供者的转变。这种全产业链运营的品牌服务创新模式，使奥飞能够更好地满足消费者的多样化需求，提高消费者满意度和忠诚度，从而在市场竞争中占据更有利的位置。

综上所述，品牌创新在提升企业竞争力、赢得市场份额和商业机会方面发挥着重要作用。通过品牌形象、产品和服务的创新，企业能够更好地满足消费者的需求，提高产品附加值，拓展市场空间，实现可持续发展。奥飞娱乐的成功案例充分证明了品牌创新的重要性。在日益激烈的市场竞争中，只有不断创新、不断超越，企业才能立于不败之地，实现长期稳定的发展。品牌创新不仅是企业的战略选择，更是一种必然趋势。

7.3 技术创新对产业升级的推动

在科技迅猛发展的今日，技术创新已然成为产业升级的核心动力。特别是在澄海玩具产业这一传统制造领域，技术创新的紧迫性更为凸显。面对市场竞争的加剧和消费者需求的多样化，澄海玩具产业急需通过技术创新来突破发展瓶颈，实现品质提升和竞争力增强。对于澄海玩具产业而言，技术创新不仅是提升产品品质和市场竞争力的关键，更是决定产业能否实现转型升级、迈向更高层次发展阶段的决定性因素。在数字化、智能化的浪潮中，澄海玩具产业积极应对挑战，拥抱变革，通过不断引入新技术、新工艺，推动产业向高端、智能、绿色方向转型升级。这股强劲的技术创新之风，为澄海玩具产业带来了前所未有的发展机遇。它不仅助力企业提升生产效率、降低成本，更推动了产品创新，满足了市场的多样化需求。通过技术创新，澄海玩具产业正逐步摆脱传统制造的束缚，迈向更加广阔的发展天地。

7.3.1　引入先进技术的迫切性

在澄海玩具产业转型升级的时刻，引入先进技术对于行业迈向创新与可持续发展具有重要意义。科技的飞速发展不仅改变了人们的生活方式，也深刻影响着玩具产业的格局与发展方向。在这个数字化时代，引入先进技术已经不再是选择，而是产业转型的必由之路。

首先，引入先进技术是提高玩具产业生产效率和品质的重要途径。自动化生产、智能制造等先进技术的应用，不仅可以帮助玩具企业降低生产成本，提高生产速度，还能够确保产品的品质和一致性。以伟达智能为例，在伟达智能的数字化试验注塑车间，从进料、生产到成品，整个流程都由其所研发的"智造执行系统"完成，除智能平台管理人员外，根本不需要其他的工人，实现了"一人操作多台设备"。[1] 由此可见，先进技术的引入不仅极大地降低了企业的人工成本，同时还帮助企业实现了自动化、标准化生产，保障了产品质量。

其次，引入先进技术是拓展玩具产品的可能性和创新空间的关键手段。通过融合虚拟现实（VR）、增强现实（AR）、人工智能（AI）等技术，玩具已不仅是传统的物理产品，还是可以融入数字化元素，为顾客提供更丰富、互动性更强的体验的高科技产品。这样的创新不仅能够吸引年轻一代的消费者，还能推动整个产业向更具未来感的方向发展。例

---

① 数字赋能 从制造到智造！汕头澄海玩具开启数字化新纪元［EB/OL］.澎湃新闻，https://www.thepaper.cn/newsDetail_forward_18715966，2022-06-23.

如，广东群宇通过智能技术的应用，实现了智能技术与积木玩具的融合，消费者可以通过操控积木车进行"投篮""踢足球"等，极大提升了玩具使用的体验感。目前，广东群宇已取得国家专利60多项、国家软件著作权30多项，它们为行业提供的智能积木配件与编程系统技术服务，极大地助力了澄海积木企业产品智能化，以"智能电子＋行业"模式，打造产业链智能玩具生态圈，为行业玩具插上"智慧"的翅膀。①

最后，引入先进技术也是实现玩具产业可持续发展的路径。绿色制造技术和可循环材料的应用可以减少玩具制造对环境的影响，同时也能提高资源利用效率，使产业在满足市场需求的同时，实现与环境的友好共存。例如，在2023年底，澄海塑胶精密制造联盟成立，联盟将开展以塑胶材料应用、注塑模具新工艺、注塑模具标准化、节能环保和智能制造为重点的绿色注塑技术开发。这是澄海玩具从单打独斗到攥指成拳，抱团进军高端塑料精密制造业的创新和务实之举。

总的来说，澄海玩具产业在转型升级的过程中，迫切需要引入先进技术。这不仅有助于提高生产效率和产品创新度，更能够为行业的可持续发展奠定坚实基础。只有紧跟科技潮流，引领技术创新，玩具产业才能在未来市场中保持竞争力，迎来更广阔的发展空间。

7.3.2　技术创新对产品升级的影响

技术创新是推动澄海玩具产业向前发展的重要引擎。在这个充满竞争与变革的时代，通过技术创新实现产品升级，已经成为企业在市场中立于不败之地的必要策略。

首先，技术创新改变了产品的设计与制造过程。引入先进的制造技术和材料，使得产品制造更为精密、高效，大幅缩短了生产周期。3D打

---

① 【视频】汕头特色产业插上"创新之翅"，产品"出海"路线日益宽阔｜改革开放45周年·广东调研行[EB/OL]. 腾讯网，https://new.qq.com/rain/a/20231121A07TK100，2023-11-21.

印技术、先进材料的应用等，使得玩具产业能够更加灵活地满足市场的多样化需求，从而推动产品升级。以高德斯为例，其通过智能技术的应用，各条生产线基本实现智能化、自动化，高精度通用积木件从注塑机中被源源不断地"吐"出来，每天出库量达 4000 万个颗粒。在如此高效的生产下，高德斯的通用件误差仍能被严格控制在 0.02 毫米以下，就算连续生产 100 个批次颜色也基本上不会有偏差。由此可见，技术创新为玩具产品的设计与制造提供了极大的便利，帮助企业适应日益增长且多样化的市场需求。

其次，技术创新丰富了产品的功能与体验。通过整合 VR、AR、物联网（IoT）等技术，传统玩具已经升级成为互动性更强的体验型产品。这不仅能够吸引更多消费者，还可以为产品创造更高的附加值，使得产品更具市场竞争力。以广东群宇人工智能基地为例，那里既有随着音乐翩翩起舞的机器人、相互对抗的赛车竞速沙盘、智能空气架子鼓等，又有 24 种 AIGC 生成式人工智能体验机，这些均是玩具产品与人工智能、教育产业相结合的产物。智能科技的应用，不仅拓展了产品功能，也使得玩具在互动性和体验性上有了极大提升。

最后，技术创新也带动了产品的智能化和个性化发展。通过嵌入智能芯片、开发智能应用，玩具能够与用户互动，学习用户喜好，为每个用户提供个性化的体验。这种个性化的产品设计不仅增加了产品的吸引力，也提高了用户对品牌的忠诚度。例如，伟力智能成立十几年来，始终致力于品牌培育和数字化智能化玩具产品研发，它们将数字化软件技术应用到产品中，满足消费者个性化定制需求，提高了产品的科技感和竞争力。

总体而言，技术创新对澄海玩具产业产品升级的影响是全方位的。它不仅提高了生产效率，丰富了产品体验，还带来了更智能、个性化的产品。在产业转型的过程中，把握技术创新的机遇，将是玩具产业成功转型、在市场中立于不败之地的重要战略。

7.4 产品创新的创造力

在产品创新的浩瀚海洋中，创造力的释放能够推动产业持续前行。特别是在当前市场竞争白热化的背景下，灵活精准地满足市场需求的产品创新显得尤为重要。澄海玩具产业通过深度洞察消费者需求，精准捕捉市场脉动，成功打造出一系列独具匠心的产品，有效满足了不同年龄层、不同兴趣群体的多元化需求，从而在激烈的市场竞争中稳占一席之地。同时，这些产品创新在提升市场份额方面发挥着举足轻重的作用。技术创新的不断涌现，为澄海玩具产业注入了源源不断的创新活力，推动其不断推出高品质、高附加值的产品。这些创新产品不仅增强了产业的品牌影响力，提升了产业的知名度，更为企业带来了可观的经济效益，有力促进了市场份额的扩大和巩固。因此，持续释放产品创新的创造力，不仅是满足市场需求、赢得消费者青睐的关键所在，更是提升市场份额、推动产业持续健康发展的必由之路。澄海玩具产业应继续加大产品创新力度，以更加开放、包容的姿态迎接创新带来的挑战与机遇，不断书写产业发展的新篇章。

7.4.1 满足市场需求的灵活产品创新

在澄海玩具产业转型升级的浪潮中，灵活的产品创新成为满足市场需求的关键。市场需求的不断变化以及消费者对创新的追求，要求玩具产业不仅要有敏锐的洞察力，还需要灵活地调整产品策略，以创新的产品满足多样化的消费者需求。

首先，灵活的产品创新体现在对市场趋势的快速响应。通过密切关注市场动向，了解消费者喜好和需求的变化，企业能够迅速调整产品设计和开发方向。这种灵活性使玩具产业能够抢占市场先机，提前满足消费者对新奇创意的追求。例如，实丰文化抓住了"国潮风"盛行这一市场趋势，在原创 IP 创作上另辟蹊径，积极探索生肖文化，设计出生肖文化元素和潮流文化元素相结合的 IP 形象，迎合了当下消费者对传统文化的自信及对高颜值产品的消费需求。

其次，灵活的产品创新也体现在多元化的产品线上。企业应该不断推陈出新，设计并生产出涵盖不同年龄层次、兴趣爱好和文化背景的产品，以满足多元化的市场需求。不同风格、不同特色的产品线不仅能够扩大企业的市场份额，更能够吸引更广泛的消费者群体。

最后，灵活的产品创新鼓励企业进行跨界融合与创新。这种策略不仅拓宽了企业的视野，更为企业提供了实现突破性创新的契机。通过跨界合作，企业能够接触到原本行业外的创新思维，技术和资源，这些新鲜的元素往往能为产品带来意想不到的提升。例如，星辉娱乐瞄准"玩具＋智能制造"跨界融合新业态，引入自动化设备，改变以往劳动密集型的生产方式，将双色模新技术应用到玩具生产领域，取代传统的喷漆工艺，解决行业了"卡脖子"的技术问题。

综合而言，满足市场需求的灵活产品创新是澄海玩具产业转型升级的必然选择。通过快速响应市场变化、拓展多元产品线、尝试新技术和材料，企业能够保持竞争力，满足不同消费者的个性化需求，实现可持续的发展。在这个变革的时代，灵活的产品创新将是玩具产业成功的关键一环。

7.4.2　产品创新对市场份额提升的关键作用

在澄海玩具产业转型升级的道路上，产品创新显现出对市场份额提升的关键作用，成为企业成功的决胜策略。在竞争激烈的市场中，只有通过不断的产品创新，才能在消费者中建立品牌形象，实现市场份额的稳步提升。

首先，产品创新是吸引消费者眼球的重要手段。通过引入新的设计、功能或者技术，企业能够在市场上脱颖而出，赢得消费者的青睐。这种独特性不仅可以帮助企业占领市场份额，更有助于树立企业在行业中的领先地位。以伟力智能为例，它们研发的高速攀爬车，具有换挡、加速前进、转弯等功能，是开拓国外高端专业玩家市场的一大利器。公开数据显示，伟力智能八成产品销往国外市场，像这款高速攀爬车多年来在美国市场年销量达 50 万台，四轴航拍机产品年销量达 20 多万台，极大地提升了市场份额。

其次，产品创新能够满足不断变化的消费者需求。随着消费者观念的变化和时尚潮流的演变，企业需要不断调整产品策略以适应市场。通过灵活的产品创新，企业能够更好地捕捉消费者的需求，提供更符合市场趋势的产品，从而不断拓展市场份额。例如，伟力智能为适应不同层次消费者的需求，研发推出了"智能飞行控制系统"，通过对飞行参数的设定和切换，用户可以实现自定义操控，由此解决了玩具类航模的操控难问题。利用智能飞行控制系统，伟力的航模产品具备"6G 新手""3D 中级""手动高级"三种模式。对操控不熟练的新手，通过系统自行设定的参数模式，可以自如地操控飞机，并一键执行翻跟斗等特技飞行效果。该企业在产品上的创新使得产品对玩具消费者在使用体验上更为友好，满足了不同层次消费者的需求。

最后，通过产品创新，企业能够拓展产品线，覆盖更广泛的市场。引入不同风格、不同类型的新产品，不仅能够满足不同消费者的需求，还有助于吸引更多的潜在客户。这种多元化的产品线有助于企业建立更全面的品牌形象，从而进一步提升市场份额。例如，澄海玩具巨头奥飞娱乐手握诸多知名大 IP"超级飞侠""巴啦啦小魔仙""喜羊羊与灰太狼"……这些"卡通明星"不仅出现在动画片、电影上，还出现在小朋友的衣服、书包、鞋子、笔记本、保温壶等产品上，陪伴了一代人的成长。数据显示，2022 年 IP 玩具销售占该企业收入约 37%。该玩具企业始终坚持围绕自主动漫 IP，打造集动画、电影、玩具、婴童用品、衍生品授权等业务于一体的"自主 IP ＋全产业链"运营平台。通过"玩具＋IP"模式，澄海玩具不仅提升了创新能力，还延伸出更多产品类型，提升了企业在国内外市场的竞争力。

综合而言，产品创新对于澄海玩具产业提升市场份额具有不可替代的作用。通过不断追求创新，满足消费者需求，企业能够在竞争激烈的市场中脱颖而出，实现市场份额的增长。在产业转型的过程中，将产品创新作为核心战略，成为企业成功的关键一环。

7.5 资本支持在产业发展中的作用

资本支持在产业发展中扮演着至关重要的角色，其影响深远而多维。无论是新兴行业还是传统产业，资本的注入都能够引领企业实现规模扩张、技术创新和市场拓展。在如今日新月异、竞争激烈的商业环境中，企业往往需要不断的资金支持来推动其发展。资本注入不仅为企业提供了必要的资金，还为其带来了更多的资源、经验和合作机会，从而加速了企业的成长与壮大。与此同时，持续的资本投入也是产业升级和转型的关键推动力。随着科技不断演进，市场需求不断变化，企业需要不断更新技术、提升产品质量，以适应市场的变化和消费者的需求。持续的资本投入可以帮助企业实现技术创新、产品升级，从而保持竞争力并抢占市场先机。因此，资本支持不仅是企业发展的重要支撑，也是产业整体进步的关键动力。在资本的助力下，企业得以不断壮大，产业得以不断升级，从而实现更加可持续和健康的发展。

7.5.1 资本注入与企业规模扩张

在当前的商业环境中，资本注入对于玩具企业的规模扩张至关重要。作为竞争激烈且不断创新的行业，玩具市场需要持续的资金投入来支持产品研发、市场推广和生产扩张等。资本注入不仅为玩具企业提供了必要的资金支持，还为其带来了投资者的资源、经验以及更广泛的市场拓展空间。

首先，资本注入为玩具企业提供了发展所需的资金支持。在激烈竞争的玩具市场中，企业需要不断进行产品研发和创新，以满足消费者不断变化的需求。通过资本注入，玩具企业可以获得额外的资金支持，用于扩大生产规模、提升产品质量、拓展市场渠道等，从而实现规模扩张和长远发展。例如，平安银行基于其"新微贷—小微经营贷款"业务，深度结合汕头澄海玩具行业的特性，创新推出了"惠民贷—汕头澄海玩具行业贷"这一定制化产品方案。该方案通过线上平台提供了便捷高效的申请流程，辅以线下上门服务，为澄海地区的中小微玩具企业带来了前所未有的融资便利。这一方案使玩具企业可以享受到更加灵活的融资方式和更具竞争力的优惠利率，有效缓解了其资金压力，为地方特色玩具产业的蓬勃发展注入了强劲的金融动力。

其次，资本注入也为玩具企业带来了新型营销方式的探索与实践。通过与新媒体渠道的深度合作，玩具企业得以更加精准地进行品牌定位和产品推广，有效提升了市场影响力。例如，在2021年澄海科创中心举办的项目推介会上，全国首档玩具设计师与萌娃互动综艺《玩美萌主》项目组与澄海多家玩具企业展开了深入的交流与合作。这一创新性的合作充分利用了综艺宣传和大屏传播的优势，以富有创意和吸引力的内容吸引了大量观众关注。节目中的精彩互动和展示使澄海玩具企业的品牌形象和产品特点深入人心，从而激发了消费者的购买欲望。这种新型营销方式的成功实践，不仅为澄海玩具企业带来了可观的销售业绩，更推动了整个玩具产业向高质量发展迈进。

最后，资本注入还可以为玩具企业带来技术和创新的支持。资本注入对玩具企业而言，具有深远的技术与创新推动作用。通过引入资本，玩具企业能够加强人工智能技术的研发与应用，使玩具产品焕发新的活力。例如，广东群宇通过投资建设人工智能基地，巧妙地将艺术、科技与玩具相融合，创造出了一系列令人瞩目的创新产品，如能与音乐同步起舞的机器人、能在迷宫中自主导航的智能机器人等。这些产品不仅具有高度的智能化特点，还为消费者带来了前所未有的互动体验。在人工智能基地，玩家可以操控积木车进行体育竞技，利用智能机器创造个性化的积木形象，甚至操控机器人进行射击和拳击比赛，充分展现了玩具产品的多元化与趣味性。此外，该公司还积极探索玩具产业的教研化路径，提供智能积木配件与编程系统技术服务，以"智能电子 + 行业"的模式，不断拓展澄海玩具的玩法边界。这些举措不仅提升了玩具企业的技术创新能力，也为整个产业的发展注入了新的活力。

综上所述，资本注入对玩具企业的规模扩张具有显著促进作用和深远意义。资金的支持不仅使企业能够扩大生产规模、提升产能，更有助于其增强市场竞争力。同时，资本注入带来的新型营销方式，为企业提供了更广阔的市场推广渠道，有效提升了品牌知名度和产品销量。此外，资本注入还促进了企业技术创新能力的提升，推动了玩具产品向高端化、智能化方向发展，为消费者带来了更加优质、多元的产品体验。因此，玩具企业应积极把握资本注入的机遇，合理规划资金运用，加强技术研发与市场推广，以实现企业规模的持续扩张和健康发展。

7.5.2 持续资本投入与产业升级

在当今竞争激烈的商业环境中，玩具产业作为一个充满活力和创新的领域，不断受到资本的青睐和关注。持续资本投入作为推动产业发展的重要动力之一，为玩具企业带来了前所未有的发展机遇。

首先，持续的资本投入有效促进了校企合作，为玩具产业提供了坚实的人才支撑。随着科技的日新月异，新型材料、智能技术、虚拟现实等创新科技为玩具设计与制造注入了新的活力。然而，新技术的崛起和新兴业态的涌现，也引发了"产业缺青年人才，青年人才缺就业机会"的结构性矛盾。为了破解这一难题，玩具企业积极与政府部门和高校合作，通过共建合作协议，进行持续资本投入，打造平台以吸引和培育人才。2022 年，"玩具创意产业学院"成功落地澄海科创中心，这标志着玩具企业与学院之间合作的进一步深化。双方针对玩具产业链的需求，共同建设了沉浸式实践场所，并开展了社会培训活动。通过这些举措，澄海玩具企业不仅拓宽了人才培育、开发和引进的渠道，更实现了企业人才需求与院校毕业生供给的精准对接。这种合作模式不仅有助于缓解人才短缺问题，更能够推动澄海玩具产业的持续发展和创新升级。①

其次，持续资本投入为玩具企业开辟了新业务的战略机遇。通过稳定的资本注入，玩具企业得以不断拓展业务领域，加速业务扩张，并构建多元化产品线。以高德斯为例，该公司与深圳优必选科技公司共同投资了优必选高德乐智能制造生产服务平台项目，在关键技术领域取得原创性突破，打破了国际垄断，实现了伺服舵机的国产化生产，为企业的长远发展奠定了坚实基础。如今，伺服舵机的生产已成为高德斯的核心业务板块之一。持续资本投入不仅推动了产品线的多元化发展，还为企业开拓了广阔的市场空间。以森宝积木为例，阿里巴巴的投资不仅为其提供了资金支持，还带来了天猫平台的资源。借助阿里巴巴等互联网平台的强大力量，森宝积木成功将业务从生产领域拓展至研发设计和市场营销，实现了业务的双向拓展。

最后，持续资本投入在推动玩具企业转型升级方面发挥了重要作用。近年来，澄海玩具产业集群通过数字赋能生产、推动贸易数字化，实现了从"制造"到"智造"的转型升级。智能设备制造企业通过提供技术支持和发挥示范作用，带动了更多中小微企业进行资本投入，实施智能化改造。例如，伟达智能利用物联网、大数据等数字技术，研发了"智造执行系统"，实现了与车间设备的数据互联。该系统能够根据生产订单自动组织生产，并推出"专家辅助系统"，将生产制造过程标准化，统一产品质量和操作流程，为玩具企业提供数字化的"说明书"，辅助和指导生产人员顺利完成生产任务。目前，伟达的数字化车间"智造执

---

① 广东构建 63 条"产教评"技能生态链，打通青年进入新兴产业"最后一公里〔EB/OL〕.腾讯网，https://new.qq.com/rain/a/20230628A0A2CV00，2023-06-28.

行系统"已得到多家玩具生产企业的广泛应用，推动了整个行业的智能化发展。

总而言之，持续资本投入为玩具产业注入了新的活力，推动了行业的创新与发展。在新技术和新业务的引领下，玩具企业不断迈向产业升级的道路，为消费者带来更多惊喜与乐趣。随着全球市场的不断扩大，玩具产业将继续受益于持续资本投入的推动，迎来更广阔的发展空间。

7.6 政府支持与产业转型的紧密联系

政府的支持在产业转型中扮演着不可或缺的角色，特别是在新兴产业的培育和发展过程中。政府的政策导向和资源投入，直接影响着企业的发展方向和产业的结构调整。在澄海玩具产业的发展中，政府的介入不仅是为了解决当前问题，更是为了引导产业实现长远发展。政府的支持为企业提供了稳定的政策环境和发展动力，同时也鼓励企业在技术创新、品牌建设等方面不断探索和突破。通过政府的引导与支持，玩具产业得以不断优化结构，提升竞争力，实现了从传统制造业向智能制造和创意设计的转型升级。因此，政府支持与产业转型之间的紧密联系，成为推动澄海玩具产业健康发展的关键因素。

7.6.1 政策引导与企业发展方向

在澄海玩具产业持续繁荣的进程中，政府政策引导为企业提供了更加宽广的发展舞台和坚实后盾。政府通过一系列政策措施，积极引领企业迈向转型升级之路，推动产业向高质量发展迈进。

首先，政府推出了一系列减税降费政策，为企业创新与成长注入了强劲动力。税收优惠政策有效激发了企业的研发热情和创新活力，提高了产品的技术含量和竞争力。以广东启梦玩具实业有限公司为例，2022年该公司享受的研发费用加计扣除金额超过1600万元，利用政策红利加大研发投入，成功推出创新产品"机兽魔方"，市场反响热烈，为公司销售额增长贡献了显著力量。此外，税收优惠带来的资金回流有效减轻了企业经营压力，为企业在国际市场竞争中增添了底气。广东佳奇科技教育股份有限公司作为一家专注智能机器人玩具的高新技术企业，在政府的出口退税政策支持下，累计办理退税金额达 952 万元，有效缓解了资金压力，增强了国际竞争力。

其次，政府致力于打造开放包容的市场环境，助力玩具企业拓宽贸易渠道，捕捉更多商机。澄海政府积极组织企业参与国内外展会和论坛，扩大玩具创意产业的市场影响力，推动产业国际化进程。2023 年，澄海成功举办第 22 届中国汕头（澄海）国际玩具礼品博览会，吸引了大量参观者，现场签约意向金额高达 138 亿元。同时，政府还组织企业代表团赴东南亚国家开展产业推介和经贸交流、参加香港玩具展等外贸活动，收获了大量意向协议，为深度开拓国际市场奠定了基础。

最后，政府高度重视知识产权保护和质量安全，为玩具企业提供了良好的创新环境和发展保障。澄海政府成立专业监管队伍，严厉打击制售假冒伪劣玩具行为，推动玩具产业质量提升和依法规范经营。2022 年，政府将打击侵权和假冒伪劣工作提升到新高度，依托知识产权快速维权中心提升维权效率，举办玩具质量誓师大会等活动，坚决维护市场秩序和消费者权益。这些举措有效提振了玩具企业产品开发和原创的信心，为树立"中国玩具礼品之都"形象奠定了坚实基础。

综上所述，政府政策引导在澄海玩具产业发展中发挥了至关重要的作用，为企业提供了有力保障和明确方向。在政府的引领和支持下，澄海玩具产业将迎来更加广阔的发展前景，为推动经济高质量发展贡献更多力量。

7.6.2 政府支持在新兴产业培育中的角色

在当今新兴产业蓬勃发展的背景下，政府的引领与支持至关重要。

作为经济发展的引擎，政府不仅扮演着监管者和决策者的角色，更是企业转型升级和新兴产业培育的关键推动者。在澄海玩具产业集群发展中，澄海政府采取了一系列积极措施，着力帮助玩具企业转型，促进新兴产业的蓬勃发展。

首先，政府致力于完善销售渠道，优化玩具销售体系。借助宝奥城、宏腾、京喜等电商平台，政府深化与大型电商集团的战略合作，为本地玩具厂家开辟更广阔的市场空间，并提供高效的销售路径。同时，政府鼓励玩具厂家在本地注册贸易公司，整合销售资源，构建竞争力更强的销售平台。例如，澄海区政府与汕头市商务局联手，推动"霄鸟云平台"建设，将线下玩具展厅转移至线上，为玩具企业提供数字化展示与销售渠道。政府还积极引入外部资源，增加跨境电商产品板块、企业线上展厅等功能，助力玩具产业通过跨境电商实现"抱团出海"，为产业升级开辟新路径。

其次，政府加大招商引资力度，强化玩具创意产业的产业链建设。以"强链、补链、延链"为指引，政府积极推动招商引资工作，深化与动漫文创、玩具设计发达城市的合作，引进一批具有影响力的龙头企业和重点项目。通过深入调研，政府制定切实可行的招商方案，建立招商项目储备库，加强项目前期评估和后续评价工作。在招商渠道方面，政府完善管理制度，加强招商队伍建设，提供经费保障。同时，政府积极引进文化创意、玩具制造等领域的龙头企业，创新投资政策，推动项目落地实施。通过举办招商推介活动，政府扩大宣传影响力，为澄海区提供更多优质的招商项目资源。

最后，政府推动产业园区建设，发挥玩具企业的集聚效应。澄海区政府实施"1+1+3+6"产业空间体系，优化玩具创意产业的空间布局。以"退二进二""退二进三"为导向，政府引导企业向小微园区集聚，有效整合土地资源，提高土地利用效率。其中，中科智谷玩具产业城项目成为亮点工程，投入巨额资金，预计年产值可观，吸引众多玩具企业入驻，成为玩具产业集聚的典范。政府还推动"工改工"升级改造，为小微企业提供更优质的发展环境，增强产业集聚效应。同时，政府规划建设新兴产业综合体，吸引文化创新资源聚集，为产业发展提供高质量空间支持。在六合产业园区、岭海工业园区等地，政府建立省级重点产业平台，推动玩具创意产业集聚发展，促进园区向现代化产镇融合示范区转型。

综上所述，政府在玩具创意产业的培育中发挥着不可替代的作用。通过优化销售渠道、加强招商引资、推动产业园区建设等举措，政府为玩具企业营造了良好的发展环境，助力产业实现强链补链延链，推动产业集聚效应的形成。展望未来，政府应继续发挥引领作用，加大政策支持力度，促进玩具创意产业蓬勃发展，为经济转型升级注入新动力。

7.7 行业协同促进可持续发展

行业协同对于推动区域内产业的可持续发展具有重要意义。行业协同不仅有助于促进产业链的创新合作，还能促进资源的合理利用，提升行业整体竞争力，进而实现经济的可持续发展。一方面，跨界协同是行业协同中的重要组成部分，这种形式突破了传统产业界限，促进了不同领域的合作与交流。澄海玩具行业通过跨界协同引入其他相关产业的技术、设计和营销理念，为玩具产品的创新和升级提供新的思路和动力。另一方面，共享资源也是行业协同的重要方式之一。行业协会作为一个组织平台，可以促进企业之间的信息共享、技术交流和资源整合，为企业提供更多的发展机遇和支持。在澄海玩具行业，行业协会可以发挥引领作用，组织行业内部的合作项目和活动，共同解决行业发展中的共性问题，推动行业向更加健康、绿色和可持续的方向发展。通过跨界协同和共享资源，行业协同可以促进产业链的创新合作，提升行业整体竞争力，推动行业迈向更加可持续的发展轨道。

7.7.1　跨界协同：拓展产业链的创新合作

在澄海玩具产业转型升级的进程中，跨界协同被彰显为一种强大的创新合作模式，为拓展产业链、促进全行业升级注入了新的活力。通过与其他领域的企业、行业进行合作，澄海玩具产业得以在创新、技术、市场等多个方面获得优势，实现产业链的更全面、更高效发展。

首先，跨界协同为澄海玩具产业带来了更广泛的创新资源。通过与科技公司、设计公司、文创企业等不同领域的合作，玩具企业能够获取到更多前沿的技术、创意和设计理念。例如，2019 年春节档热映的电影《流浪地球》票房达到了 46 亿元，森宝积木及时与版权方达成合作协议，拿下了《流浪地球》小颗粒积木的授权，吸引了不同年龄段的消费者。这样的合作模式促使澄海玩具产业在产品研发和设计上更具前瞻性，为市场提供更有吸引力的产品。

其次，跨界协同促使澄海玩具产业更好地适应市场需求。澄海玩具企业在发展过程中不断通过与相关行业合作，企业可以更准确地了解市场趋势，把握消费者需求。例如，广东伟力智能科技有限公司积极拥抱智能技术，实现玩具与数字技术的融合。其研发的智能机器人——豆比机器人应用了智能舵机技术，具有灵活的手脚，成功挑战吉尼斯世界纪录。随着智能舵机技术的发展成熟和性价比不断提升，高精度运动姿态控制在人型、仿生类以及 STEAM 教育相关的智能玩具上大规模应用成为可能。

最后，跨界协同推动了澄海玩具产业在全球范围内的市场拓展。与国际设计公司、全球销售网络等合作，能够使澄海玩具产业更好地走向国际市场，开辟更广泛的销售渠道。这种国际化的合作有助于提升产业的国际竞争力，将澄海玩具产业推向全球化发展的新阶段。例如，在研发设计端，奥飞娱乐先后与美国迪士尼公司共同开发、生产和销售小熊维尼、米奇等动漫玩具系列产品。此外，奥飞娱乐还引入了好莱坞电影团队，使内容与消费品创意都提升至国际水平；在跨境电商合作方面，澄海企业服务商"霄鸟云"与亨咏新加坡公司达成战略合作，利用"霄鸟云"平台，依托亨咏在东南亚市场的影响力，有效拓展了玩具创意产业的海外销售。

总体而言，跨界协同作为一种创新合作模式，为澄海玩具产业提供了丰富的发展机遇。通过与其他领域的企业共享资源、优势互补，澄海玩具产业能够更好地应对市场挑战，拓展产业链，实现升级转型。跨界协同为玩具企业注入了更多的创新基因，为产业的可持续发展铺平了道路。

7.7.2　共享资源：行业协会在可持续发展中的作用

澄海玩具协会作为"ＡＡＡＡＡ"级行业协会，自1996年成立以来，已发展至近600家会员单位，成为引领澄海玩具产业发展的中流砥柱。在澄海玩具产业转型升级的进程中，行业协会的作用越发显著，特别是在共享资源、推动可持续发展方面发挥着关键的引领和协调作用。通过促进企业之间的信息交流、技术创新和资源共享，行业协会成为推动整个产业向更加可持续的发展模式迈进的重要力量。

首先，澄海玩具行业协会为澄海玩具产业提供了共享资源平台。通过协会的组织和调度，企业能够更便捷地获取行业内的最新信息、技术动态、市场趋势等。例如，一方面，澄海玩具协会致力于打造信息共享平台，通过建立网站、公众号、微信群、短信平台等多个渠道，方便同行企业推介产品、共享信息、促进交流。这有助于企业更及时地获取行业内的最新信息、技术动态、市场趋势等，从而更好地作出决策。另一方面，协会经常性与商务、经信、海关、商检、质监等上级部门联合举办各种培训、讲座、宣讲、研讨会等活动，宣传国家的政策法规，提高会员单位的技术管理水平和贸易门槛应对能力。这有助于企业把握市场机遇，推动整个产业在技术和市场方面实现更高水平的共享资源和协同发展。除此之外，澄海玩具协会编印了《澄海玩具讯息》报，收集和撰写了有关玩具的"3C"认证、国外玩具技术标准等国内外资讯供会员单位参考。每年协会还组织编印一本《中国澄海玩具礼品》画册，向欧美等国家全面地宣传推介澄海玩具特色产品。这些举措有助于企业更好地把握市场趋势，推动整个产业的发展。

其次，澄海玩具行业协会为当地企业的发展提供全方位支持。协会通过组织展览和交流活动，积极建立合作关系，为企业提供了强有力的资源支持。例如，在人才培养方面，协会和广东省粤东技师学院签订校协战略合作协议，建立玩具专业产学研就业创业基地和澄海玩具行业技能人才培训研发基地，为玩具产业培养技术人才，提高玩具产品的研发能力和质量水平。在产业升级方面，协会举办了第三届澄海玩具智能设备及配套服务展，汇聚了国内外优秀的玩具机械品牌，为企业提供个性化的加工解决方案，促进玩具制造业的转型升级和智能化发展。除此之外，协会会员单位与中央电视台动画有限公司建立战略伙伴合作关系，使澄海成为央视动画形象玩具产品的指定生产基地，推动企业将动漫文化元素注入玩具产品，开拓动漫玩具市场。在融资方面，通过与金融机构联手，协会先后与工商银行、交通银行、民生银行、广发银行、邮政储蓄银行等金融机构联合向上级行申请贷款额度，为会员单位解决融资难问题。

最后，澄海玩具行业协会在推动资源共享方面也发挥了积极作用。通过组织产业链上下游企业的合作，协会可以促使企业在原材料采购、生产、销售等环节进行更加高效的资源共享，这有助于实现更为可持续的发展。例如，在原材料采购方面，澄海玩具协会选址建设了占地15亩的原材料集中采购物流中心。通过推广原材料集中采购，协会从源头上保障了产品质量，为企业提供了更有利的原材料价格和更稳定的供应。在销售端，澄海玩具协会组织企业参加国际性的玩具展览会，如香港玩具展、德国纽伦堡国际玩具展等。这些展会为企业提供了一个展示产品、拓展客户网络、与国际买家洽谈的平台。通过共同参与这些展览会，澄海玩具企业可以扩大销售规模，提高产业的影响力。

总体而言，行业协会在澄海玩具产业转型升级中发挥了促进共享资源、推动可持续发展的关键作用。通过搭建平台、组织活动、促进协作，行业协会为企业提供了更多的发展机遇和共享资源，推动澄海玩具产业实现可持续、协同的发展目标。在协会的引领下，产业链上的各个环节将更紧密地协作，共同实现行业的可持续发展。

后　记

　　自 2022 年 5 月起，本人开始带队对澄海玩具企业进行调研，得到了澄海玩具协会和诸多企业家们的热心帮助。在系列调研中，我们逐渐了解了澄海玩具产业的发展历程，理解了玩具产业的价值链与发展逻辑，见识了一代代澄海玩具人坚韧不拔的创业精神，见证了诸多企业的创新举措及飞速发展，感慨澄海玩具从无到有、从小到大、从点到面的持续发展，感动于一代代澄海玩具人反哺乡梓、反哺社会的善举，也萌生了梳理、分析和总结澄海玩具产业发展经验的想法。在我们将这一想法与澄海玩具协会进行沟通交流之后，得到了协会的鼎力支持，形成了最终的写作团队，开始在汕头、广州、深圳及厦门等地采访与调研，与企业家及企业管理层开展对话，对全书架构及典型案例进行构思、写作及迭代。

　　经过两年多的高强度工作，《数智化背景下澄海玩具企业的转型升级：创新之道》终于成书！掩卷长思，我们感慨写作过程的曲折与漫长，感谢经济科学出版社对本书选题的信任，感恩汕头大学及商学院领导的支持，感恩澄海玩具企业朋友们的帮助。此外，特别感谢课题组成员的出色工作，她们是张嘉欣（汕头大学商学院 2021 级工商管理专业本科生）、张可欣（汕头大学商学院 2021 级工商管理专业本科生）、李晨曦（汕头大学商学院 2022 级工商管理专业本科生）。在全书的写作过程中，她们深度参与了企业访谈、资料收集、整理及写作等不同环节的工作，工作努力勤奋，态度认真负责，展现出了高水平的专业素养与职业态度，有力地推动了项目进展。衷心感谢她们的付出，祝愿她们学业有成、前程似锦！

在本书写作过程中，我们也尝试了全方位推进产学研合作。例如，联合汕头大学商学院、广东省粤东数字管理与智慧治理重点实验室、汕头市质量技术监督标准与编码所、澄海玩具协会，投入了巨大的人力、物力资源，在汕头大学开设了服务性劳动课程《走向数智化——粤东企业与社会数智化转型实践》，校内课程组由周军杰、邹志波、蔡菁、林泽雅老师组成，同时聘请陈烽先生、陈锐烽先生、陈艺生先生、洪东旭先生、王洵洵女士为课程的校外实践导师。我们组织本科生对澄海玩具企业进行实地调研，将自身所学的理论知识与行业实践进行迭代，从中梳理和总结数字化、智能化技术的应用及潜在问题，面向社会公众开展公益服务活动。这是响应和落实教育部关于大学生劳动教育的全新尝试，也是大学与地方互动、大学服务社区的全新尝试。强大的师资队伍、丰富的课程内容、多样化的授课与实践形式，受到了学生们的极大关注，在社会各界取得了极大的反响。2024年6月，团队成功获批汕头市哲学社会科学规划项目（项目名称：数智化背景下的汕头玩具创意特色传统产业转型升级路径与对策研究；项目编码：ST24YB08；课题组成员：周军杰、王洵洵、郭文娟、黄垭琦、张嘉欣、张可欣、李晨曦），我们对澄海玩具产业转型升级的研究工作得到了政府决策机构和同行的肯定。对此，我们再次对社会各界关心和支持我们的热心人士表示衷心感谢！

澄海玩具产业地处汕头市澄海区，是国内最聚集、最完整的行业之一，在40多年的发展历程中涌现了一批批优秀的企业与企业家，这些都远非一本书所能够覆盖和解读的。对于书中可能的偏误之处，我们衷心期待读者能够提供宝贵的建议，帮助我们改进写作思路、提升写作质量（联系方式：214636872@qq.com）。此外，本书是澄海玩具企业转型升级学术研究系列书籍的第一本，我们也真诚地希望得到更多企业的支持与配合，参与未来新书的写作及课程实践等工作，共同为澄海玩具产业、为创新型人才培养、为地方经济高质量发展贡献一份力量！

周军杰

2024 年 7 月

于汕头大学桑浦山校区